蒋仲仁先生

（1910—2007）

“中国教材研究文库”

第一辑总目

中国教材研究文库

蒋仲仁论教材

蒋仲仁　著

人民教育出版社
·北京·

图书在版编目（CIP）数据

蒋仲仁论教材 / 蒋仲仁著. —北京 ：人民教育出版社，2020. 11
（中国教材研究文库）
ISBN 978-7-107-34663-7

Ⅰ. ①蒋… Ⅱ. ①蒋… Ⅲ. ①语文课—教材—研究—中小学 Ⅳ. ①G633. 302

中国版本图书馆 CIP 数据核字（2020）第 218118 号

蒋仲仁论教材
作　　者/蒋仲仁
装帧设计/何安冉

出版发行　人民教育出版社
（北京市海淀区中关村南大街 17 号院 1 号楼　邮编：100081）
网　　址　http://www.pep.com.cn
经　　销　全国新华书店
印　　刷　山东临沂新华印刷物流集团有限责任公司
版　　次　2020 年 11 月第 1 版
印　　次　2020 年 11 月第 1 次印刷
开　　本　787 毫米 ×1 092 毫米　1/16
印　　张　21. 25
插　　页　1
字　　数　243 千字
印　　数　0 001 ~2 000 册
定　　价　68. 00 元

“中国教材研究文库”总序

郭戈

古人说得好：“以铜为镜，可以正衣冠；以史为镜，可以知兴替；以人为镜，可以明得失。”对于教材工作而言，以史为镜、以人为镜也是至关重要的。我国古代常用的教材主要是“三百千千”“四书五经”。新式教材起步于清末，活跃于民初，先学日本，后仿美国。1897 年上海南洋公学外院效法外国，编了国文、算术、历史、舆地、格致等课本，这便是打破老传统，把各门知识较有系统地编为学科教材的开始。随后出现的各种课本和教育著作大都是模拟日本或直接译自日本。清末以来，特别是民国建立后，教材自由编写，实行审定制，民间掀起了一股编撰出版教科书的热潮，一批出版机构如商务印书馆、文明书局、中华书局等，与一批出版家、教育家，为此做出了奠基性、开创性的重要贡献。

五四新文化运动以降，教育理念和课程教材发生了新变革，特别是全国教育会联合会在主要借鉴美国教育的基础上而研制的新学制以及课程标准纲要，影响巨大。一时间，欧美新教育思潮、实用主义教育思想引入中国，教材也从过去主要效仿日本一变而为仿效美国。当时，许多教材在内容编写上都强调以儿童生活经验为中心，甚至一些中学理科教学更直接采用美国的课本。新中国成立之前，民国政府虽然曾几次颁布课程标准，教材的内容和形式却基本上没有大的改观，只不过是更多地借鉴和学习美国的经验罢了。并且，清末及民国历届政府都有统一教科书的意愿和行动，但由于旧中国持续不断的内忧外患和政府的腐败无能，加上课本编写质量不佳等原因，所谓“国定教科书”或“统一教科书”最终都以失败而告终。

新中国的成立开创了中华民族历史的新纪元，也掀开了我国教材事业发展的新篇章。新中国成立伊始的教材，文科主要借鉴了解放区的经验，理科主要选取了国统区的本子，还有一部分选取了编译的苏联教材。接着，便在全面学习苏联教育经验的基础上开始了教材自编或重编的历程，并逐步走出了一条具有中国特色的以统为主、统分结合的教材道路。总的来说，与旧中国相比，新中国成立70多年来，全国中小学实施的是统一的教学大纲或课程标准，使用的基本上是由国家统一供应、教育部组织编写、人民教育出版社编辑出版的通用教材或统编教材，并做到了所有地方、每所学校、全部学生都使用上了这样的教材。为此，中央确立了集中统一教材制度的大政方针，制定了统一的教学大纲或课程标准，组建了专门的教材编写和审查机构，配备了强有力、专业化的编审人员，还建立了保证“课前到书，人手一册”的教材出版发行渠道和机制。当前，党中央、国务院高度重视教材工作，把教材建设作为一项战略工程、基础工程，成立了国家教材委员会，教育部组建了教材局，并先后颁布了一系列有关规章制度，在义务教育和高中阶段全面实施政治、语文、历史三科教材统编、统审、统用政策，标志着我国教材建设进入了新时代。

“江山代有才人出，各领风骚数百年。”社会发展史也是个体发展史。历史由人民创造，又有杰出历史人物的巨大作用。讲述历史离不开历史人物，回顾教育不能回避教育家，同样，总结和借鉴教材的历史经验，也不能回避曾经为教材事业创造出重大业绩的历史人物。在我国新式教材100多年的发展过程中，不仅编辑出版了不计其数、数以万计的各个学科、多种形式的教材，而且也涌现出了一大批教材编辑家、出版家、研究者，他们都为我国的教材建设事业做出了奠基性、开创性的重要贡献。归纳起来，这些大家在清末及民国时期主要有：张元济、陆费逵、范源廉、蒋维乔、马君武、戴克敦、沈恩孚、高梦旦、王云五、舒新城、李廉方、庄俞、沈颐、张相、杜亚泉、吕思勉、陈宝泉、范祥善、金兆梓、周建人、黎锦熙、顾树森、俞子夷、吴研因、叶圣陶、丰子恺、朱经农、朱文叔、刘薰宇、宋云彬、丁晓先（韦息予）、赵欲仁、艾伟、沈百英、吕伯攸、陆殿扬、陈鹤琴、辛安亭等。在新中国成立后的主要代表是：叶圣陶、周建人、胡绳、辛安亭、戴伯韬、朱文叔、刘薰宇、金灿然、吉少甫、朱智贤、陈元晖、叶立群、张志公、吴伯箫、张毕来、蒋仲仁、袁微子、刘国正、张中行、邱汉生、苏寿桐、陈尔寿、方宗熙、雷树人、梁英豪、张玺恩、张孝达、王占春、陈侠、熊承涤等。他们都是对一定历史时期的教材建设，特别是一些学科教材领域做出过重要贡献并产生了广泛影响的人物，并大都在编辑出版教材的过程中发表过论述教材的著述，提出了关于教材问题的看法和认识，内容涉及教材的政策管理、编写审查、出版发行、使用教学或教材本体等诸多领域，其中一些人还形成了较为系统和全面的思想观点。这些思想观点成为我国教材建设和教材学术研究史上的一笔笔宝贵的财富。有鉴于此，在人民教育出版社成立70周年之际，我们启动了“中国教材研究文库”这个大型丛书项目，旨在通过挖掘、收集、辑录、整理百年以来教材领域众多大家的研究成果，分期分批出版，比较系统地展示中国近现代以来教材研究的主要成果，从一个侧面呈现中国近现代以来教材发展的基本脉络，为新时代教材建设和研究事业提供参考和借鉴。这套大型丛书的编辑出版也是我们缅怀和纪念老一辈教材大家的最好方式。

改革开放以来，国内出版了不少教育名家的著作、文集甚至全集，其中涉及一些教材编辑家、出版家的论著，这是我们选编工作的基础。对有的教材大家已出版的文集，我们进行了重新编排、补充和校核，以体现新的特色。对于尚未有文集出版的一些教材大家，其教材文集的收集、整理、选编任务则比较繁重。好在现代信息技术很发达，网络文献查阅很方便，我们将传统方法与现代手段相结合，大大提高了工作效率。本文库入选的人物全都是我国百年以来教材建设，特别是教材研究开发和编辑出版事业的主要参与者、贡献者、引领者。本文库秉持按人设卷、一人一卷的原则，但对于教材史上的一些重要人物，我们也不排斥两人或多人合为一册的情况。我们对每卷文集的篇目都大致进行了分类，并基本按照时间先后顺序或一定专题加以排列，但鉴于作者的经历和作品情况的差异，也为了突出某些重要作品，以满足读者现实需要，每卷目录的编排方式也各具特色。无论哪种编排方式，对每篇文章的出处和时间我们都尽量说明清楚，必要时增加注释。读者阅读之后可以感受到，这些教材文集见证和记录了中国近现代课程教材的成长史、演进史，也是教材大家们辛勤耕耘、笔耕不辍的学术思想的集中体现。可以说，每一卷的文字都曾经为教材建设史的推进铺下过坚实的一砖一瓦，也都曾经拨动过教材人的心弦。我们希望，通过重温教材大家精到的论断、深邃的思考、严密的逻辑、优美的文字，以及字里行间蕴含的学术风范、治学之道和人格魅力，可以为后来者提供学习和传承的典范。

“中国教材研究文库”是一套开放性的丛书，第一辑入选了12位人物，主要是新中国教材建设和研究的奠基者和开拓者。接着，我们还将陆续推出第二辑、第三辑。“众人拾柴火焰高。”热诚欢迎国内教育学者特别是课程教材研究者积极参与到这套文库的编辑出版中来。

“闻道有先后，术业有专攻。”教材建设是个专业，也是门学问，教材工作有其自身的特点和规律。当前，教材问题越来越受到重视，从事教材研究开发和编辑出版工作的人也越来越多，如果说有所谓捷径可循的话，那恐怕就是直接阅读和学习以往这些教材大家的有关论著了。了解教材历史，知晓教材大家，汲取和借鉴以往的智慧和经验，继承和发扬他们的思想和观点，可以使我们明理启智、审时度势、推陈出新，对于做好当下教材改革发展工作、提升教材科学化水平大有裨益，对于教材研究和学术创新更是必不可少。

“中国教材研究文库”作为中国近现代教材成长史、演进史的记录和见证，实为百年中国教材研究的缩影和写照，具有较高的文献史料价值，能为教材建设者和教育学者的编辑出版工作和研究工作提供较为完整的基础性材料。我们相信，本文库的出版对于推动教材事业建设、促进教材理论的创新发展会有一份积极的贡献。我们也希望在新时代，教材事业蒸蒸日上、人才辈出，创作出更多扎根中国大地、师生喜爱的各科教材，不断提升教材研究水平，加快构建中国特色、世界一流的教材建设体系和教材理论体系。

本文库由我忝任总主编。教育学界、课程教材界的专家学者以及社会各界人士对本文库给予了热情关注，我社黄强社长以及有关领导、员工和离退休老同志提出了宝贵意见和建议；丛书责任编辑和各分卷编者及责任编辑也付出了辛勤劳动。谨在此一并致谢！

限于水平，本文库的编辑出版工作或有不妥不足甚至错误之处，敬请读者不吝指正！

2020 年 9 月 10 日

本卷前言

在人民教育出版社建社70周年之际，由郭戈总编辑主持的“中国教材研究文库”大型丛书正式启动，旨在系统地展示中国近现代以来教材研究的主要成果，并借以缅怀和纪念老一辈教材工作者和教育大家。《蒋仲仁论教材》作为丛书的一卷，呈现了蒋仲仁先生在语文教材、教学领域的研究成果，展现了先生对待学问深稽博考、精益求精的态度。

蒋仲仁先生（1910—2007），贵州省贵阳人，1910年2月出生于贵州省贵阳市，我国著名的语言学家、语文教育家。曾任华北人民政府教科书编审委员会编辑，出版总署编审局编辑，人民教育出版社副总编辑、总编室主任、中学语文编辑室主任、小学语文编辑室主任，中央教育科学研究所研究员及学术委员会委员，也是全国中学语文教学研究会、全国小学语文教学研究会理事。

蒋仲仁先生1929年在贵阳师范学校毕业后留校任教，开始从事教育工作。1937年抗日战争全面爆发后，他积极投身抗日救亡运动，参加文化界抗日救国会。1938年，他在《十日旬刊》第7期上发表《提出汉字改革的问题来》，积极推广拉丁化新文字运动，期间还组织并参加了贵阳文艺界抗敌协会和贵阳战时社会科学座谈会。1939 年 5 月，他加入中国共产党。1940 年后，他先后转移到重庆、昆明，随后在中华职业教育社云南办事处工作，任中华职业教育社云南办事处副主任、主任。在此期间，他协助组织开办了中华职业补习学校和进修教育出版社，并陆续出版了一套“进修丛书”。他还和孙起孟先生合编了《写作进修读本》，当时，大后方的一些学校，曾选用《写作进修读本》作为初中语文科的教材。1946 年，他转移到香港，协助孙起孟先生开办务实中学，参编新加坡上海书局的《现代小学课本》，该课本由叶圣陶、夏衍审定，南洋的许多华侨学校采用了该课本作为教材。

1949 年 1 月，北平和平解放，蒋仲仁先生受党中央宣传部委派，于同年 6 月，来到北平，在华北人民政府教科书编审委员会参加编写语文教材的工作。中华人民共和国成立后，他在出版总署编审局继续从事语文教材的编写、出版工作。1950 年 12 月，人民教育出版社成立，先生参与了人民教育出版社的筹建，并长期以语文教材的编写和语文教材的研究为工作重心。主要体现在：中华人民共和国成立后，他与同事一起在最短的时间内，编写了小学、中学语文课本各一套，在一批专家学者协助下，编写了《大学国文》两册，形成了从小学到大学完整的语文教材体系；在叶圣陶先生的领导下，草拟《小学语文科课程标准》；研究语文教学改革，探索语文教材编写的道路，参与草拟《改进小学语文教学的初步意见》；多次参与起草中小学语文教学大纲；发起组建全国中学语文教学研究会、全国小学语文教学研究会、北京市语言学会、全国“注音识字，提前读写”小学语文教改实验研究会、中国语文现代化学会等学术团体，并在其中担任过理事、学术委员和顾问。

在几十年的教学实践、教材编写、教育教学研究工作中，蒋仲仁先生注重理论联系实际，注重吸纳语言学研究成果和设计改革试验，严谨治学，脚踏实地，躬耕不辍，孜孜不倦，撰写和发表过多篇论文，开展过多次学术讲座。他在语文教育学研究领域展现出的深厚理论功底和精辟独到的学术见解，赢得了广泛赞誉。

本卷主要辑录了蒋仲仁先生在语文教育本体论、语文教材、语文教学实践方面的研究成果。

第一，对语文教育本体论的研究。他深刻阐明了语言和思维的关系问题，他认为语言同思维是紧密联系在一起的，语文教学首要、基本的原则就是发展儿童的语言和发展儿童的思维紧密相联。从首要原则出发，他认为语文教学实践和语文教材编写既要重视学习语言规律，重视运用语言的实践活动，又要让学生多体验，形成语言所要表达的思想内容；既要强调语文学科的工具性，又要兼顾语文学科的思想性；教学和教材在难度上的“深”“浅”，要适应学生在该阶段的思维发展程度。他也清楚地论述了语文科的本质属性就是工具性。他认为外部语言是交际的工具，内部语言是思维的工具，语文科就是教学生学会运用语言这个工具。语文课要抓住语文科的工具性，不能上成政治课或文学课。语文教学要指导学生掌握语言的规律、法则，经常进行运用语言的实践。语文教学要适应现代化社会对语言的要求，做到“言文一致”，以学习现代汉语为主要任务。

第二，对语文教材编写理论的探索和对语文教材编写经验的总结。他从上述基本观点出发，认为教材的编写要以语言学和教育学的研究为根本依据，一方面要有计划地、系统地安排语言的种种规律和法则，提升语文教材的科学性；另一方面要遵循教学上的量力性原则，不要“只准浅，不准深”。为了强化语言规律的学习，可以分两条腿走路，在文选型教材外，再编一整套专门学习语言规律的教材。语文教材的选文要把“文本于语”作为基本原则，要选合乎现代汉语规范的读得上口、听得入耳的“范文”。在处理教材的“文道关系”方面，他指出语文教材要注意它的教育意义，但也不能只注重思想性，忽视了语文作为工具学科、基础学科的根本性质。他还从编写语文教材的实际工作出发，总结了教材编写工作的经验，认为编写语文教材要做好材料的储备，不得随要随找；语文教材要跟广大地区的师生的接受能力相适应，重视试教工作；对教材内容的安排、时间的安排、编写人员的安排都要有周密、详细的计划；对于原则性问题，要统一规划考虑；等等。

第三，听、说、读、写教学的研究。他认为口头语言学习能对书面语言的学习带来积极影响，要改变轻视口头语言教学的偏向；语文学习最重要的方法是朗读和背诵，在朗读到背诵的读的过程中，才会消化习得作者的语言；教师要鼓励学生多读书，做好推荐、组织和解答疑难的工作。

第四，拼音教学和识字教学的研究。他认为口头语言和书面语言的发展可以分成两条道路进行，两者“各行其道”，殊途同归。口头语言教学利用汉语拼音识字、阅读、写作，提前先行，书面语言教学依照先识字，再阅读和写作的办法，慢慢跟上，两条道相互联系，相互促进，共同走向语文能力的提高。

蒋仲仁先生曾这样评价自己：“当过教师，主要是教语文，小学、中学、大学的都教过。编过教材，主要是编语文教材，小学、中学、大学的都编过。”他倾其一生都在为语文教学、语文教材的研究贡献自己的力量，都在为追寻教育真知不懈探索，他颇有分量的学术论文，将给后人以启发和深省。

本卷由向瑞选编，陈先云、徐铁也付出了辛劳。本书主要供教材理论研究者、教材编辑出版人员、高校师范生、中小学校长和教师阅读。由于蒋仲仁先生著述颇丰，作为专门研究先生论教材的专著，选编难免有遗珠之憾，敬请谅解。

编者

2020 年 9 月

目　录

第一编

语文教材三十年*

一

1949年全国大解放，开辟了中国历史的一个新时代。在教育战线上，首要的任务是把人民的教育事业从国民党统治的封建的、买办的、法西斯的桎梏中解放出来。要建立历史上空前未有的民族的、科学的、大众的教育，真是百端待举，从教育思想、教育制度，到课程、教材、教法，都要转到新的轨道上来。其间，最迫切和最主要的工作之一是新教材的工作。教材，决定教学的内容，体现教育的性质。在那戎马倥偬之中，许多工作一时来不及都做，第一件要做的是拿出新的教材来。

我们党十分重视这个工作。1949年北平一解放就组织了教科书编审委员会，紧张地进行着新教材的准备。解放战争的飞速发展，对这个工作提出迫切的要求：解放军打到哪里，新的教科书就送到哪里；哪个

* 此文发表于《教育研究》1979年第4期。原题为“语文教学三十年”。

地方得到解放，那里的学校就用新的教科书。

工作是急迫的、艰巨的，可是我们有底子，有基础，这就是老解放区的教科书，陕甘宁的，晋察冀的，华北的，东北的，山东的。这是我们多年革命斗争积蓄起来的一个宝藏。取出这些教科书作蓝本，根据革命的新形势，尽快加以修订，用来供应当时的迫切需要。

各科教材中，语文教材是首要的。语文是思想性最强的学科。掌握政权的阶级总是在学校中通过语文教学来宣传它的思想、世界观、道德准则。反革命的阶级是这样，革命的阶级也是这样。因此，当时的教材工作，首先抓语文，首先在语文教材上破旧立新。

国民党的“国定本”教科书，那些个法西斯的肮脏东西抛进历史的垃圾堆里去了，取代它们的是体现新民主主义的课本。从法西斯到新民主，这是多大的变化！记得当时的语文课本，小学的一套是以华北的《国语课本》为蓝本，中学的一套是以陕甘宁的《中等国文》为蓝本。这些课本讲的是共产党、毛主席，是唯物论、辩证法，是革命战争，特别是抗日战争，是创造世界的劳动人民，是解放区的明朗的天，是革命的传统，是社会主义的美好前景。广大的小学中学，教师教这个课本，学生学这个课本，在祖国的辽阔大地上，处处闪耀着新时代新社会的曙光。

在那革命的急剧关头，语文教材主要抓的是教学内容，是思想，是政治，是怎么适应这个教育上的大转变。无疑的，那样的时刻，那样的做法，是必要的、正确的，而且是取得成效的。

讲三十年来的语文教材，首先就要讲这个划时代的大转变。

二

中华人民共和国成立，教科书编审委员会并入出版总署编审局。后来，设立专业出版社，教科书工作归到人民教育出版社。此后十几年中，人民教育出版社为中小学教材，做了大量的调查、研究、编辑、出版的工作，培养了队伍，积累了经验，成为党和人民的教材工作的专业机构，直到林彪、“四人帮”专权，才被强迫撤销。

解放初期，赶着修订老解放区课本用来供应当时的迫切需要之后，接着就积极进行新课本的编辑。语文科编了四套课本：大学的一套叫《大学国文》，分编两册，“现代文之部”和“文言之部”；小学、初中、高中的三套都叫“语文课本”，改变了过去小学叫“国语”，中学叫“国文”的旧名称。

为什么要改称“语文”呢？主持教材工作的叶老叶圣陶同志有过一个极好的说明：“彼时同人之意，以为口头为‘语’，书面为‘文’，文本于语，不可偏指，故合言之。亦见此学科‘听’‘说’‘读’‘写’宜并重，诵习课本，练习作文，固为读写之事，而苟忽于听说，不注意训练，则读写之成效亦将减损。”

这不仅仅是一个名称的改变。我的理解，这个改变有两层意思。

一是这个改变关系到语文教学的一个根本问题：教给学生的“文”，是文本于语，还是文语脱离？回想“五四”以来，从白话文到大众语，这个革命革了几十年，同形形色色的林琴南、章士钊斗了几十年。这个革命应该继续，应该发展。教给亿万中小学学生的应该是“本于语”的

"文"，应该是真正的白话文，应该是合乎现代汉语规范的读得上口、听得入耳的白话文。不要轻视这个问题。不是长时间地还存在着"尽量简古""半文言半白话的体裁"① 吗？甚至于有些青年不是还在听从某些"导师"从古书中寻找活字汇，抱着《佩文诗韵》学五律七律，苦练用"旧瓶装新酒"吗？

一是这个改变关系到语文科教学方法。"忽于听说，不注意训练"，若干年来，一直如此。不少学生，听个报告，不得要领，不能扼要复述，甚至于听老师交代什么事，也丢三落四，说不周全；至于说话，更是疙疙瘩瘩，语无伦次，有的连打个电话也不会。这不能不联系到过去语文教学对口头语言的忽视。许多人都慨叹学生作文水平的低落，可是很少人从"忽于听说"上去寻找原因。教学上重"文"轻"语"，甚至于有"文"无"语"。这个偏颇，应该补正。

当时编小学、初中、高中三套语文课本，注意到这一点，提出了设想，做过些努力。一是从选文上下功夫，把读得上口、听得入耳作为入选的重要条件；一是想另编相应的参考书，提出听、说、读、写四项作业的建议。这个设想没有很好地实现，就教材说，选材、加工、改写的工作做得不够，参考书也来不及编；就教学说，广大语文教师，不少人注意到了，取得了成绩，可是多数人还没有注意到。

开头是在语文课本的"编辑大意"里提出这个意见，后来写进教学大纲。以小学而论，1956 年第一个教学大纲，小学语文科的任务，提的就是"发展儿童语言"，语言包括口头语言和书面语言，也就是听、

① 《合作社的政治工作》一文按语，中共中央办公厅编：《中国农村的社会主义高潮》（下册），人民出版社 1956 年版，第 1134 页。

说、读、写。以后经历了一些变化，语文教学的任务只提培养识字、看书、作文或者阅读、写作的能力了，教学上有的还提以写作为中心了，“忽于听说”，仍然存在。

语与文，这个问题值得研究。这个学科改称“语文”的时候提出前述的意见究竟对不对？如果对，为什么不能行开去，普遍地体现于教学实践？如果不对，是不是口头语言的训练本来就不是语文科的任务？这个问题应该从语和文的关系，从语的教学和文的教学的关系来研究，从优秀教师取得的成绩中属于这个方面的经验来研究，从白话文到大众语到汉语规范化这个历史的发展来研究。

三

编语文课本，那时候还没有提出思想教育和语文教学对立的问题，也就是所谓“文道关系”问题；不像后来那样，这个问题提得那么尖锐，争论得那么激烈，你说我政治不挂帅，“单纯语文观点”，我说你空头政治家，置语文于不顾，仿佛思想教育和语文教学就那么势不两立，顾此必然失彼。那时候只有简单的、质朴的想法，认为语文就是语文，同别的学科一样，算术科教算术，历史科教历史……语文科当然教语文；又认为用来教语文的教材必须照教育的目标来选择，一定要对学生的思想教育和道德培养有所裨益。不教语文，怎么理解文章用语文表达的思想呢？不教思想，哪儿有离开思想的赤裸裸的语文呢？又要教语文，又要教思想，理所当然，无可怀疑。

那时候对思想教育的理解，也不像后来那样认为仅仅是“政治”，是“阶级斗争”，是“紧跟形势”。那时候，认为举凡对自然和社会的文学的描写和科学的论述，都是进行思想教育的材料。教学生尊重客观存在，这就是唯物论，教学生注意事物的发展变化，这就是辩证法。这些都属于思想教育的范畴。而这些又是通过符合青少年儿童思维发展的具体的事物来进行的，而且是用堪称典范的语言准确地表达出来的。

本着这种想法，语文教材的编选，就抓了这两点。

在语言上，要求入选的真正是“范文”，选择要慎重，要严格。中学的选现成的文章，小学的，特别是中、低年级的，如果没有合适的现成文章，就找材料来自己动笔写；现成的文章，或删节，或润色，或改写，也都下了功夫，既注意语言的规范，又注意文章的风格，认真对待，一再斟酌。记得叶老叶圣陶同志常常用这个方法，把编辑的同志们约来，一篇一篇地出声诵读，根据“文本于语”的原则，一边读，一边改，改了再读，再改，有的一读通过，有的二读、三读通过，有的通不过，舍去另选。开头一段时间，还请了语言学家吕叔湘同志，已故的语言研究所前所长罗常培同志，还有好几位同志来参加这样的读改会。从内容到形式都从严要求，一字未安，反复推敲，连一个标点符号也不轻易放过。以后一长段时间都这样办，成为语文教材编辑工作的一个传统。

在思想上，认为思想教育的任务在语文科更显得重要，要求入选的文章“内容充实，有血有肉，思想的发展正确而且精密”①。这个提法未免失之笼统，经过几年的教学实践才逐渐明确起来。以小学为例，

① 参见1950年初中语文课本编辑大意。

1956年的教学大纲规定小学语文科思想教育的任务是“一、树立对社会主义的信心；二、树立辩证唯物主义世界观的基础；三、培养共产主义道德；四、培养爱美的情感和审美的能力；五、培养对本族语言的热爱”。这个提法是否正确是否完善还值得商榷，可是有一点，语文教学应该本着又教语文又教思想的想法，重视所起的思想教育的作用，这是应该肯定的。

照这样的想法编语文教材，一直延续到1956年。其间，屡加增减，屡作修改，力求做得更好一点，加上广大的教师的努力，广大语文工作者的努力，总的说来，这个时期的语文教学是有成绩的，成绩是主要的。成绩表现在学生的语文程度比较好，运用语文这个工具能适应学习上、工作上和生活上的需要；成绩还表现在学生的精神面貌比较好，由此而促进良好的社会风尚的形成。说成绩是主要的，可以拿这些来做证明。

与此同时，还要看到另一方面，当时的设想，有的想到而没有做到，有的想做好而没有做好；而且设想本身还有缺点，还不完善。从大处说来，整个语文教学仍然沿用若干年来的古老的办法：讲读文章。语言作为一门科学，它研究出的有关语言的种种法则、规律，怎样按照教学的原则在语文教学中作有计划的、系统的安排，还是个问题。这个问题接触到了，可是没有解决，当然也就没有体现于教材之中。课本里所能做到的仅仅是“课文后面提出若干要点”，有关语言的法则、规律仅仅是“在提要点的时候，酌量举一反三，加以研讨”①。也许可以这样

① 参见1950年初中语文课本编辑大意。

说，这几套语文课本，小学的，初中的，高中的，在语言教学上缺乏计划性、系统性，也就是缺乏科学性。

怎样加以改革，怎样在古老的传统方法之外，有所增益，有所突破，使语文教学更能提高效率，更能适应社会发展的需要，这个新课题提出来了。新课题的解决，不是咄嗟立办的，需要调查研究，而教学工作又不能停下来等待，只能一面对这几套课本再作修订，一面对整个语文教学的改革进行准备。

四

语文教学改革的准备，首先是思想上的准备。

学习毛泽东思想是最重要的准备。一解放，广大的教师，教材编者，其他语文教学工作者就如饥似渴地学习毛主席著作，尝试着用《实践论》《矛盾论》的观点来对待语文教学上的问题，《反对党八股》《在延安文艺座谈会上的讲话》等光辉著作，更是对语文教学的直接的指导。毛泽东同志自己的文章所表现出的准确、鲜明、生动的新文风，更给语文教学以很大的影响。

斯大林《马克思主义与语言学问题》的发表，对语言学的一系列重大问题，语言与阶级、上层建筑的关系问题，语言发展从旧质过渡到新质的问题，词汇和语法的问题，都用辩证唯物主义和历史唯物主义作了全面、深刻的论证。许多语言学家，语文教学工作者认真学习这一著作，在自己的工作中进行新的探索，取得新的成果。语文教学的改革，于此取得科学的根据。

学习苏联，教育战线同其他战线一样，那时候掀起了高潮。除了教育性质、任务、教学的原则和方法，一直到“五段教学”“五级记分”等具体做法之外，语文教学还从学习苏联中得到启发。拿教材来说，看见苏联的课本，从小学起就选读那许多伟大作家的作品，普希金、托尔斯泰、果戈理、屠格涅夫、契诃夫、高尔基……给下一代以这么丰富的营养；而我们的课本显得那么单薄、贫乏、干瘪。以小学为例，苏联小学四年，要读两套课本，阅读课本和俄语课本。光阅读课本译成汉文就七十多万字；我们小学六年，整套语文课本才二十多万字。这是一。苏联课本，于文学教学的同时，还注重语言教学，系统地、严格地进行俄语规律的训练；我们却很少从汉语规律的教学来考虑。这是二。一比较就看出我们的语文教学有缺点，这些缺点影响语文教学质量的提高。

在学习苏联的过程中，传入了巴甫洛夫的高级神经活动的学说。其中，第二信号系统的学说，给语文教学以很大影响。我们认识了作为第二信号系统的语言和思维之间的关系，认识了有声语言和它的书面化形式文字的关系，认识了语言信号与信号所代表的概念从刺激到反应，到建立联系的过程。这些都有助于并有利于语文教学改革的研究。

在改革的准备中，汉字改革和汉语规范化给以很大影响。汉字字数的精简，笔画的简化，字形的整理，异体字的废除，汉语拼音方案的制订，普通话的推广，这些都同语文教学息息相关。1955 年全国文字改革会议之后，紧接着开了汉语规范化学术会议，对汉语的语音、词汇、语法诸方面的规范化进行了研究讨论。这两个会议的结果和会后的工作，都和语文教学有密切关系，不仅为语文教学提供有利的条件，而且向语文教学提出要求，要为汉字改革和汉语规范化作出贡献。

我们党对语言工作和语文教学工作十分重视。解放初期，《人民日报》就发表社论，号召“正确地使用祖国的语言，为语言的纯洁和健康而斗争”。社论严肃地指出我国语言混乱的现象，这种混乱现象的存在，“在政治上是对于人民利益的损害，对于祖国的语言也是一种不可容忍的破坏”。社论还指出：“我们的学校无论小学、中学或大学都没有正式的、内容完备的语法课程。我们的干部无论从学校出身的或从工农出身的，都很少受过严格的语文训练。”怎样改变这种现象，向语文教学提出了一个重大的改革任务。

《人民日报》还用大量篇幅连载了语言学家吕叔湘、朱德熙合著的《语法修辞讲话》（以下简称《讲话》）。《讲话》从汉语应用的实际出发，举出丰富的实例来阐明汉语这个工具在表达上应该遵守的标准，说清楚了怎么用就对，怎么用就不对，对语言混乱现象起了“匡谬正俗”的作用。这些恰好是语文教学应该做的工作。《讲话》发表之后，掀起了学习语法修辞的热潮。许多教师纷纷而起，在自己的工作中加强语法修辞的教学。

那段时间，小学阶段还进行了一次革新的尝试，新编了五年一贯制小学语文课本。可惜这套课本只编到第二册就随五年一贯制的停止而停止了。可是课本革新的设想，曾经给小学语文教学许多影响。

所有这些，在思想认识上，在学术研究上，在革新尝试上都做了许多准备，孕育着一次语文教学的重大改革。

五

1956年，我国语文教学的一次重大改革开始了。这一年六月，在第一次，也是迄今为止唯一的一次全国语文教学会议上，提出并决定了语文教学的一项重大措施：汉语和文学分科教学。这次改革不限于汉语和文学分科，可是汉语和文学分科是这次改革的根本措施，是这次改革的标志。

这个改革不是仓促作出的，而是经过了长时间的酝酿，并且认真地做过调查、研究和试验。

这个改革是在党中央的领导下进行的。早在1952年，中央就组织了语文教学问题委员会。1953年，语文教学问题委员会向中央提出《关于改进中小学语文教学的请示报告》（以下简称《报告》）。《报告》就是这次改革依据的纲领。

《报告》阐明了改革的必要，说："我国中小学的语文教学，历来都是把语言和文学混在一起教。这样教学的结果，不论从语言方面看，从文学方面看，都遭了很大的失败。"《报告》特别指出："一般语文教学着重在语言文字的解释方面，并没有有计划地教给学生以系统的语言规律的基本知识，所用教材也不适于进行语言教育。其结果是使学生缺乏严格的语言训练，在写作中形成语法、修辞、逻辑上的严重混乱，贻害很大。"要改变这种"语言教育和文学教育两败俱伤"的状况，只有实行"语言文学分科教学"。

《报告》得到中央同意，改革工作就着手进行。

先是宣传鼓动，又做了有关的调查。具体工作上又着重研究解决几个问题：

一是文学教材按什么样的体系来编排，高中和初中有什么差异，现代文学、古典文学、外国文学各占什么比重，在浩如烟海的文学作品中按什么标准来挑选。

一是汉语教学的内容，语音、文字、词汇、语法、修辞、逻辑怎么安排，各占什么比重；其中语法一项，语法学家各有体系，采取哪一家的体系，或者斟酌损益，加以综合。

一是小学阶段，根据儿童学习的特点，怎样体现分科教学的精神，分不分，怎么分，特别是汉字教学作为语文教学的基础该怎么改进。

这些问题经过调查研究得出了解决的设想。曾经约请许多文学家开过会，听取他们的意见，取得他们的帮助；又约请许多语言学家开过会，给语法教学订了个“共同纲领”，即《暂拟汉语教学语法系统》，还分别写了阐述的文章辑印成书，即《语法和语法教学》。小学阶段的，经过有关方面十几次的集会讨论，得出《改进小学语文教学的初步意见》。该意见明确指出，识字教学是小学低年级语文教学的重点，阅读教学中，文学教学之外，还要学社会和自然的普通文章，要把词汇、语法、文章的一些规律性基本知识按儿童学习的要求作适当的安排，强调从语言实践来认识规律，运用规律。

接着，试拟了中学的汉语、文学，小学的语文几个教学大纲草案；编出了中学的汉语课本、文学课本、小学的语文课本，小学语文课本之外试编了《语文练习》；各套课本还编了教学参考书。

编课本的同时，还进行了教具的准备。约请了语音学家、优秀的广播员和朗诵演员灌制了教学的唱片；专门成立教育图片社，约请著名画家和有关专家绘制教学挂图、插图、卡片；约请著名书法家为小学生写了字帖。

又接着开始了试教。1955 年秋季始业在若干省市的部分中小学试行大纲，试用课本。

又接着，把大纲和课本，连同试教结果，提到全国语文教学会议讨论之后，1956 年秋季始业在全国范围开始推行。

从 1952 年算起，经过调查、研究、编写、试教，准备了五年，才开始这一次语文教学的改革。

六

这是一次重大的改革，不仅是新中国成立以来的重大改革，而且是新中国成立以前若干年来的重大改革。这个重大改革的意义，也许可以这样说，主要是语文教学向科学化迈进了一步。

语文教学应该科学化。所谓科学，一是语言科学，一是教育科学。语文教学是语言科学中有关部分和教育科学中有关部分的结合，是一门跨科学。科学就是要讲分析，从分析找出规律，用规律指导实践。对待语文教学，以为可以不讲分析，只要“书读百遍，其义自见”，以为可以不讲规律，只要见仁见智，神而明之，那就不合科学或者不完全合科学。这次改革，就是针对这种状况，补偏救弊，使之科学化。

改革是取得成绩的。从当时某些学校的教学报告，某些地区的和全国的调查报告、总结中，都可以得到证明。直到今天，这次改革还给人留下深刻的印象。我曾经到北京市教师座谈会旁听。参加座谈的都是教龄三十年上下的语文教师。会上对语言文学分科教学作了许多回顾和总结。其中有两个反映：一个是当年的学生今天见到老师还念念不忘得到的益处，还能背诵当年学过的作品；一个是今天有些中年骨干教师认为他们的语文基础还是当年分科学习时打下的。这样一个侧面也可作改革成绩的佐证。

看到成绩的同时，也要看到这次改革还有缺点。

一是对“文学”的含义，理解得狭隘。中央语文教学问题委员会的《报告》本来提出文学应是广义的，不能局限于“纯文学”。可是选文的时候，偏到纯文学方面去了，对培养学生多方面应用语言的能力不利。

一是编排以文学史为体系，从古到今，古代作品使用古汉语这个语言障碍的问题没有很好地解决，总的说来，“文言文”教学的问题没有很好地解决。

一是某些入选作品不甚适当，如“《诗经》没有诗意”之类，如某些作品思想上有消极因素之类。

一是汉语教材，注意到语言科学，语音、文字、词汇、语法……的体系，而很少考虑到教育科学中有关教学法诸原则，如巩固的原则，从知识到技能到熟练技巧的原则，因而有些学生感到学了用处不大。

不少教师过去对文学和汉语，特别是汉语，素养不够，拿到课本，有好些东西是生疏的，不能那么驾轻就熟，因而感到困难。

这些主观上、客观上的问题是存在的，是改革之初不可避免的，也是可以补救克服的。而语文教学向科学化迈进这个方向是正确的。改革也是取得成绩的，至少有两条，一条是给学生读了许多名家名作，一条是教学生学了基本的语言规律。不能要求这样重大的改革，一开头就完美无缺，更不能“因噎废食”，一遇困难就却步。

七

1958年，这个语文教学的改革突然奉命停止了。停止的经过，停止的缘由，应当考查史实，另作评述。从效果说，这个改变是改进语文教学的停顿；岂特停顿，还是一次倒退。因为改革夭折之后，就往后退，退到连改革之前都不如。

这个倒退是同当时的“左”的思潮分不开的。“反右”之后，弥漫着一种“宁左勿右”的气氛。反映到语文教学上来，一个劲儿地片面强调政治，片面强调阶级斗争，处处“拔白旗”，一钻研什么就是“白专道路”。教材和教学都要“紧跟形势”，只要形势跟上了，管它语文不语文。

接着，高举三面红旗的同时，刮起了浮夸风，共产风，说假话，说大话。语文课本紧跟形势，也紧跟了这股风。以小学课本为例，充满这样一些课文，如《人有多大胆，地有多大产》，不顾实际，违反科学；如《笑声满食堂》，鼓吹吃大锅饭，吃饭不要钱；如《红领巾钢厂一片红》讲小学生连夜苦战，大炼钢铁；有篇课文讲亩产万斤稻，插图是在密植的稻穗上竟能坐着几个孩子；此外，“三面红旗迎风飘”一类“诗歌”，空空洞洞，喊口号，贴标签，更是不一而足。中学课本也差不多，成了“时事手册”，成了报刊文章的“集锦”。语文课本编成了政治课本，而且是蹩脚的政治课本。这样的课本不能给学生以好的教育，相反，给学生的是坏教育。

对原来的课文，大张挞伐，用所谓“阶级分析”，动不动就是封建思想，资产阶级思想，就是“母爱”“人性论”。《廉颇与蔺相如》《西门豹》是美化封建统治阶级；鲁迅《故乡》里的闰土，是丑化贫下中农；王羲之苦练书法是为了成名成家；《曹冲称象》也不行，由曹操而株连他的儿子；甚至于讲革命领袖的《列宁和卫兵》《列宁的大衣》《毛主席在延安剧院里》《朱德的扁担》也认为是所谓“小德”，不是“大德”，不足以表现“高大形象”，不值得提。一时，语文教学笼罩在“左”的气氛中。

随着浮夸风、共产风的纠正，回过头来看这段时期的语文教学，问题实在太严重。可以说是另一种性质的“语文教育和思想教育两败俱伤”。

八

共产风刹住了，实行了“调整、巩固、充实、提高”的方针，教育战线上是纠正“乱、糟、偏”，再一次提出《教学必须改革》。从 1961 年开始，1963 年公布小学工作条例和中学工作条例，这“四十条”和“五十条”为这一次改革提出了全面的纲领。其中，明确了“以教学为主”的原则，明确了语文是学习和从事工作的基本工具，必须教学生学会用这个工具。

改革总是要从思想入手。语文教学和思想政治教育的关系的问题，“文道关系”的问题就是这样提出来的。这次争论是 1958 年以后把语文课教成政治课引起来的，是对那一次倒退错误的拨乱反正。争论是有益的，有成果的；成果写入“四十条”和“五十条”，“不要把语文课教成政治课”。这个原则明确了，语文教学才又走上了正轨。

新的中小学语文教学大纲订出来了；先是十年制中小学语文课本，接着是新编十二年制中小学语文课本，先后编出来了；接着又做了“小改”“中改”和“大改”。以教材为标志，语文教学在端正认识之后又向前发展。

这次改革的意义在于：一是击退了只要政治不要语文的极“左”思潮，恢复了语文科作为工具学科、基础学科的重要地位；一是语文科的思想政治教育要求有实效，反对标语、口号、贴标签；一是课本选材，古今中外，范围要广，主要选语言上和思想上对学生都有益的，也可以选语言上有益思想上无害的，还可以选一点儿语言上有益，思想上小有害的，小有害的地方给指出来，提高学生的辨识能力。还有一点，小学语文课本，吸取了集中识字的经验，加强了识字教学，识字量成倍地增加，从而加速语文教学的进度，有利于教学质量的提高。

这次改革是对1958年以来“左”的思潮的拨乱反正，让语文教学还原为语文教学，教师和学生从乱哄哄之中清醒过来，坐下来学习，这已经难能可贵了；因而改革是低调的，以1956年以前的状况为起点，加以充实和提高，而没有过奢地以1956年的大改革为起点，承其余绪，迈开大步。如果不受到林彪、“四人帮”的破坏，一定会在拨乱反正之后，再作进一步改革的。

九

1966年，林彪、“四人帮”这个大灾难临头了。整个革命事业，整个社会进步，都遭到毁灭性大破坏，何况区区语文教学！

“政治可以冲击一切。”这是林彪、“四人帮”的一根大棒。什么政治？林彪、“四人帮”的反革命政治。他们凭借窃取的权力，在各地编辑的语文课本中塞进了他们的反革命政治。于是，满课本的帮腔帮调，“三忠于”“四无限”“活学活用”“立竿见影”“全面专政”“社会基础”“痛说家史”“深山问苦”，“朝农”的经验，“小靳庄”的诗，以至白卷英雄的“发人深省”的信，“一个小学生的日记”……把语文教学糟蹋得不成样子！即使是他们标榜的“语录进课堂”，也是把毛主席著作加以阉割、肢解、歪曲，乃至于捏造……把毛泽东思想糟蹋得不成样子！各地语文课本的编者，出于对党的教育事业的责任感，虽然在“四人帮”淫威之下，还千方百计要给学生有益的东西，保留了一点儿好的课文，用心良苦，值得人们尊敬。

这是就教材说，就教学说也遭到大破坏。打玻璃，砸桌椅，烧图书，毁仪器，呼啸斗殴，动不动就“造反”，就“采取革命行动”，哪儿还说得上学习？后来上了课了，也不过念点儿语录，学点儿法家著作。有的地方甚至于提出“劳语结合，把语文教学纳入学大寨的轨道”，荒唐到极点！

林彪、“四人帮”反革命的“立”，来自对革命的“破”。这就是他们的“两个估计”。从“两个估计”出发，整个教育都是“黑线专政”。

语文课本是“黑书”，是“封、资、修”大杂烩，应该打倒。编者是“黑人”，是“牛鬼蛇神”，应该批斗。党建立起来的教材专业机构人民教育出版社是“黑据点”，应该撤销——后来虽然“重建”了，可是，大编法家著作，法家诗选，大编“朝农”经验，大编梁效的《教育革命的方向不容篡改》，仍然受“四人帮”的严密控制。

一条，“否定一切”，把过去语文教学的成绩抹了一脸的黑；一条，“冲击一切”，拿他们的反革命政治来冲击语文教学，冲击整个教育。林彪、“四人帮”给语文教学毁灭性破坏，其罪恶是怎么高的估计也不为过。

十

历史是无情的。林彪、“四人帮”祸国殃民，猖獗十年之后，终于逃不脱覆亡的命运。我们党粉碎了林彪、“四人帮”，挽救了革命，也挽救了人民的教育事业，其中也挽救了语文教学。

我们党，同过去一样，在教育工作中十分重视教材的建设，包括语文教材的建设。粉碎林彪、“四人帮”之后，组织了通用教材会议，调集大批干部，提供最好条件，给予最大关怀和支持。广大的语文教师，亿万的中小学生都寄予殷切的希望。上上下下要求编出高水平的语文教学大纲，高水平的语文课本。

令人兴奋的是广大地区的学校、教师、语言学家、语言教育研究者，受到尽快实现祖国四个现代化的鼓舞，掀起了改革语文教学的热潮。不少满头银发的老教师，戴上老花眼镜写总结，许多年轻教师正在补课，把林彪、“四人帮”误了的给补起来，一听哪里有观摩教学，有座谈会，有报告会，就挤破门地去参加。语文教学研究会组织起来了，语文教学的刊物办起来了。语文教学改革的实验，旧的恢复了，新的展开了。语文教学从教材编辑，到教学实践，到科学研究，都处在一个阳光灿烂的春天。

三十年来语文教学的历程是漫长而曲折的，经历了前进，停顿，甚至倒退，恢复，再前进的过程。今天，必将在新的起点上起飞，达到一个新的高度。

前事不忘，后事之师。认真总结新中国成立三十年来，以至新中国成立以前若干年来的经验，正面的，反面的，成功的，失败的，都要总结。该否定的要否定，不“拨乱”将何以“反正”？该肯定的要肯定，不“继往”又何以“开来”？这是语文教学进一步改革的前提。

新编小学语文课本第一册工作总结*

新编小学语文课本第一册和教学参考书的工作，从今年二月开始，到七月中旬全部结束。印制成书之后，就要在一部分小学里试教。现在把这一项工作的情况总结了一下，重要的意见写在下边。

一

这项工作是依照《改进小学语文教学的初步意见》（以下简称《初步意见》）提出的精神和原则来进行的。稿成之后，拿来跟《初步意见》相对照：

（一）基本上体现了《初步意见》的精神。主要表现在教材的编写和教法的指示都体现了一、二年级以识字为教学重点的原则。为了帮助识字教学，还编写了注音字母的教材。重点突出，教和学都有了个中心；同时，生字的出现，按繁简、难易做先后，每课生字数量大致均

* 选自人民教育出版社内部刊物《编辑工作》。

匀，教学进行比较便利，教学质量可能提高。

（二）教材上用一个词，写一句话，都尽力做到规范化和标准化，课本上生字的注音和参考书上课文的注音也都尽力做到按标准语音来注。这对学生学习标准语可能有一定的帮助。

（三）教材的编写注意到它的教育意义。爱劳动、守纪律、敬爱领袖、爱护公共财物、爱家庭、爱学校、团结、诚实这些个优良品质的培养，教材里都有了体现。学生对自然界的注意、观察、认识其特征这些个教学材料，也依照《小学自然教学大纲（草案）》的要求，或者编入课本，或者列入自然专课。

（四）教材的编写也注意到它的艺术性。避免抽象地说教，尽力做到具体和形象化，语言的使用也尽力做到确切、干净和优美。

以上是这本稿子在质量上的几个优点；同时，这本稿子也有不少可以改进的地方。

（一）由于对教学实践的具体情况掌握不够全面，这本稿子在分量轻重上、在程度深浅上跟广大地区教师的水平、跟学生的接受能力是否相适应，尤其是教学参考书的编法是否适合教师的需要，都没有十分确切的把握。占大多数的农村小学，为数不少的复式班级，我们认识到应该照顾，可是实际情况知道不多，照顾也落了空。教学参考书里写的教学方法的指示和建议就没有从复式班级着眼。

（二）《初步意见》提出的某些原则，没有仔细钻研，设法体现。例如，识字和写字分开教学的问题就没有认真地研究、解决。究竟应该怎样对待，我们没有搞得很清楚。当然，课本跟教学参考书也就没有很明确的体现和指示，在教学实践中碰到这个问题，也就很难要求教师都能够很好地处理了。

（三）有些问题，《初步意见》提出了解决的原则，编写之前没有深入研究，订出解决的办法。例如划分词的问题，儿化问题，轻声问题，连字变调问题，都没有好好处理。虽然这些个问题还有待于学术讨论来解决，可是，不是不可能先订出一些目前可行的解决办法来。放松了这项研究的工作，处理的时候，有的无所依据，有的还自乱其例。

（四）思想政治教育的贯彻做得不够，应该做的虽然认识到，也努力去做，可是成稿之后一看，还是显得有点儿薄弱。艺术性的加强也做得不够，还不能够做到篇篇课文都生动、鲜明，饶有趣味，富于感染力。

从以上的优点看来，这本稿子，就课本说，与过去的几种本子比较，有了提高，而且正向着改进的新方向进步；就教学参考书说，已尽力做到把编辑同志的意图交代明白，而且提供了教学方法的建议，这样的参考书，过去还没有过，这算是“从无到有”的开头。从以上的不足之处看来，这本稿子还有待于修订，其中有些没解决的问题要实事求是地按目前办得到的解决办法，作为修订的依据。当然，试教过程中发现的错误、缺点和改进的建议，各方面对试教本的意见，也都要作为修订的依据。

二

小学语文编辑室的工作，1954 年工作总结曾经指出过，有点儿缺乏计划性。新编这套课本的时候，就针对这一点，决定要加强计划工作。曾经起草过全套课本的“编辑计划”，也起草过“各年级教材纲要”，第一册课本和教学参考书，还起草过“施工计划”。可是，由于对这项工作没有经验，这些计划都订得不够周密，不够具体，没有起应起的作用。计划是一回事，工作实践又是一回事，结果，计划中有的地方不免流于形式。

现在来看，我们的工作仍然缺乏计划性。

缺乏计划性的重要表现，首先是对课本的内容没有仔细地、妥慎地安排，只有个抽象的想法，就“率尔操觚”，写出之后，不对又重写，造成了返工浪费。例如注音字母的教材就是这样，前后返工四次，反反复复搞了一个多月。其次是工作时间没有好的安排，也没有定时检查。开头，一个小问题也从容讨论，不慌不忙，后来时间一紧，大问题也不及研究，匆匆成稿。尤其是教学参考书，留给最后通读的时间太短，没工夫来调配和统一各部分之间的联系，成了一本“急就章”，也没有分送专家和教师提意见。再其次是劳动力的组织也没有好好计划。分工是有的，也分得明确，每一份工作都有人负责。但各部分工作之间的联系、配合不够紧密，有的地方脱节，这是一；各部分工作此起彼伏地交错进行，组织得不好，有时不免“窝工”，这是二。整个工作的进行前松后紧、返工、“窝工”都是对内容、时间和人力组织缺乏计划性造成的。

然后是我们处理问题的原则性不强。

例如处理采用简化汉字的问题。采用简化汉字对识字教学有好处，这是肯定的。可是，得在《汉字简化方案》正式公布之后。编辑课本之初，《汉字简化方案草案》刚发表，等六月文字改革会议通过就公布。

那时候想，课本试教在九月，假如仍用繁体字，就要受到责难：汉字已经简化，编者为什么还要用繁体字来加重儿童的负担？于是就草率地决定采用。不料，后来文字改革会议延期召集，只先后公布了两批试用的简化汉字表。结果，临到全书编成制版才把未公布的简化汉字取消，换成原来的繁体。这一来，造成了不小的事故损失，打乱了生字出现从简到繁的体例。其实，没确定的东西不入教科书，这是个常识。由于原则性不强，考虑问题不全面，竟犯了常识性的错误。又如，对待一些未解决的问题，如上面提过的划分词、儿化等，应该根据现实的可能来解决。解决得了就解决，解决得了多少就解决多少，解决不了就不解决。在这些问题上反复研究讨论，企图一下子就完善解决，结果还是解决不了，白白浪费不少时间。又如，走群众路线的问题，认识是认识了，可是做得还不够，座谈会开得不多，约请参加座谈会的人也不多，而且面也不广。虽然这只是试教的课本，有待于广泛地吸收群众意见来修订，可是能在编写的时候也多吸收群众意见，让试教的本子编得好一些，这还是应该的。一陷进具体工作里头去，见木不见林，就把原则忘了。

三

上面说过，工作上取得了一定的成绩。这些成绩是从哪里来的呢？

首先是领导的重视。叶社长（叶圣陶）、辛副社长（辛安亭），朱副总编辑（朱文叔）时时关心这个课本的编辑。领导着编辑室同志，从头到尾，一个字、一个标点，都细细琢磨，一改再改。在简化汉字的问题上，吴副社长（吴伯箫）提出过原则性的指示，让错误得到及时纠正，戴副社长（戴伯韬）在病中也给课本提了意见。稿成之后，董副部长（董纯才）还亲自主持，开了座谈会，提出修改的意见。其次是编辑室内同志们的努力，群策群力，一刻也不懈怠。有的时候遇见工作上发生问题需要返工，也能够不惮其烦地一再改动。临到最后排样的校对，为了争取时间，有的同志还特地跑到出版部去工作。再其次是得到各方面的支援。绘图科为这个课本尽了很大努力，全课本的图画，在数量上、质量上、工作进度上，都由于这种努力才得到现在的成绩。在工作进程中，因为教材一再改动，因为教学要求不够明确，因为审查图稿缺乏制度，给绘图工作带来很多困难。这些困难，绘图科同志都一一克服了。自然编辑室也给我们很大帮助，教学参考书里自然专课一章，就是自然编辑室刘默耕同志写的。至于出版部对这个工作的努力，使稿本能够尽可能地加速排制成书，那更不用说了。

上面也说过，工作上还有一些问题，这些问题是从哪里来的呢？

属于客观方面的，如，工作是新的，干部是新调集的，工作本身问题多，有些尚待研究的问题没有解决，等等；属于主观方面的，如，对教学实际状况了解不多，思想水平和业务水平有待提高，教材储备非常贫乏，使工作时感到是“无米之炊”，等等。

这些个原因当中，最主要的是编辑室领导工作的薄弱。领导工作的薄弱，是由于负责领导工作的同志思想水平和业务水平还不够，不能很好地起到领导作用。最显著的表现在这几方面。其一，由于业务水平不够，在工作质量的提高上起的作用不大。就领导工作说，应该在工作上对别人解决不了的问题，能解决；别人做错的、做不好的工作，能纠正，能做得好；别人见不到的问题，能见得到。其二，由于思想水平不够，掌握原则不紧，教材的思想性注意不够，对工作上的问题、业务思想的分歧，处理得不明确、不果断。其三，由于组织能力不够，使工作局面打不开。就室内说，在劳动力的组织上，就社内说，在各有关单位的联系上，就社外说，在争取专家、教师的帮助上，都做得不够。

其次，编辑室里工作干部的思想水平和业务水平都有待提高。由于思想水平不够，在课本编辑和教材鉴别上都显得力量弱，对整体工作“当仁不让”，主动积极地提建议的风气还不够，对待业务思想分歧的问题，对待使个人意见纳入集体工作的问题，有时还不正确。由于业务水平不够，处理工作上有关语言科学的问题，有关文学的问题，有关教育科学和教育实践的问题，有时不免觉得力不从心，因而减低了工作的质量和速度。

再次，编辑室的工作基础还不好，尤其表现在教材的储备上。过去，辛副社长（辛安亭）曾经一再地指出过要储备材料，不管课本怎么个编法（这有待于工作方针的决定），材料总是要的。像建筑工程一样，不管怎么个建筑法，钢筋水泥，砖瓦木石总是要的。对这个指示，没有执行。临到编辑工作开始，要儿歌，要童谣，要谜语，要童话，要什么什么，储备得都很少，不得不随要随找，“现蒸热卖”，可作小学语文教材的材料本来就不多，还要“披沙拣金”，“沙”既然很少，“金”也就难找，找不着，也就不得不用“沙”来充数。这对工作的影响是不小的。

四

针对以上的问题，今后必须做这几件事。

第一，订出新编课本及教学参考书整套的编辑工作进程。一定要按这个进程进行工作，只准提前，不准推后。这个进程应注意到分别按时供应试教和正式采用的需要；注意到绘图、排制、校对和发行的过程；注意到编辑工作各个环节（起稿、讨论、征求意见、审查）的配合与可能。

第二，第一册的编辑都依照整套课本的工作进程来制订本册的施工计划。估计起来，第二册的施工计划还会订得太紧，还带有“突击”的性质，到了第三册以后就可以进入正常的、均衡的工作轨道。

第三，劳动组织上采取分册负责和分门（文字、语法、教学方法）负责相结合的方式，做到既能分工负责，又能通力合作。

第四，加强教材储备工作。分两方面进行，一是经常的工作，订立制度，分别储备，用剪报和卡片的方式，登录可用材料；一是按照各册施工计划有目的地看材料，选材料。高小阅读课本大部分要选文学作品，还要另外划出一定时间专做选材工作。

第五，工作上有些问题，如标准语语法、词汇，尤其是语音的问题，如写字的处理问题，如教学参考书的体例问题，提出来，实事求是地订出目前可行的解决办法，作为工作的依据。

第六，重视试教工作，指定专人负责，为根据试教结果修改课本做好准备，并从实践中研究识字教学的具体情况，明确“以识字为教学重点”的教材编写方法和教学方法。

此外，还要提高领导工作水平，提高全体干部思想和业务水平，加强工作的思想性和计划性，等等，要求全体同志互相勉励，互相帮助，共同改进，共同努力。

新编初小语文课本第一册的图画*

新编初小语文课本第一册的工作已经结束。关于这一册课本的质量、编辑工作的方法、今后改进的意见等，另外做了总结。其中关于这一册课本的图画，根据得到的样本看来，还有下面的一些意见。

首先要肯定的是这一册课本的图画绘制的工作比过去做得好。这是绘图科同志们努力的结果。好是好，可还有一些不足，以后还得进一步努力。

从数量上看，这一册课本的图画真不少，封面扉页两幅，准备课十六幅，注音字母课一百二十七幅，课文五十四幅，练习课七十八幅，大大小小一共二百七十七幅；教学参考书里还有四幅。这是一个不小的数目。此外，还有一些因为课文改变画好了作废的，因为图意改变画了又重画的，都没有计算在内。过去课本的图画，有时候画不出来也就算了，有时候画出来要不得就索性不要。这些情况，这一册课本都没有。就数量说，这一册课本的图画工作是百分之百完成了的。

---

* 选自人民教育出版社内部刊物《编辑工作》。

从质量上看，也有一定的提高。光就图画本身说，正确和生动这两个要求，作画的同志都做了很大的努力。画个小孩吧，头是怎么的，胳臂和腿是怎么的，都得合乎解剖学上的实际形状，这叫正确；这个小孩干什么来着，干的时候心里是高兴呢还是发愁呢，都得画出来，这叫生动。这两个要求，有的做到了一些，有的没做到，生动一层，做到的地方又更少一些。例如，“年画”“雪人”“小鸡和小鸭”“跳绳”“大萝卜”，“准备课”第一面，这些都是画得好的。又如，《我的书包》一课里的那个女孩，木头木脑，毫无表情，《大雪》一课里的三个小孩，就像把大人的头放在小孩躯体上的样子，就正确和生动说，都不够。除了正确和生动，一幅幅画的构图怎样才能够匀称、调和，主从分明，也是应该讲究的。关于这方面，注意得还不够。

图画不光要画得好，还得跟教学的要求配合。图画是教材的一部分，要用它来完成一定的教学任务。作画的人一定得注意这一层。否则，不能配合教学要求，画得好也是枉然。关于这点，这一册课本的图画基本上是做到了的。可也有一些不够的地方，例如，“准备课”第三面的图画，教学要求之一是教学生认识“句”。教学的时候，要学生看图说话，一句一句地说。可是图上有一处画的是小妹妹拉着小车，看他哥哥搭积木。这样复杂的句子就不宜于教初学的学生说。应该光画小妹妹拉车，才便教利学。这只是一个例子。这一方面以后得特别注意。

教学的要求不光是这样，还要富于教育的意义。画上人物的形象给学生的影响不小。画个老师，必须是一个又严肃又和蔼的老师，假如画得横眉怒目，一副凶恶相，或者萎靡不振，一副懈怠相，不能引起学生敬爱的感情，那么，这幅画在师生关系上就没有教育意义了。画个小孩，必须画得活泼、有礼貌，又生气勃勃，假如画得歪眉斜眼，或者鞠躬时像个“小老头”，都不能起教育的作用。在人物的形象上，“准备课”第五面果园里的那个农妇，《我的书包》一课里的女孩，《爸爸回来了》一课里的“爸爸”（跟《年画》一课里的“爸爸”一比就能看出来），这几个人物都画得不好。这还只是就人物说，别的也是一个道理。画棵树得看得出是棵什么树，枝、干、叶都得像那种树的枝、干、叶。画间教室，窗户、黑板、课桌、课椅都得合乎规格。画啥像啥，一丝不苟，图画的本身就含有教育的意义。

图画所表现的必须符合社会主义建设的精神，必须显示出祖国日新月异的新面貌。画个工人，得画出他的健壮、聪明、有信心、愉快，假如画得猥猥琐琐，愁眉苦脸，那就不是新中国的工人了。关于这点，这一册课本的图画先就特别注意到，还没有违反这个原则的地方。

适合儿童年龄特征也是一项重要的要求。这一点，这一册课本的图画做得比较差。儿童喜欢的图画要鲜明，一是一，二是二，看得清清楚楚。可是这一册课本的图画好些个都是模模糊糊的，当然，印刷有很大关系，可是画本身也有责任。不必要的闲笔多，是形成画面乱而且脏的原因。为了用水墨画，不免多了一些烘托的闲笔。画双手，旁边要烘托一下，画张桌子，旁边也要烘托一下，其实是不必要的。假如学生问：“老师，飞机旁边那些一道一道的都是些什么？”我看，老师未必答得上来。儿童需要看到的火车，应该是车头是车头，车厢是车厢，顶好的车厢还要有门有窗。可是图画上只看见一个车头的横截面，车头的身子看到一点儿，列车车厢尽在虚无缥缈间。小学生是不是喜欢这样，怕成问题。我们不能拿大人的眼光和喜好去推想小孩子。

版面的大小跟构图的设计大有关系。画的原稿当然得大一些，缩小制版之后显得更紧凑。可是动笔之前得想到缩小以后是什么样子。构图要疏松一些，不宜太挤；重要的东西要突出，次要的能减则减，不要喧宾夺主；用笔宜精练，减去不必要的闲笔。这一册课本，起初曾经计划过用十八开和大三十二开，以为可以画大一些。结果仍用小三十二开，有的构图就显得局促，不开朗；加上画的时候没注意到还要缩小，只照原稿大小放手挥毫，有的图画就看不清楚了；再加上印得不好，有的图画竟一塌糊涂，简直看不出是什么来。

这些看法，不知道对不对，提出来供绘图科的同志参考。

这一册课本的图画除了优点之外，还有些问题。造成这些问题的原因在哪里呢？从小学语文编辑室的角度来检查，原因有这些个。

首先是工作布置得太紧（当然由于这册课本要供今年秋季试教，不得不赶任务）。从今年四月起（三月先画过准备课的图画）到六月中旬，两个半月时间画了两百多幅画，当然不可能有足够的时间来构思、斟酌和修改，这就直接影响了图画的质量。

其次是课文的反复改动，老不确定。有的图画画好了作废，有的画好了又重画。最突出的例子是注音字母的部分，光大修改就有三次，零星的小修改还不算，其间造成了不少的返工浪费。本来应该等稿子完全确定之后才送去作画的，因为任务紧，时间急，确定了一部分稿子就先送一部分稿子，而稿子的确定，往往又因后面有了变化不得不牵动前面的部分。于是稿子一改再改，图画也随着一改再改。

再其次是对图画的要求，有的不明确，有的有变动。这也让绘图工作受到影响。前面提到的那些图画不符合教学要求的缺点，主要的原因就在此。课文送去作画，应该把要求交代清楚，可是没这样做，只说了个大意，让绘图的去捉摸，这就不免会有出入了。当然，图意不宜定得太死，妨碍了绘图者的创造活动，可要把要求提明确，才能跟课文密切配合。

最后是我们对图画提意见没一定的制度。有时，编辑的同志直接去请绘图科画，画成之后，提了意见。有时，有的编辑的同志直接就请绘图科改，有时甚至于照某甲意见改了，某乙不同意又再改，让绘图科不知道谁说了算数。这就造成了工作上的混乱。应该订出制度：送去作画，该谁负责，谁签字；画成之后，提了意见，该谁最后认可，谁签字；送去作画的时候，应该写出图意、要求、初稿画成时间、定稿时间等。用制度来纠正过去的混乱现象。

绘图工作本来就是编辑工作的一部分。这跟一般书籍的“插图”不同，插图是“插”进去的，是外加的；课本的图画就是教材本身的一个构成部分。最好是绘图的人直接参加编辑工作（过去这样做过），做不到这样，也得绘图的人跟编辑的人密切联系。绘图的人应该了解教学的要求，画来才合用；编辑的人应该懂得图画的表现方法，才好考虑怎样用图画来作教材。

第一册课本好歹印出来了。第二册的画图工作就要开始。第二册一完，接着要画第三册，同时还要修改第一册。任务是十分繁重的。为了完成这个任务，我们，编辑的人和绘图的人，必须紧密团结、共同努力。

关于绘图上应该注意的，正确、生动、符合教学要求等，该怎么样才比过去提高，绘图科的同志自然会研究考虑，不必再多说。在工作的方法上，应该有一些改进，才能顺利地完成任务。

绘图工作上的人力问题，必须解决。解决方法不出两途，一是增加干部，一是组织外力。照目前情况看，组织外力是一个可行的办法。绘图科同志应该分出力量来进行组织的工作。第二册的图画就可以分出一部分，组织外力来画，尤其是第一册的修改，更应该在原有的基础之上，经过挑选、淘汰，应该重新画的组织外力来画，这才能够抽出身子来自己负担第三册的绘图工作。组织外力不光是辅助我们人力的不足，还应该把它看作提高图画质量的一个步骤。希望能够做到组织优秀的画家来为课本作画。

为了适应目前的制版印刷条件，可以考虑放弃水墨画，仍用线条画。王叔晖为初中文学课本画的两幅就是用线条画的，成绩不错，可作借鉴。这一改，可以纠正原来模糊、脏、闲笔多这些个缺点。

时间紧迫，不得不突击，这种情况，短时期内恐怕还不能避免。小学语文编辑室为全部新编小学语文课本的工作做了安排，订出编辑工作的进程，送请领导审核。决定之后，到了第三册，工作就比较从容，从第五册起，就更从容，加上以后各册课本的图画，数量上逐渐减少，绘图工作就能够做到均衡地进行了。

绘图工作的联系制度应该照前面说过的订出来，使工作的进行有步骤，有条理。

以上建议，应该由小学语文编辑室跟绘图科一块儿商量研究，订出可行的办法来。

略谈小学语文编辑室的工作计划*

一

怎样提高小学语文课本的质量，怎样解决小学语文教学的问题，一直讨论了几年，也一直没有讨论出什么结果来。

试回想一下。自从1952年我社出版五年一贯制小学语文试用课本第一册以后，关于小学语文教材的问题就有过不少的争论。为了这个问题，开过好些次座谈会，发表过好些篇文章。争论是好的，有助于问题的解决。可是这个争论由于缺乏领导，没有得到该得的结果。无论开座谈会，还是发表文章，往往各抒所见，论争的锋芒不相接触，即使接触了，也往往各执一词，是其所是，非其所非，产生不出结论。且不说结论，两年多的一场争论连个总结也没有。

我们自己对待这个问题也没有拿出主意来。编辑那套试用课本是从改进小学语文教学的意图出发的，有不少创新的尝试，由于创新，有的

* 选自人民教育出版社内部刊物《编辑工作》。

见解自然未臻精密。这其间，对的地方应该肯定，应该坚持，不对的地方应该否定，应该修改。可惜没有这样办。问题怎样解决，只好寄托在小学语文教学大纲上，等待教学大纲订出来，课本就可以照着所定“规格”来编辑。这个想法本来也没有什么不对。可是，基本的一些问题没有解决，教学大纲又从何订起？教学大纲的起草工作从1952年就开始，两年多了，一直没有订出来。课本编辑工作也就耗在这个空虚的等待中了。

在这种情况下，我们小学语文编辑室的工作要订出计划来，是非常困难的。长久以来，编辑室都只是对旧课本进行些修补工作；而且修补工作也只是见错改错，枝节进行，没有全盘的打算。去年检查工作的时候，曾经指出我们工作上有点儿缺乏计划性，还打了个比喻说，像建筑工程没有设计蓝图一样。这个话完全对。可是，进一步考察，打算盖座什么样的房子都还没有搞清楚，试问，设计蓝图又怎么个画法？想编出一套什么样的小学语文课本来，大家心中都无数，即使有一点儿，也是你有你的“数”，我有我的“数”。工作缺乏计划性，也可以说，订不出工作计划来，那是不足为奇的了。

大凡一种工作，必先决定工作的方向。朝着这个方向，找出前进的途径，订出前进的步骤，对每个步骤怎样进行作一些具体的安排，这就叫作工作计划。没有工作方向就没有工作计划。决定工作方向是拟订工作计划的前提。

二

去年六月，社务会议通过了《关于本社当前任务、编辑方针、组织机构及组织领导的决定》，确定小学语文教科书的编辑是当前任务的重点之一，而且决定小学语文教学大纲由我社担任起草工作。于是，根据总的方针，怎样决定小学语文编辑室工作的方向，成为执行这个决定的重要环节。领导上对这个问题十分重视，大力谋求这个问题的解决。

首先做了一些准备工作，把有关小学语文教学的一些意见和资料进行搜集、整理，从里面找出重要的关键性问题，加以说明，提出意见，写成一份材料，送工作有关的同志先看看。接着开会讨论，叶社长（叶圣陶）亲自主持，三位副社长（戴伯韬、辛安亭、吴伯箫）都参加，朱副总编辑（朱文叔）也参加，几位工作有关的同志也参加。会上就提出的问题一一研究讨论，一共开了八次会，得出了一致的意见。又接着把讨论结果整理出来，向教育部报告请示。

教育部对这个工作也十分重视。董副部长（董纯才）召集了有关部门的代表开会，亲自主持，就我社提出的报告展开讨论，一共开了五次会，最后一次会由董副部长（董纯才）作了总结发言。讨论结果，整理成《改进小学语文教学的初步意见》（以下简称《初步意见》）。

有了这个《初步意见》，小学语文编辑室的工作方向的问题解决了。

在这个《初步意见》里头，关于小学语文教学的一些重要的关键性问题都提出来了，而且指出了解决的途径。例如，小学语文教学的目的、任务和内容的问题，怎样贯彻思想政治教育的问题，语文教学跟发展儿童语言和思维的问题，识字教学的问题，由于“四会”的牵绊引起的写字教学的问题，汉语课跟阅读课的分合问题，文艺性教材和知识性教材的配当问题，叙述和作文的教学问题，教材与教法的关系和改革教法的问题，这些个问题都有了比较明确的答案。“意见”虽然还只是“初步”的，有的地方还有待于进一步的钻研，来求得更具体的、更有助于编辑工作实践的方案。可是，原则性的问题解决了，总的方法有了，也明确了。

想编一套什么样的小学语文课本，不至于再“心中无数”。就像一个画家一样，描绘的对象已经呈现在眼前，拿起木炭就可以在画布上勾勒出一个轮廓来，当然，有的地方还得修改，有的细节还要斟酌。可是已经有可能来调色、下笔了。有了工作的方向做依据，就可以拟订工作的计划了。小学语文编辑室 1955 年工作计划就是依靠这个前提来拟订的。

三

小学语文编辑室 1955 年工作计划里头规定了五项工作：一、起草小学语文教学大纲；二、新编小学语文课本及其参考书；三、修订和改编现行小学语文课本；四、编辑小学语文教学丛书；五、编辑苏联最近俄语教学大纲、阅读课本及其教学指南和叙述作文教学法等的译稿。而以其中的第一、二两项为工作的重点。

工作分列为五项，可都围绕着一个中心，这就是《初步意见》提出的改进小学语文教学的精神，每项工作的进行都得朝着这个方向迈步。

小学语文教学大纲的起草是用《初步意见》做基础的，《初步意见》只提出重要的一些问题，教学大纲还要更进一步全面地考虑之后加以补充。新编的课本，不用说要体现《初步意见》提出的改革精神，《初步意见》里头有一项关于改进教学方法的建议，因此，在编写课本的同时，还计划了编写教学参考书，使教材的改编跟教法的革新能够同时并进，为提高教学质量提供必要的保障。

小学语文教学丛书计划写七本，一本是《小学语文教学的改进》，指出小学语文教学的目的、任务、内容和改进的方向，其余六本是《识字教学》《写字教学》《注音字母的教学》《语法教学》《阅读教学》和《叙述和作文的教学》，分别就小学语文科的主要内容提出一些教学原则和教学实例。这一项工作也是本着《初步意见》提出的改革精神来进行的。过去我社出版五年一贯制语文课本时，没有把我们的意图向教师交代清楚。小学语文教学丛书的编辑就是为了改进这一点。要在这套小册子里把我们的见解和做法详细解说，对的地方，取得他们的支持，不对的地方，取得他们的指正，把小学语文教学的改进变成大家共同的愿望和共同的努力。

向苏联学习是改进小学语文教学的必要步骤。计划里头列入了几种苏联有关语文教学的文件和书籍的翻译工作。一种是苏联初等学校1954—1955年俄语教学大纲；一种是《叙述和作文教学法》，这以前，我社已经出版《阅读教学法》。出版了这两本书，小学语文教学的改进就有了借鉴；还有一种是苏联初等学校阅读课本及其教学指南，供学习、研究苏联小学语文教材及教法的人来参考。

现行课本的修订与改编，没有列为工作的重点，可是并不减少它的重要性。新编课本要从1956年起才陆续供应，现行课本还要用好几年，里头的问题，总要尽可能改正，这是一。新旧课本的交替刚好有一个过渡，旧课本修改得接近新课本一些，交替的时候就不至于太突然，这是二。改编现行高小课本受到限制比较少，有可能按照新课本的精神进行，这是三。现行课本的修订改编工作也是围绕着《初步意见》提出的革新精神这个中心来进行的。

跟上面的工作相配合，还要组织进行教学大纲草案的讨论工作，新编课本试用本的讨论、试验和修订工作，小学教学情况的了解工作，跟教师、专家、作家的联系工作，为编辑工作服务的图书资料的收集、整理工作等。

小学语文编辑室1955年工作计划的情况大概就是这样。

很难设想，假如小学语文教学改进方向的问题还没有解决，工作计划怎么个订法。重复前面的一句话：决定工作方向是拟订工作计划的前提。

四

工作的进行要有计划，还要有执行计划的工作干部。怎样团结工作干部来为完成计划而努力，怎样发挥工作干部的积极性来保证计划的实现，这些问题的解决也是跟工作方向的决定分不开的。

所谓工作干部的团结就是指大家为实现一个目标，朝一个方向，齐一步调，共同努力。既然是共同努力，就得把个人的力量纳入一个整体，个人的力量是整体的力量的组成部分，个人的动作要求跟整体配合和协调，不允许独行其是，旁逸斜出。这就叫作团结。要做到团结，就必定先要有工作的方向。方向越明确，团结就越紧密。没有明确的工作方向来聚焦大家的力量去为它努力，团结就会失其意义，而且也不可能。当然，在工作进行中，一定会在某些具体的步骤上，某些实践中的个别问题上，工作干部之间意见不全相同，发生争论。争论就争论，可是得以共同的工作方向为依归。这样的争论不仅不会影响团结，反而会增强团结，因为它为共同努力的集体增加了生气，增加了力量，是值得欢迎的。

工作干部的积极性，也是要在有了明确的工作方向之后，才能够发挥出来。工作干部的最大苦恼，莫过于没有方向，在工作面前彷徨踌躇，“报国有心，请缨无路”，不知道从哪儿下手。有了明确的工作方向，大家才有个指望，才有个奔头，进一步，是一步，进两步，是两步，越来越接近预定的目标，工作的积极性这就发挥出来了。

工作方向的决定，不仅是拟订工作计划的前提，也是团结干部、发挥干部积极性的先决条件。

发展语言与发展思维*

语文科教学生学语文，学“语”和“文”。“语”是口头语言，“文”是书面语言，合起来说是语言。

语言是交际的工具，是思维的工具。怎样更好地使用这个工具？需要学习，需要一步一步地发展。学生随着年龄的增长，交际的范围越来越广，思维的发展越来越高，必然迫切地要求语言也随着发展，随着提高，才能适应交际和思维的需要。

心里想什么，还没说出来，只在心里想，是要用语言来想的。比方，我们想“到长城去”，不用“到长城去”这个语言，又怎么想呢？所以说，语言是思维的工具。

把这个意思告诉别人更要用语言了，得向对方说“到长城去”，不说，对方怎么知道呢？所以说，语言是交际的工具。

语言是交际的工具，这是人人都认识得到的。语言是思维的工具，有些人就不那么明白，总以为心里想，嘴没说，同语言无关。其实，无

---

* 这篇文章是为北京景山学校召开的语文教学改革讨论会写的。选自蒋仲仁著：《思维·语言·语文教学》，人民教育出版社 1988 年版。

论想什么都离不开语言。我们想：昨天的会开得怎么样；今天的会我打算讲点儿什么；到北京开会来了，班上的学生怎么样了，家里的孩子又怎么样了。试问，哪一样不是用语言来想的呢？

思维和语言是紧紧地联系在一起的。有这样的思维活动就有这样的语言，有那样的思维活动就有那样的语言。思维有条有理，明确透彻，语言也有条有理，明确透彻。思维杂乱无章，含糊不清，语言也杂乱无章，含糊不清。

有人不同意这样看，说：“我是想清楚了的，就是说不明白。”不，你说不明白就是由于你没有想清楚。比方，开会发言，你想清楚了的就一是一、二是二地说出来，你没想清楚的就疙疙瘩瘩，前言不搭后语。

有人还是不同意，说：“比方，发生了一件让人不愉快的事，有人说，想不到会发生这种事，心里总觉得有些那个。这个‘那个’不就是说不出来吗？”不是，这件事究竟让说那句话的人觉得抱歉呢，负疚呢，难堪呢，尴尬呢，过意不去呢，悔不当初呢，究竟觉得怎么样呢？他说：“好像都不是，只觉得总有些‘那个’。”既然感到的是“那个”，想的是“那个”，说出来是“那个”，那么，想的和说的还是一致的。

思维和语言是紧紧地联系在一起的。就思维的发展同语言的发展说，是同步的。

比方，你看打排球。开头你知道得太少，只会说，一个球打过网来，打过网去，接不住就算输。后来你看多了，懂了排球的规则和技艺，你就会说勾手飘球，一传到位，双人拦网，短平快，时间差。思维发展了，语言与之相应，也发展了。

思维和语言的这个关系，是我们语文教育的一个原则。

原则是原则，实践起来可不是都能符合原则的。

我们就有这样的教育方法。诗、词、歌、赋，只当作某种物品传递给学生，不问他们的思维跟上来了没有。手里接了，打“心”里接受了没有。注入式，满堂灌，是不是就从这儿出来的？

学生没去过长城，怎么能让他们写《长城游记》？学生只听见蝉鸣，没仔细观察过蝉怎么鸣的，就没法让他们写出一篇关于蝉的说明文，且不说写出像法布尔《昆虫的故事》里的《蝉》那样的文章了。牡丹的浓艳，芝兰的幽香，杜鹃的绚丽，水仙的淡雅，光是“浓艳”啊，“幽香”啊这几个词，读了，写了，用了，如果不让学生亲自见过，都是空的，虚无缥缈的。我们北京有个中山公园，中山公园里有个“唐花坞”，一年四季展出各种花卉，带学生去游览游览，那些个词的教学才算落到实处。

不让学生多看看，多听听，动脚多走走，动手多接触接触，不懂的多问问，得到回答多想想；像佛经说的“无眼耳鼻舌身意，无色声香味触法”，把学生限制在狭小的圈子里，“两眼下视黄泉，看天就是傲慢”，这样的学生，要求他们语言发展，要求我们提高语文教育的效率，那就很难做到了。

这是说的生活，还要说说读书。

书是智慧的宝库，哲学、社会科学、自然科学、文学艺术，丰富得很。各种程度的都有，真可以说是应有尽有，老少咸宜。单以文学而论，单以文学中的儿童文学而论，比“唐花坞”不知道还要丰富若干倍。为什么不引导学生去读一读呢？

可惜我们的语文课本总是那么单薄，那么贫乏，甚至于那么干瘪。

凭这几本课本，一本课本又才这几篇课文，怎么够用来发展儿童的思维，发展儿童的语言？

一个学生每日从家到学校，从学校到家，就那么个活动范围，一个学生一年就读那两本课本，就那么点儿分量，见不多，识不广，脑袋里那么空空如也，口之所说，手之所写，拿什么来作源泉呢？

“读万卷书，行万里路”，这是个古老的学习方法。对小学生说，这个“万”字怕办不到，可是这个精神是可贵的，可取的；可以换个说法，让学生热爱生活，热爱书籍，从狭小的圈子里走出来，走到宽阔的道路上去。

我们不是选过一首诗来给学生读吗？“半亩方塘一鉴开，天光云影共徘徊，问渠那得清如许，为有源头活水来。”从这首诗我们应当得到启发，我们的教育，我们的语文教学，我们的发展儿童思维和发展儿童语言的工作都应当从这儿得到启发。

我们总是有些放不开，有些怕。我们怕学生接受不了。一怕深，小学生就读鲁迅，读郭沫若，还要读安徒生，普希金；一怕重，一学期就这许多课，一课就那么长。真是有点儿罪孽“深”“重”。怕食而不化，引出消化不良症来。

一怕就不免要走向反面，不适当地强调“少而精”，强调讲深讲透，读一篇是一篇。这种精神，这种用心是好的，教学嘛，总不能走马观花，草草了事。可是，反过来，不走，站着不动，老盯住一株花，又怎么样呢？

讲深讲透，怎么才算深透，得有个标准。这要关系到思维发展的问题。思维的发展是一个由浅到深的过程，不是一下子就能深的。同样一篇文章，读者思维发展的程度不同，对这篇文章的理解也随之不同。不宜于空说深透，只能说各取所需，深者见深，浅者见浅。

我们选过一首诗教学生读，“春眠不觉晓，处处闻啼鸟，夜来风雨声，花落知多少。”儿童读了，感到一点儿初春的情景，而且节奏鲜明，韵律协调，又合平仄，又押韵，读起来好听，这就得了。其实，这是一首政治诗，是说在政局的风风雨雨中，多少人或浮或沉。我们经过“文化大革命”的人，到现在有时还梦见当时住“牛棚”，一听到读最高指示，“资产阶级统治我们学校的现象再也不能继续下去了”，再听到“革命不是请客吃饭，不是绣花，不能那么温良恭俭让”，听到这些，就知道必定是又有几个“走资派”被打翻在地了。这就是“夜来风雨声，花落知多少”。同是这首诗，你们小学的学生决不会这样理解。不能强加给他们也要这样理解，也不能说他们那样的理解不是理解。

这太扯远了，说一点儿有关语文教学上的。我们又常常选这首诗来教学生读，“床前明月光，疑是地上霜，举头望明月，低头思故乡。”我问过一位课本的编者：“开头一个‘床’字怎么讲？”他奇怪我为什么提这么一个愚蠢的问题，“床就是床呗，哪一家没有？”我说，唐朝的床是什么样的，同今天的一样不一样？比这首诗早一些时候，《木兰辞》里就有“开我东阁门，坐我西阁床”，再早一些时候，《孔雀东南飞》里有“媒人下床去，诺诺复尔尔”，会不会像现在咱们宿舍太小，来客了，没处让座，就坐在床上呢？后来的《红楼梦》，说贾府的豪华和权势，说“金满仓”，又说“笏满床”；堂堂荣宁二府，没地方放东西，连笏这样珍贵的东西也放在床上？从这些看，李白说的床是不是现在睡觉的床，很难说，连那位编辑同志也没说清楚。由此观之，一首浅明的小诗，一个普通的字眼，要讲深讲透也不容易。不过，儿童读了，照他们了解的了解了，也就是了，不可深究，也不必深究。

朱自清的《荷塘月色》，咱们的小学生读了，大学中文系讲散文的时候，大学生也读。鲁迅的《故乡》，咱们的小学也读了节选出来的“闰土”，大学中文系讲鲁迅，也要读。一个是大学，一个是小学，相差这么远。也许会有人出来责备，“忽而小学，忽而大学，你们选材还有个深浅的标准没有？”有标准，选材怎么会没个标准呢？我们的标准是“深者见深，浅者见浅”。

语言的发展总是同思维的发展相适应的。

就说一个词的词义，理解起来，也有由浅到深的发展过程。例如我们干教育这一行的，常常说到“教育”这个词。这个词，小学生也能理解，“老师教育我们”，“读《雷锋日记》很受教育”。可是教育理论工作者，理解却大不一样，教育的本质是什么，是上层建筑还是生产力，还有争论。要为教育下个科学的定义，要为《中国大百科全书·教育卷》写“教育”这个条目，那就有很大的讲究了。咱们又不能说小学生那样的理解不算理解，因而不能教给他们“教育”这个词。

“母亲”这个词，小学生，比小学生还小的儿童也能理解。可是“祖国，亲爱的母亲”里的“母亲”就比较深一点儿了。鲁迅为纪念柔石的牺牲，把珂勒惠支的一幅木刻《母亲》在一个刊物上印出来，这个“母亲”又更深一点儿了。原来上学的那个学校叫“母校”，出生地的语言叫“母语”，植物嫁接的“母本”，以及“声母韵母”“分子分母”……这些“母”，哪能一下子都教给学生，而且讲深讲透？

思维的发展，语言的发展，都有个过程，过程中有广狭之分，有深浅之分。这在教学上就要有选择，有分寸，有步骤，组成一个循序渐进的学科的系列。给深了，嚼不烂，不消化；给浅了，吃不饱，没味道。两方面都要顾到。不是说只要有一点儿难理解的就不能选进教材，要越浅易越好；也不是全不管儿童思维和语言可能达到的发展程度，硬塞给他们。

教学上的量力性原则，要从两个方面来看，对儿童思维发展和语言发展可能达到的程度，高了，不合量力性原则，低了，也不合量力性原则。有好些人只看到一个方面，一篇课文，深了就拿不合量力性原则来衡量，浅了就很少有人，甚至于没有人拿量力性的原则来衡量，只准浅，不准深。

目前情况，依我看，正好是这个只准浅，不准深。新学期开始，学生拿到新的语文课本，随手一翻，往往是一览无余。语文课上不上都可以。算术课缺了课要补，语文课缺了课，补不补，无所谓。这种情况应该变一变，让学生拿到课本觉得有好东西，喜欢，又觉得似懂非懂，像是懂了，考究起来还有不懂的地方，觉得要好好地学，花功夫学。

教孩子走路，会教的母亲总是这样办，估计儿童能走十步的，就蹲在十步远的地方，招手引孩子走来；孩子走了两步，她就往后退，退到十三步或十五步的地方。这样孩子就学会了多走几步，扑到母亲的怀里，母亲和孩子哈哈大笑。这就是进步，这就是进步的喜悦，教的人和学的人共享的喜悦。老是抱着，搀着，固然不是办法；放手让走了，只能走那几步，多一步也不行，怕也不是办法。当然，也不是要孩子去跑马拉松。

放的方面说得多了一点儿，教学工作当然不只是这个方面，还有另一个方面，那就是教学上的启发、引导，还有必要的搀扶，有的东西甚至于需要“注入”，教师教给学生。

就拿教学生读来说，课本再丰富也就是那么一本，几十篇文章。关键是在拿课本上的这些文章来作范例，教好了这些，学生就触类旁通，自个儿去读别的一些。我们常说的“举一反三”，课堂上学的正是这个“一”，学好了这个“一”，就能够“举一隅而三隅反”。

不必要，也不可能讲深讲透，可也不是走到另一个极端，变成随便浏览，爱读不读，随学生的便，爱读什么就读什么，随学生的便，读了懂不懂听之任之，读了受益受害也听之任之。

教材要编好，就要精选材料，从思想内容到语言形式，都是上乘，还要善于安排，便于教和学的循序渐进。教师要教好，给学生指出方向和方法，还要给学生以帮助和指正。

又要放，又要收。放不是放任自流，要教，要启发，要引导。收不是局限在课本上，要以一带三，放开脚步走到宽阔的路上去。

就是课外，也不能漠然置之。单说课外阅读，也要推荐、介绍，不光读，还要帮助他们能评价，能鉴别，能抵制有害的东西的侵袭。

教学，教学，就是教学生怎么学。课堂教的是教学生怎么学的范例。狠抓“一”，带动“三”，可不可以说是教学上的一个原则？

收和放之间，当前还是放一点儿好。不要老是担惊受怕，怕罪孽“深”“重”。“深”一点儿才有钻头，“重”一点儿才够分量。而这些又都要以学生思维发展和语言发展的程度作依据。程度不单是指既有的水平，而且指提高的可能。

语言规律与语文教学*

一

语文教学的主要任务是教学生学习语言，口头语言和书面语言。学习语言一般有两个方法，一个是从语言综合运用的范例学习，一个是从语言分析研究得出的规律学习。

语言，作为交际的工具，在实现它的交际功能的时候，是语言的各个构成部分——语音、词汇、语法等的综合运用。学习语言，一般说就是从语言的这种综合运用中学习。从听、读学说和写。所听和所读总是完整的、连贯的语言，一席说话，一篇文章，是说话的人或者写文章的人运用语言这个工具，来诉说他的见闻、思想和感情。语言这个工具，包括代表概念的词汇，代表命题或推理的语句，代表思维推移发展的篇章结构，如果是书面语言，还要包括语言书面化的形式——文字和标点符号。这些说话或者文章，引导学生认真学习，遇到自己也要把见闻、

* 此文发表于《教育研究》1979 年第 1 期。

思想或感情向别人诉说的时候，就学着这样说，这样写。

从语言综合运用的范例学习，这是学习语言的一种方法。

对语言这个社会现象的研究是语言科学。语言科学有许多分支，同语言学习有关的，如语音学，从语音的物质属性，从语音与语义的结合，研究音位、音素、音节，语音的声、韵、调以及语音的同化、异化等。又如词汇学，从词和概念、词和表达的客观事物的关系，研究词的构成，词的意义，词义的引申、借用、转化等。又如语法学，研究用词造句的规则，研究各类词的表意作用和语法作用，词的组合和搭配，句的组成，各种不同的句型等。又如文字学，研究语言书面化的工具——文字的发生、形成、发展、改进和改革等；还要附带研究用以帮助书面语言使之更明确、清晰的辅助工具——标点符号。还有，如语言学，对某一民族的语言，研究其发生、衍变、分化、融合，随社会发展而发展的趋势，以及与此相应的术语、方言、外来语的对待，新词和新句型的产生，语言的规范化等。凡此种种语言科学的研究，其共同的目的是探索语言各方面的规律，进而用这些规律来指导语言的实践。

从语言分析研究得出的规律学习，掌握这些规律，并运用于听、说、读、写，这是学习语言的又一种方法。

这两种学习语言的方法是既相区别，又相联系的。

从语言的综合运用中学习语言的时候，必然要对许多语言现象，语音的，词汇的，语法的，加以比较、概括，探索某些规律性的东西，以备模仿、比照、类推来指导语言实践。

从语言的分析研究中学习语言的时候，那些分析研究所归纳出来的许多语言规律，语音的，词汇的，语法的，必然要置于语言的综合运用中，其功能才能显现，因而在语言规律学习中，也必然要从综合运用取得印证来理解规律，又要从综合运用见诸实践来掌握规律。

中小学设置语文这一学科，是学习语言的有组织、有计划、有指导的教学活动。上述两种既相区别又相联系的学习语言的方法，在中小学语文教学中怎么认识它们，怎么对待它们，以利于语文教学的改进，是一个值得研究的问题。

二

从语言的综合运用来学习语言，是一个自然的方法。传统的方法，现在还普遍采用的方法。

鲁迅讲过这个方法，他在《人生识字糊涂始》中说："孩子们常常给我好教训，其一是学话。他们学话的时候，没有教师，没有语法教科书，没有字典，只是不断地听取，记住，分析，比较，终于懂得每个词的意义，到得两三岁，普通的、简单的话就大概能够懂，而且能够说了，也不大有错误。小孩子往往喜欢听人谈天，更喜欢陪客，那大目的，固然在于一同吃点心，但也为了爱热闹，尤其是在研究别人的言语，看有什么对于自己有关系——能懂，该问，或可取的。"

这里说的是口头语言的学习，至于书面语言的学习，有一句常常称引的话："熟读唐诗三百首，不会吟诗也会吟。"（引自孙洙《唐诗三百首》序）说的虽然是学诗，可是"作诗须多诵古今人诗。不独诗尔，其他文字皆然。"（欧阳修语）有的人说得很夸大，"口不绝吟于六艺之文，手不停披于百家之编……贪多务得，细大不捐，焚膏油以继晷，恒兀兀以穷年。”（引自韩愈《进学解》）有的人说得更玄，“必尽读天下之书……然后可以放笔为文。”（引自万斯同《与钱汉臣书》）总之，书面语言的学习，传统的方法也是从语言的综合运用的范例中去学习，同上述鲁迅所说口头语言的学习方法，道理是一样的。

这种方法，不仅是小儿学语的自然的方法，也不仅是长期以来沿用的传统的方法，而且也是现在仍然普遍采用的方法。

过去学习书面语言，也就是学文章，浅俗一点的读《古文观止》《东莱博议》，高明一点的读《昭明文选》《古文辞类纂》《庄子》《左传》。后来开办学校，读国文教科书，读国语读本。现在读语文课本，读的文章大大不同了，文章的内容不同，自不用说，文章的语言也不同，读的主要是现代汉语。可是，有一点同过去大抵相同的，那就是都采用从语言综合运用的范例来学习语言的方法。语文课本，中学的，小学的，主要的不都是选录一篇篇文章吗？

这种方法能取得一定的成效，这是肯定的。许多人都用这种方法提高了语言能力。这是因为所读文章都是经过精选的范例，读了，而且熟读了，范例里的那些个词句、结构、修辞手段、表现方法，都熟记在胸，读的时候，写的时候，都熟悉，都能拿出来用；读写能力这就提高了。“读书破万卷，下笔如有神。”（引自杜甫《奉赠韦左丞丈二十二韵》）这当中主要指通过读书，扩大眼界，增加见识，丰富写作的内容，可是，同时也指从语言方面取得写作的范例。

这种方法能取得一定的成效，这只是事情的一个方面，事情还有另一个方面，那就是这种成效并不是能够普遍取得的。

鲁迅在《人生识字糊涂始》中也说过，用这种方法学习古文，“弄得好，是终于能够有些懂，并且竟也可以写出几句来的，然而到底弄不通的也多得很。”“学会的恐怕不过极少数，就是所谓学会了的人们之中，请恕我坦白的再来重复的说一句罢，大约仍然糊糊涂涂的还是很不少。”事实也正是这样，十载寒窗，咿唔吟诵，能写几篇新老八股而一封信也写不通的，也大有人在。

这是说的过去，说的学古文，学“语”“文”脱离的文言文。现在不同了，有进步的教育制度，有进步的教学组织，学的又是现代汉语，明白如话的白话文。用这种方法来学习，当然更有可能取得比较高的成效。可是这也只是事情的一个方面，事情还有另一个方面，那就是这种成效，同日益普及的中小学的学生数比较起来，同实现四个现代化对语文水平的要求比较起来，就量说，就质说，都有很大的差距。

之所以如此，原因不只一端。教材不尽适当，单薄杂乱，范文不“范”；教学不甚得法，随意发挥，光讲不练；课外阅读没有跟上来，学生闭目塞听，孤陋寡闻，这些都是原因。再往深处追寻，语文教学与思想教育的关系，发展语言与发展思维的关系，教师主导与学生主动的关系，知识的学习与技能的培养的关系，都有不明确、不正确、甚至错误的地方，这些也都是原因。而在这些原因之外，本文提出的语言学习的两种方法在中小学语文教学中处理得不适当，也应该是重要原因之一。

如果把从语言综合运用的范例学习语言和从语言的分析研究得出的规律学习语言这两种方法，比拟为两条腿，那么，这些年来，中小学语文教学先是专重前者，无视后者，是一条腿走路，而不是两条腿走路；后来有了改进，可是重视前者，轻视后者，是一跛一跛地瘸着腿走路。

三

小学五年，中学五年，一共十年工夫，语文课上学了好几百篇文章。其中，状物、写景、叙事、说理、论辩、抒情、诗词歌赋，古今中外，凡所应有，无不尽有；可是，教学成绩怎样呢？吕叔湘同志曾经慨乎其言之，他说："中小学语文课所用教学时间在各门课程中历来居首位……十年的时间，二千七百多课时，用来学本国语文，却是大多数不过关，岂非咄咄怪事！"①

十年工夫，不可谓不长矣，几百篇文章，不可谓不多矣，而学习成绩"大多数不过关"！原因不只一端，已如上述；可是，从这里可以看出一个问题，一条腿走路，光靠读几百篇文章来学好语文，恐怕不行。

这里说的"不行"，是就数以亿计的广大的中小学学生说的。当中有一部分学生也能这样学好语文。不错，这是事实。可是对这个事实要加分析，这些学生语文学得好，除了别的原因，如广泛阅读、勤于习作，以及家庭教育、环境影响等之外，从语文教学上考察，教师怎么教，学生怎么学，是个关键。教师的教，学生的学，其间优劣悬殊，差距很大，而教得好的教师，学得好的学生，又都只是比较少的一部分，这也是事实。

怎样才算教得好，学得好呢？叶圣陶同志曾经描绘过这样一个境界，他说："语文教材无非是例子，凭这个例子要使学生能够举一反三，练成阅读和作文的熟练技能；因此，教师就要朝着促使学生'反三'这

① 吕叔湘：《语文教学中两个迫切问题》，1978 年 3 月 16 日《人民日报》。

个标的精要地‘讲’，务必启发学生的能动性，引导他们尽可能自己去探索……”这是说的教师；学生呢，“学生入了门了，上了路了，他们能在繁复的事事物物之间自己探索，独立实践，解决问题了……这是多么好的境界啊!”①

怎样达到这个境界，这就向语文教学提出了一系列的问题：“举一反三”的“一”是什么；作为例子的语文教材中，哪些是应该“举”出来的“一”；怎样引导学生在“繁复的事事物物之间”，就语文说，就是在繁复的语言现象之间，“自己探索”；所谓探索，应该不是盲目的摸索，而要有所凭借，这凭借是什么。这些问题都不能不联系到语言科学的研究成果——语言的规律，语音的、词汇的、语法的……种种规律。语言科学的研究，从大量的语言现象中，用归纳的方法取得“一”，在语文教学和运用语言的实践中，用演绎的方法，用这个“一”去反“三”。不仅这样，“以一反三”的时候，会遇见繁复的语言现象，同属于“一”，而所反的“三”，或尽同，或有异，或为正，或为反，或属常规，或属变例，而能触类旁通，使“一”的规律，由此而彼，由粗而精，由正而反，由常而变，更有利于指导语言的实践。一句话，语文教学的主要任务之一是引导学生掌握语言规律运用于语言实践。

斯大林在《马克思主义与语言学问题》中这样说过：“语法的特点在于，它得出词的变化的规则，而这不是指具体的词，而是指没有任何具体性的一般的词；它得出造句的规则，而这不是指某些具体的句子，例如具体的主语、具体的谓语等，而是指任何的句子，不管某个句子的

---

① 叶圣陶：《大力研究语文教学　尽快改进语文教学》，《中国语文》1978 年第 2 期。

具体形式如何。因此语法从词和句的个别和具体的东西中抽象出来，研究作为词的变化和句中词的组合的基础的、一般的东西，并且以此构成语法规则、语法规律。”

语言的各种规律就是从种种纷繁的、具体的语言现象中加以抽象得出的作为“基础的、一般的”东西。在语文教学中，拿这些规律教给学生，让他们掌握，让他们运用，这就是“举一以反三”，换个说法，也就是“闻一以知十”“执一以绳百”。是这样办，还是不这样办，而仅仅“一是一，二是二”，拨一拨，动一动？这是一个教育思想、教育哲学的问题。教育是把受教育者当作被给予的“受事”，被注入的“容器”，还是启发诱导，充分发挥他们的自觉性和主动性，给他们以钥匙，让他们自己去打开文化的大门？就语文教学说，这是一个根本的问题。

四

语文教学采取传统的方法，从语言综合运用的范例学习，同时又采取另一个方法，从语言分析研究得出的规律学习，对这个问题是有不同看法的。

有的人认为汉语没有语法什么的那一套，既没有，就不用学。汉语，不像某些语种那样，属于屈折语，具有性、数、格、人称、时态等的词形变化，从而推断汉语无语法；而不知道这只能说明汉语语法不同于别的语种的语法，不能否定汉语语法的存在。这是过去帝国主义国家某些所谓语言学者和我国某些买办学者对汉语的污蔑，早就受到过批判。但是，这些谬论的余毒，直到现在，还不能说完全没有。

有的人认为汉语虽然有规律，可是可以不学而能。且不说说话，说话人人都会；就说写文章，持这种见解的人就拿自己做证，说自己就没有学过语法，也一样写文章，还说，许多人，包括作家，不一定学过语法，也都一样写文章。能写文章而没有学过语法，并不等于不懂得语言的规律。为什么用这个词而不用那个词，为什么句子这样写而不那样写，写文章的人是心里有数的。这个“数”就是规律。不过这些规律是从长期的读写中自个儿摸索出来的罢了。既然有了语言科学，有了语言科学的研究成果，就应该用来指导语言学习。应该用系统的、有程序的教学来代替自个儿的暗中摸索，用自觉地运用语言规律指导语言实践来代替不自觉地、神而明之地从事语言实践。

有的人认为既然要教给学生以语言的规律，那就在阅读范文的教学中教一教得了。一篇篇的范文都是语言的综合运用，其间必然要遇到足以说明某些语言规律的语言现象，那就拿出来教给学生。有些教师这样做了，而且取得成效。但是进一步考察，这种方法要受所选文章的限制，也要受教师认识的限制。要求一个教师把语音、词汇、语法……必要的规律，都有个总的安排，都能成竹在胸，都能在选读的文章中一一地、循序渐进地举出来教给学生，这个要求肯定是难以达到的，甚至于可以说是不可能达到的。

不少教师提过这个问题：要精讲多练，要强调语文方面的讲和练；可是讲什么，练什么，感到惶惑。一篇篇课文，说词义，同义、反义、本义、转义……都有，说词类，名词、代词、动词、介词……都有，说句法，主语、谓语、宾语、补语……都有，说修辞，明喻、隐喻、借代、夸张……都有，说逻辑，概念、命题、判断、推理……都有，就说标点符号吧，逗号、句号、问号、叹号……也都有。拿到一篇课文，这些全都教吧，不可能，教什么呢，取舍、先后、详略、深浅、难易该怎么安排，这个问题，不好解决。结果怎样呢？结果只能“见子打子”，碰见什么教点什么，很难要求完备，很难要求系统。

这是个老问题了。早在新中国成立初期，1951 年，就提出过。为了纠正语言混乱、文理不通的现象，《人民日报》发表社论，号召“正确地使用祖国语言，为祖国语言的纯洁和健康而斗争”，特别指出：“只有学会语法、修辞和逻辑，才能使思想成为有条理的、可以理解的东西，但是我们还只有很少的人注意到这个方面。”而且指出：“我们的学校，无论小学、中学或大学都没有正式的、内容完备的语法课程。我们的干部无论从学校出身的或从工农出身的都很少受过严格的语文训练。”时间过去了二十几年，其间又遭受了林彪、“四人帮”对整个教育事业的严重破坏，到了今天，我们的中小学，“正式的、内容完备的语法课程”有了没有？我们的中小学生，“严格的语文训练”受过没有？过去为了解决这个问题，研究过，讨论过，还开过迄今为止唯一的全国语文教学会议，有过设想，做过实验，可是由于这样那样的原因，这种研究和实验停顿了。怎样总结有关这个问题的正反两方面的历史经验，需要另作专门研究。这里只提出，中小学语文教学，除了选读范文之外，语言规律的教学，该怎样进行，是一个应该研究的、要求解决的问题。

五

一个学科的教学，要提高质量，要取得效果，总要对学习的内容加以分析，作出一定的安排，通过一定的途径，循序渐进，刻苦下功夫。

请以音乐教学为例。一个学钢琴的学生，当然要听许多钢琴名曲的演奏，莫扎特的，贝多芬的，肖邦的，认真地听，认真地学。但是，这只是学习的一个方面；另一方面还要扎扎实实地弹音阶的练习，琶音的练习，各种小乐曲的练习，单说车尔尼的练习曲，就有好多种，就得一种一种地反复弹奏。还要学识谱，学乐理，进一步要学和声，学对位。音乐是一种艺术，音乐教学却是一门科学，是按音乐的规律和教育的规律组成的。这就是“正式的、内容完备”的课程，这就是“接受严格的训练”。

绘画的学习，戏曲的学习，也是这样。读一幅幅的画，齐白石的，徐悲鸿的；听一出出的戏，梅兰芳的，周信芳的。与此同时，还要对学习的内容和进程加以分析和安排。绘画的素描、写生、透视、设色……戏曲的吐字、行腔、动作、身段……都要按部就班，一项一项地学，一项一项地练。

语言学习要读一篇篇的文章，鲁迅的，郭沫若的，茅盾的……除此之外，为什么就不对构成语言的各个部分，加以分析，也一项一项地学，一项一项地练呢？语言同音乐、绘画、戏曲的性质不同，不能全等，可是，有异亦有同，那些形成体系、行之有效的共同教学原则是可取的。

实践给我们作了证明：

一个证明是语音的教学取得很好的成绩。小学生一入学就教给汉语拼音字母，只用几个星期的时间就初步学会了声母、韵母、拼音和声调，在以后的教学中不断复习运用，一年之后就能比较熟练地掌握，用来帮助识字，帮助学习普通话。以后又增加一些新的教学内容，字母顺序、大写字母、词儿连书等，就能熟练地运用拼音字母查字典，查辞书，查各种索引，读拼音报，读拼音读物。到了中学，读古典作品，特别是韵文，还可以用拼音字母来说明某些古今音的异同。这样就算语文教学中语音这一部分“过了关”。

回顾过去，音韵学是一门深奥的学问。不说别的，要知道“帮滂并明非敷奉微”的守温字母，要知道“一东二冬三江四支”的佩文诗韵，要知道平上去入，要知道“反切”，上字怎样取其声，下字怎样取其韵，那有多大的困难！除了专攻音韵学的少数学者，一般读书人都不懂或者不十分懂。现在一个小学生把汉语语音的声、韵、调全都掌握了，这在过去，将视为不可想象的奇迹。

语音教学的实践给了我们证明，照规律办事，不是囫囵地教学生某个字读什么音，而是加以分析，把声、韵、调组成音节的规律教给学生，就能够迅速地提高教学的质量，取得教学的效果。

还有一个证明是识字教学取得很好的成绩。有些教师，有些学校，有些地区对小学识字教学进行了改革，把现行汉字加以分析，汉字的常用与非常用，汉字结构的独体和合体，合体字的表意功能与表音功能，汉语的字与词，汉字的形、音、义的关系，找出规律来进行教学。经过改革，学生识字数量增加了，识字教学的进度也加速了。同时注意培养学生的识字能力，能查音序排列的和部首排列的字典词典，不认识的字能从字形以查字音，不会写的字能从字音以查字形，读、写上遇见字的问题，“无师自通”，不靠教师，自个儿能解决。掌握的字逐渐增多，由常用字到通用字，中学毕业全能掌握，在一般科学、文学的读物上，除少数罕用字需要查字典外，基本上没有字的障碍。这样就算语文教学中文字这一部分“过了关”。

回顾过去，识字教学也采取读文章的老办法，读一篇文章，识几个字，又读一篇文章，又识几个字，字的出现无规律，字的认识无规律，只能教一个识一个，教两个识一双，少慢差费，给语文教学带来极大的障碍。现在这个障碍的撤除，已经有了极大的可能。

识字教学的实践又给了我们证明，照规律办事，把现行汉字加以分析，得出规律教学生掌握，就能够迅速地提高教学的质量，取得教学的效果。

语音的教学，文字的教学，既然都能办到，那么，语言的另一些构成部分，词汇、语法、修辞、逻辑等，也应该办到，也能够办到。词汇、语法等语言科学的分支，都有研究的成果可以依据，都有各自的规律可以遵循。照规律办事，引导学生掌握规律，运用规律于语言实践。语音教学“过关”了，文字教学“过关”了，语文教学的其他部分也要求“过关”，是有可能的，是能够通过研究、实验办到的。

我国语言科学的研究，取得很大的进展，还将取得更新的进展。这门科学的许多分支，语言学、语音学、词汇学、语法学、修辞学等都出了许多研究的成果。这些都和语文教学有关系，都为语文教学提供了有利的条件。为了现代化，汉语的信息处理、机器翻译、人工智能等对语言科学提出了许多新课题，必将影响汉语的发展趋势，这些也和语文教学间接有关。理论的研究，其目的在于指导实践。对两亿多中小学学生，花十年工夫二千七百多课时进行语文教学，这是一个最重大的实践。要求语言科学工作者更多地关心这个问题，更要求语文教学工作者重视语言科学的研究成果，用来指导语文教学的改进。

如果无视语言科学有关的研究成果，无视语言科学研究得出的有关的语言规律，特别是现代汉语的发展规律，如果对于这些都不去注意它们，不去应用它们，只抱住一个“熟读唐诗三百首，不会吟诗也会吟”的老方法，这样办，实践证明，是有缺陷的，是不完备的，难于迅速有效地提高语文教学的质量。

这个问题已经受到注意。老办法之外，探索新的办法，进行新的实验。小学识字教学改变了随课文识字的办法，有所创新，取得了成效，就是一个例子。有些语文课本，按老办法选读范文之外，加一些用词造句的练习，较高年级，还插入一些语文知识的材料，已经迈开了另一条腿；可惜步子不大，既不够系统，也不够充分，因而作用不显著，没有得到应有的重视。教学的时候，重视的、花力气最大的还是对选文的分析讲解。

可不可以这样设想，用两条腿走路，用两种学习方法：一是选读典范的文章，一是学习语言的规律，两者并重，平起平坐，各有各的教材，各有各的教学时间，各有各的教学方法。当然，两者并不相互孤立，既有区别，又有联系，前面已经说过。

头一条，选读典范的文章，要求选得精，不要仅仅为了思想教育“单元”的需要，硬拉几篇来凑数，搞得范文“不范”，一定要文质兼美，要经得起读，能使学生爱不释手，回环吟诵，“叹观止矣”，——古文选本不是有个《古文观止》吗，应该来个《今文观止》。不仅选得精，还要编得好。要改变某些语文课本的“杂”。要有个中心，说话和作文在语言上提倡什么，要求什么，这就是中心。语文教学要定一个目标：

树立一代文风。一个韩昌黎就能“文起八代之衰”，我们成千累万的语文工作者就不能“文树一代之风”？基础在小学，要千方百计，狠下功夫，让儿童多读用规范的现代汉语写的念得上口、听得入耳的真正的白话文。趁儿童对各色八股受害尚浅的时候，用这样的文章去影响他们的说话和作文，树立准确、鲜明、生动而以准确为主的文风。要从小就打好这个基础，到初中，再读一些好文章，加上课外的广泛的阅读，从中吸取各种各样的营养。

第二条是语言规律的学习。要作全盘的考虑，所谓全盘，一是由小学到中学的全盘，一是语音、文字、词汇、语法、修辞、逻辑的全盘。要处理好各项规律之间的关系，“区别”与“联系”的关系，“为主”与“为辅”的关系，“已知”与“未知”的关系，“温故”与“知新”的关系，“直线提高”与“螺旋上升”的关系，总的是规律的认识与规律的运用的关系。要有一整套学习语言规律的教材，而不是“语音初步”“语法概论”“修辞常识”一类的读物把它分割成一块一块的穿插在课本里。

语言是一个工具。工具的学习，不光是懂得工具的性能和用法，还是把工具运用于语言实践。语言规律的学习，要强调运用，强调实践，强调动口说，强调动手写。应该从数学教学得到启发。在数学教学中，每教一个新的算理，总是从已知到未知，求得理解这个算理；然后示以例题，为算理作印证；然后大量地出题演算。演算的题目，不是与例题完全相同，而是有所推进，有所变化，有所发展，要动点脑筋，费点力气才算得出来。学习语言规律的教材也该这样。——从强调实践的这个意义说，学习语言规律的这一套教材可以命名“语文练习”，而把选读典范文章的一套教材命名为“语文读本”。至于低年级识字教学阶段就合用一种“识字课本”。

中小学十年的语文教学，大致分为四段。第一段，小学一二年级，着重解决“字”的问题，分开来说，是拼音、识字、写字的问题。（如果识字教学再作改进，学前教育又教了一些拼音和汉字，这一段时间还能缩短。）第二段，小学三四五年级，着重解决“词”和“句”的问题。第三段，初中一二三年级，把有关词汇、语法的规律作一个概括，再逐步加深，在用词造句中加进修辞的学习，最后学一点逻辑。这几段时间的练习，口头语言和书面语言都要注重，听、说、读、写都要注重。

初中，或者小学学习外语之后，还要把汉语的词法和句法同外语的作比较。

第四段是高中一二年级，文科高中学文言文，理科高中可以不设语文，或者减少语文教学课时数，读一些文学作品，包括汉译的世界文学作品。

前三段，小学五年，初中三年，八年过关，解决现代汉语的问题。

一读文章，二学规律，兵分两路，殊途同归，同归于提高语文教学的质量，提高学生运用现代汉语的能力，无论自外而内的吸取——听和读，自内而外的表达——说和写，都能运用自如，适应学习上、工作上、生活上对语言的需要。

要做大量的工作，语言科学有关方面的研究，教育科学有关方面的研究，还要做调查工作，教学状况的调查，先进教学经验的调查。

学文杂忆*

上

我六岁上的学。上的是模范小学，我们贵阳城里的一所好学校。那是 1916 年，距今六十多年了。

虽说是学校，礼堂上还供着“大成至圣先师孔子之位”。每逢什么典礼，先向之位三鞠躬，唱《尊孔歌》，“大哉孔子，时中之圣……”

读的是《共和国教科书》。开头是“人手足刀尺”。同今天的“集中识字”相仿，也从独体字入手。识了一些字，再读课文。记得有一篇课文是这样的，“学生入学。先生曰：‘汝来何事?’学生曰：‘奉父母之命，来此读书。’先生曰：‘善’。”先生捧书朗读，学生齐声以和。先生还给讲解，课文大意是明白的，可也只明白个大意，不知道“何事”是“干什么”，还以为是“什么事儿”呢，先生也是这么讲解的。当然不知道“何”是宾语，“事”是动词，宾语如果是疑问代词，要置于动词之

* 选自刘国正主编：《我和语文教学》，人民教育出版社 1984 年版。

前。文法什么的，那时候不讲，也不懂。

国文教科书有很多课文，有的还成了“保留节目”，一直沿用至今。有“孔融让梨”“曹冲称象”“铁杵磨成针”“司马光砸水缸”，还有“华盛顿砍树”“牛顿看苹果落地”“瓦特研究水壶冒汽”等。这两年我见过一种小学文言读本，不仅故事，连“之乎者也”也保留下来。

国文科之外，还有修身科。这个名称是从《大学》来的，修身，齐家，治国，平天下，“自天子以至于庶人，一是皆以修身为本。”这是那时候的思想品德教育吧。修身要从“孝”修起，记得有篇课文是这样的：“黄香九岁，事父至孝，夏则扇枕席，冬则以身温被。”这种孝行，比起“二十四孝”别的故事来，太平凡了。比如“割股疗亲”，父亲病了，儿子从自己的大腿上割下一块肉给父亲当药吃；割一块肉该有多疼啊，未免苦人所难了。修身课本上讲的不过是夏天给父亲扇扇枕席，冬天给父亲焐焐被子，应该说是合乎儿童年龄特征的。可是，“文”和“道”统一不起来，我们读是读了，背也背了，没有照着修身课本上说的办。

国文课本说的“来此读书”，倒是照着办了的。地道地读，拉开嗓门读，十遍百遍，读得烂熟。后来升入高小，课本多了。除了国文、修身，还有历史、地理，还有格致（格致这个名称也是从《大学》来的，格物致知之意，后来改称“理科”，犹如今天的“自然”），还有算术，算术倒是不读的，可也要背“九九表”，其余各科都是捧着课本读，似乎每一科都是国文。国文就是读书，不读书，“汝来何事”呢？

校长王和叔先生留学过日本，很注重格致，给我们讲过“植物形态”。我们知道有显花植物和隐花植物，知道网状叶脉和平行叶脉。还办了个校园，种了多种植物。我生平第一次看见含羞草，就是从这个校园里看见的；用手一摸，叶子合起来，叶梗垂下去，非常好玩。可惜，校长的一番好意，也淹没在读书声里了。

说也奇怪，这个读书法颇有些生命力，沿用到几十年后的今天。我邻居有个孩子，很用功，一早起来就在院子里读书，听他读语文，读外语，还读历史、地理，连政治也读，仔细听去，有时候读的竟然是生理卫生。我不禁想起读过的“汝来何事”“来此读书”。这样读书准能得到先生的称许，先生大约也要说：“善！”

我父亲很维新，送我上新式的学校，可也很守旧，未能忘怀旧式的书塾。恰巧我姑父办了个“夜塾”，父亲就送我上夜塾，日新夜旧，兼而有之。父亲建议，照例先读《百家姓》。姑父说《百家姓》不过一些姓氏用字，没意思，教我读《三字经》，后来又读《千字文》。

一边读书识字，一边学到一些常识。知道“稻粱菽，麦黍稷，此六谷，人所食”，又知道“云腾致雨，露结为霜”，“海咸河淡，鳞潜羽翔”。不仅知识，还得到一些教训，知道“玉不琢，不成器，人不学，不知义”，又知道“尺璧非宝，寸阴是竞”，还有“融四岁，能让梨”，不仅知道，还要实践了，吃水果什么的，得拣小的拿。

那时候把简化字看作俗字，不能上书，书上尽是繁体。许多字笔画繁复，囫囵地认，能认，一提笔，弄不清笔画。“干”无钩，“于”有钩，写错了先生要打叉；可是“未”字写钩不写钩都可以。“汾纷粉吩”都读“分”，为什么“扮、盼”不能读“分”呢？“住”，单立人就读“主”，“往”，双立人就不读“主”，为什么呢？问先生，先生不理，只叫死死记住。我们听先生的，死死记住。

课文的意思也不全懂，“菽”是什么，“稷”是什么，不懂；“鳞潜羽翔”是鱼在水里潜游，鸟在空中飞翔，也不懂；“推位让国，有虞陶唐”，更不懂。不懂也不要紧，反正读了就是。

接着读“对子书”，对子书是俗名，原名叫《声律启蒙》。是按韵目编的，先是“一东”，“云对雨，雪对风，晚照对晴空，来鸿对去燕，宿鸟对鸣虫”；不仅词对词，还有词组对词组，“三尺剑，六钧弓”，“人间清暑殿，天上广寒宫”；还有句对句，“夹岸晓烟杨柳绿，满园春色杏花红”。我姑父很重视“对子书”，说读了懂得韵脚、平仄、对仗，还懂得虚实、明暗，将来作文写诗，用处大得很。

这些对子让我们隐隐约约地知道一点儿词、句、结构什么的。“三尺剑，六钧弓”，一对就对出来了，不就是“数量名”的“偏正结构”吗？这是用现在的话说的，当时不会这么说，不过是朦朦胧胧感觉到罢了。

读了《声律启蒙》，本来要接着读《唐诗三百首》，读“四书”的，不知道为什么，夜塾停办了，唐诗和“四书”没有读成，连《声律启蒙》也没教完。因为对对子好玩，读起来又铿锵好听，姑父没教的，我自己读。

上了高小，开始读英文。教英文的先生也是留学日本的。用的什么课本记不起了，只记得开头是按结构相同的音节来编的，cat rat hat 编在一课里，man fan can 编在一课里。猫和老鼠还有些联系，帽子怎么也扯在一起呢？觉得很奇怪。年纪小，记性特别好，高小三年，记了不少的词句。学英文也同学国文一样，死记硬背，man m—a—n man，人。

学英文总爱拿中文来比照，还没有现在的“直接法”什么的，全用“翻译法”。“来”是 come“去”是 go，“是”是 yes“否”是 no。连读音也照中文读，不会读一个音缀里几个辅音，只会照中文分成几个音缀，把 flag 读成“弗拉格”，把 blackboard 读成“不拉克波尔德”。这也难怪，那时有些翻译就这么办的，“总统”，president，不是译成“伯理玺天德”吗？先入为主，这种方法影响了以后的学习，几十年来读英文，全用眼睛看，成了聋哑人，不会听，不会说，勉强读出来，四不像，让人听了不知所云。

小学学英文，只有我们这样的“重点”学校才学，一般小学不学，没有教英文的先生。我们有，还是留学过日本的。我们学了，会说 Thank you，会说 How do you do，颇有些扬扬得意，引以为豪。别校的学生不以为然，带着“酸葡萄”的心理，故意把 good morning 说成“鬼来摸你”，用来嘲笑我们。不过，嘲笑里头，含有羡慕之意。

小学生喜欢学英文，能学英文，问题在有没有先生。这是我们那时候的经验。几十年后的今天，这个经验不知道还有用无用。

那时候不兴什么课外阅读指导，完全放任自流，学生自己找到什么就读什么。《西游记》《水浒传》都读过，《三国演义》似懂非懂，不懂，放下，放下了又拿起来读。读《封神榜》《说岳全传》《杨家将》《薛仁贵征东》，读《今古奇观》《七侠五义》《小五义》，还读《包公案》《施公案》《济公传》，还有上海传来的什么拆白党一类的黑幕小说。后来又有《福尔摩斯侦探案》，不是译的，是转述的，读到那些窗上人影，古刹钟声的故事，又听了狐仙、山魈、尸变的口头文学，吓得晚上不敢出门，睡觉用棉被蒙着头，一身大汗。

还有一种书，唱本。开头大都是“自从盘古开天地，三皇五帝说到今”。接着说了一段历史，然后“几句闲言随风洒，书归正传说端详”。这一类书有《白蛇传》《二度梅》《再生缘》《目莲救母》《韩湘子度妻》。这一类书，母亲一辈的人非常喜欢，叫我读给她们听。读了常常得到夸奖，有时还得到物质鼓励，给点儿花生葵花子什么的。我嫌出声诵读太慢，不如自个儿看起来痛快，不大愿意，经过动员说服才答应。这似乎有点儿“小”知识分子翘尾巴了。

读书的方法是囫囵吞枣式。借用古人的话是“好读书，不求甚解”。真正的“好”，什么都爱读；而且做到了“每有会意，便欣然忘食”。手执一卷就忘乎所以，母亲叫吃饭叫了三遍还不肯放下书本。

也真是“不求甚解”，连字也“不求甚识”。《三国演义》的“阚泽”“荀彧”，《封神榜》的“杨戬”，这“阚”“彧”“戬”就不认识，那时候还没有“难字注音”，没关系，反正是个人罢了，不认识也照样读下去。《水浒传》的“晁盖”，不知道“晁”读 cháo，一直误读为“兆”，我们家乡没有姓这个姓的。

有些地方不懂就不懂，跳过去。比方，“一路晓行夜宿，走到一处，好一座山景”，或者“前面来了一个人，你看他怎个模样”，后面常常接上一首诗，一阕词曲，有的还是骈四俪六的赋。这些都跳过去，不读，一来不甚了了，二来忙着看情节，说时迟，那时快，无暇来看这些描写。有时连每一回书开头的“西江月”“如梦令”也不读。回目都是些对子，有的对得巧，看看，多半都不读。

读书之外还要写字。写字用毛笔。铅笔只用来演算术。钢笔，蘸水钢笔，只用来写英文。经过描红、影写那一套之后就临帖。每上写字课，值日生先发帖架，木制的，有站得稳的底座，上面立个架子，一人发一个，把字帖靠在帖架上竖起来。接着发水，拿一个小壶往每个人的砚里注水。一面磨墨，一面看帖，磨好了开始临写。记得我开头临的是《瘗鹤铭》，“瘗”字还不认识呢；后来临颜鲁公《多宝塔碑》。可惜，我太笨，没有临好。后来贪图方便，不免“崇洋”，写什么净用钢笔，同毛笔绝缘好几十年了。离休之后见一些老同志爱好书法，说是可以延年益寿，我很羡慕。

作文全是仿作，没有什么观察、调查，什么记一个人，记一件事这些进步的方法。作文全用文言，不准用白话，连标点符号也不用。读的全是文言嘛，把读过的文言词句搬一些来就是作文。写山就“峰回路转，蔚然深秀”，写水就“清风徐来，水波不兴”，写树就“林木蓊翳”，写花就“万紫千红”。感谢古人，为我们早就写好那么多范文，无论写什么都有那么些词语，现现成成的，搬来写上就是。即使是写实际生活的，比如春日郊游，先生出题“游栖霞山记”，也用现成的话来写，“栖霞山，贵阳之名胜也。出东门，约二里许，抵山麓，拾级而登……”又是“许”，又是“麓”，又是“拾级而登”，先生很夸奖，说是“词汇丰富”。

比较多的是写论说文。这是不是由科举的策论来的，不得而知。科举的八股是不写了，可要写“四股”，起，承，转，合。先生出道题目“勤学说”，大约是这么作的：“人生于世，必须求学。”这样一“起”；

接着就“生也有涯，知也无涯，苟非孜孜以求，则广博之知识何以得之”，这是“承”；“虽然，固亦学矣，学而不勤，则将无所进益”，这是“转”；“由此观之，求学之道，首贵乎勤。语云，业精于勤荒于嬉，其斯之谓乎！”这是“合”。这只是个架子，当中还要充实修饰：或者譬喻，“譬之为山”“功亏一篑”；或者引证，“古人为学，夜以继日”，能写出“焚膏继晷”，更了不起；或者找根据，不是子曰诗云，就是谚曰语云，写得别致一点儿就写“古之人尝先我而言之”。这样作文仿佛填表，一格一栏地填上去。听说今人有一种“格”的作文教学法，追溯起来，说不定是以此为鼻祖的。

为什么这样教作文，为的是应付考试。学期考试，毕业考试，升学考试，大都出这类的题目，“勤能补拙说”，“时穷节乃见说”，“论士先器识而后文艺”，题目出深一点儿、新一点儿，那就出“论中学为体，西学为用”，“论拿破仑滑铁卢之败”。既然考试出这样的题，不能不从小就练起，从起承转合练起。

考试，那是大事，各种各样的学习，目的何在呢？在考试。这也许是从前入学中举，金榜题名留下来的。考上甲等第一名，无上光荣，学期结束举行“休业式”的典礼，就上台领奖，奖章一枚，贡川纸一刀，还有七紫三羊的笔，松滋侯的墨。回到家里，拿出来展示，其光荣同“衣锦还乡”差不多。

作文，为的是考试；推演上去，读书，为的是作文，几乎可以得出一个公式：教育＝读书→作文→考试。这个公式似乎还隐隐存在。有位朋友，是专教毕业班的语文老师，他受到赞扬，因为升学考试的题目是他早就让学生做过的。一想，猜题、押题这一套，原来是古已有之的。

又是识字写字，又是读书作文，有段时间还白天上学校，夜间上书塾，可是并没有闹课业负担过重。那时候不兴留家庭作业，一个生字写二十遍，没有，“题海”也没有。有时间读那么些闲书就是证明。否则，赶作业赶到夜间十一点，哪儿还有工夫读闲书呢？

不仅闲书，还有闲逛。母亲叫打酱油、醋，看见街头有捏面人的，就钻进人群里去看，特别欣赏女帅穆桂英，全身披挂，十分英武。看见锔碗的，补锅的，也提着酱油瓶看半天，看他锔完一个碗，补完一口锅，看完劳动的全过程。看见卖武艺的，耍猴戏的，更是非看不可，免费，不向小孩子收钱。就说打酱油、醋，也知道西门的味纯园，酱油好，十字街的马恒丰，醋好。迎神赛会，放花舞龙，大出丧，迎亲花轿，吹唢呐，都要去看。到处逛，到处看，颇有些见多识广似的。

没有少年宫，没有儿童活动中心，连非中心也没有。没人称我们为“小朋友”，更没有“小喇叭现在开始广播”，更说不上电影电视，压根儿连电就没有。图书馆的名称还没有，有书店，有个“学海堂”，我的《三字经》和《千字文》就是从那儿买来的。也有商务印书馆，可是小学生不去，我们的共和国教科书是学校去打趸买来的。把这些写下来，如果用当时的文腔文调，必定要用上“穷乡僻壤”“民智闭塞”一类的词汇，也许还会这样收尾“嗟乎！如此童年！”

那时候的学制，年限长，初小四年，高小三年，一共七年。折合今天的学制，照小学五年算，等于初中二年级。这七年当中，主要是学国文，是“奉父母之命，来此读书”。读教科书，单是国文和修身，一学期至少六七十篇，七年下来，该是多少篇？读课外书，不以篇计，以本计，找得到的就读，七年下来，该是多少本？不仅多，而且杂，往好处说，是五光十色，往坏处说，是乱七八糟。开卷有的有益，开卷也往往有害。一大堆乱七八糟的东西往儿童的脑袋里灌，幼小的心灵该有什么样的反应！现在想起来还后怕，那时候是怎么禁受住的。

今昔简直不能相比。今天的儿童，有这么好的小学，好的老师，好的教科书，有这么多儿童读物，还有专为儿童办的报纸杂志。过去，好比荒山野岭去找果子吃；今天，美味佳肴，用盘子给端上来。那时候虽然“民国”了，可是仍旧生活在封建思想的迷雾之中，哪儿像今天沐浴在社会主义的阳光之下。

回想过去，我也有过童年，对今天的儿童，不胜其艳羡！想到现在，我已步入老年，对今天的儿童，不胜其欣慰！想到我当过学生，后来当先生，学过国文，后来教国文，甘苦既尝，而不能有所兴革，作出贡献，又不胜其愧疚！还想到过去走错的路，为什么今天有的还要回头再走，又不胜其杞忧！抚今追昔，不禁思绪万千。

下

小学读了七年，毕业了。读到毕业可不容易。上高小一年级的那年，我父亲去世了。母亲带着孩子生活，艰难可想而知。勉强让我读完小学，决定送我去当学徒，想不到我考上了师范。师范不收学费，还供宿舍，供膳食，供课本，真是喜出望外。母亲给我凑了十块大洋，匀出一套被褥，我上了师范。十块大洋是照那时的规矩向学校交的保证金，保证中途不辍学，毕业退还。

正碰上改学制，师范改为六年，前期师范三年，后期师范三年。连初小四年高小三年一起算，真幸运，我这一生上了十三年学，比古人“十载寒窗”还多，从六岁上到十九岁。

师范是公费，学生多半家境贫寒，上学不易，懂得勤奋刻苦。那时候贵州全省只有两所师范，这是一所，还有一所是女师。外县的学生也来报考。外县来的学生比我们省城的学生年龄大。突出的是班上有位同学是带着儿子来的，他上师范，儿子上附小。还记得他教儿子管我们叫叔叔，儿子“事父至孝”，天天早上给他打洗脸水。年龄大的学生多，气氛显得沉静、严肃。我刚从小学来，不习惯这种气氛，仿佛一下子就长大了好几岁。

师范管学生管得特别严。全体学生都住校，不是星期假日不准外出，本城的学生星期六回家，星期天吃过晚饭要赶回来。

每天上完正课，还有自习。自习就在宿舍里。小宿舍，两人一间，临窗一桌，各据一方。晚七点，自习钟敲响了，一灯荧荧，开始自习。到八点，又敲一次钟，叫“音读钟”。音读钟之前，只准看书，写写，算算；音读钟之后，才出声诵读，读国文，读英文。宿舍的晚上，一片窗上的灯光，一片琅琅的书声，置身其间，叫人不敢怠惰。到九点，敲钟下自习。宿舍里这才活跃起来，说笑，唱歌，吹笛子，邻舍一位同学爱京剧，高唱《武家坡》，“一马离了——西凉界——”。

从小学到师范，“来此读书”，这一点是相同的。也有不同，功课重多了，没有那么些闲工夫读闲书了，关在学校里，更不能到处闲逛了。

改学制也改课程。记得算术、代数、几何原来是分成三科的，改了，合成一科叫数学。一开头从几何讲起，讲线段，引出数的观念。历史也不分中外，讲唐虞夏商周，也讲埃及巴比伦，什么美索不达米亚，底格里斯河，幼发拉底河，光记这些洋名就够难的。加上动物、植物、物理、化学，更忙得不可开交。

国文一科倒没有什么变化，原来在小学学得不错，有底子，不感到难。一上国文，就觉得熟悉、轻松、喜欢，一上数理化，就觉得生疏、紧张、畏难。英文呢，我们几个省城的学生高小学过三年，还赶得上，外县来的学生没学过，比学数理化还难。只好放慢进度，让我们老等着他们，慢慢吞吞，进步不大。这是当时师范的通病，文科成绩好，理科不行，英文也不行。

国文的教学仍然是老办法，选读文章。当然是文言文，连梁启超的文章也不入课本，不用说白话文了。

前期师范三年，换了三位国文先生。三位的教法都是一样的，守着“先生讲，学生听”的传统。教的是古文，讲就是翻译，把文言译成白话。“子曰”，“子”是孔夫子，“曰”是说，“子曰”，孔夫子说。也讲作者生平，大约是某某，某朝某地人，字某某，人称某某先生，履官至某侍郎某大夫，有某某文集行于世。主题思想之类，不讲，那时候这个词还没出现。主要是翻译，文言译白话，翻译也是“意译”，只把大意串起来讲。

这种串讲法，可以概括为：照书念三遍。例如：“齐人有一妻一妾”，一遍；“齐国有个人，他有一个老婆和一个小老婆”，二遍；“齐人有一妻一妾”，三遍。有的词句不这么容易懂的，可也是照书念三遍，“博爱之谓仁”，“博爱就叫仁”，“博爱之谓仁”。什么是“谓”，为什么要“之”，不讲。三遍既毕，问学生：“还有什么地方不懂?”

文章里有史实，有典故，需要解释补充，这就要看先生了。先生熟悉的就多讲，讲深讲透，详为阐述，有时还借题发挥，讲得眉飞色舞。先生不熟悉的就串过去。

选讲的都是名家名篇，脍炙人口的。课本有这种课本、那种课本，可是入选的名篇大体相同。先生讲过好些遍，熟极了，不用备课；而且正好因不用备课受到学生的称赞：“我们某先生，不用准备，拿起课本就上讲台，不拿课本也能上讲台”。

三位先生也有不同的地方。一位先生注重“赏析”。不顾学生懂不懂，甚至连看学生一眼也不看，只管自个儿摇头晃脑高声吟诵。还要不断赞叹，“神来之笔”，“弦外之音”，或者“快人快语，淋漓尽致”，或者“内在含蓄，此时无声胜有声”。另一位先生注重作文，认为读得太深，不切实用，要我们课外读“文章轨范”“论说津梁”一类的书；还介绍过《东莱博议》，至今还记得第一篇《郑伯克段于鄢》，“钓者负鱼，鱼何负于钓？猎者负兽，兽何负于猎？庄公负叔段，叔段何负于庄公?”说这样的文章好学，有利于作文。另一位先生针锋相对，很不赞成，说这样的文章格调低，不足学，要以唐宋八大家为正宗，要“取法乎上”。

三位先生都不爱改作文，出题作文，一学期没几次。也难怪，一位先生教三个班，教薪按钟点计，叫“钟点费”，教少了不够糊口。作文交上去，改得不多，加些圈点，好的地方浓圈密点，文后加个批注，好的如“鞭辟入里，慨乎其言之”，次的如“颇有见地，文亦清通”之类。平时作文不计分，连甲乙也不判。

不管怎样，读了些文章总有进益。读文言的能力提高了，重读《三国演义》，不再似懂非懂了，能读《聊斋志异》了，能读《阅微草堂笔记》了。“好读书”的习惯还保持，暑假寒假还是到处找书读。“鸳鸯蝴蝶派”的作品，《雪鸿泪史》之类，读过好几本，哀情小说，读了抹眼泪。印象深的是读《红楼梦》，是商务印书馆出的叫《石头记》的两厚本。年轻记性好，林黛玉的《葬花吟》，贾宝玉的《姽婳词》都能背诵。不懂得作品分析，连曹雪芹高鹗也不问，更不知道什么反映封建统治阶级的没落。不会从“叛逆性格”去认识贾宝玉，只觉得宝二爷住在怡红院，怡红快绿，有袭人晴雯这么美丽的姑娘侍候，红袖添香夜读书，蛮幸福的。今天正在开展《红楼梦》的研究，想必会研究“中学生怎样读《红楼梦》”一类的课题。有了研究成果的指导，不会像我们那时候那样幼稚和糊涂了。

在读古文的气氛中，有个新生事物显得很突出，学国音字母。

教国音字母的先生，据说是到北京国语传习所学来的。不仅教，还放留声机。留声片是赵元任灌的。至今耳际犹有清晰的回响。ㄅ，北京的ㄅ，ㄆ，拍球的ㄆ；有趣的是，ㄬ，尼姑的ㄬ，ㄩ，迂夫子的ㄩ，ㄛ，阿弥陀佛的ㄛ。还有显示声调的一些有趣的例子，“中华好大国”，“高亭可放鹤”，“荤油炒菜吃”，“偷尝两片肉”。那时候还是“老国音”，声母还有“ㄪ、ㄫ、ㄬ”，声调还有入声，五类，阴阳上去入。留声机片还有《字母歌》，还有赵元任自己作词，自己谱曲，自己演唱的《中华，啊，中华》。——那些年代，留声机大都用来灌制“百代公司特请梅兰芳老板，唱天女散花”，用于教学是很新鲜的，也算当时的“现代化教育手段”吧。

学国音字母，不懂得国语运动的意义，只知道用来为汉字注音，比反切强。现在有人高唱“拐棍”之说，我们那时候正是这样的。几十年过去了。如果只是为汉字注音，“ㄅㄆㄇㄈ”注得挺好的，声、韵、调都能正确注出来，拄上那根旧拐棍得了。干吗要换根新拐棍，要制定《汉语拼音方案》呢？而且不叫“汉字注音方案”呢？让人纳闷，为什么会有人喜欢从八十年代回到二十年代去。

后期师范要分科，分文科和理科。我们学校规模太小，一个年级只有一班，分科不能同时分，只能先后分，上一班办文科，下一班办理科。

我们这一班办文科。学生原来就爱学文科，怕学理科，这一下可高兴了。先生呢，校长邵正祥先生是北京高等师范毕业，学中文的，英语教师朱厚锟先生也是北京高等师范毕业，学英文的，办文科，正是“专业对口”。于是师生皆大欢喜。

北洋政府教育部远在北京，管不了我们贵州省。文理分科没有成规可循，我们文科的课程教材全由几位先生自己设计。有的很不平常，给人印象很深，至今不忘。

“模范文”“学术文”是两个主科，三年都开这两科。“模范文”重在学语言，选读文学作品，主要是“古文”，教材是《续古文辞类纂》，不是王先谦选的那一种，是黎庶昌选的，文通书局铅印本，线装，一部八册。“学术文”重在学思想，选读学术论文，教材是钱基博编的《国学必读》，中华书局出版，上下两厚册。两部书的分量都很重，课堂上怎么讲也讲不完，是有意让学生自己读的。比现在的语文课本附几篇“阅读课文”丰富得多。

“文字学”，教材是何仲英《新著中国文字学大纲》，商务版。学到了不少新知识，知道许慎《说文解字》，六书，象形指事，等等；知道守温和尚的三十六母，拿国音字母去比，帮滂并明，非敷奉微就是ㄅㄆㄇㄈ。配合着读《国学必读》的一些学术文，知道古无轻唇音，“伏羲”就是“庖羲”，还有什么钱大昕“舌音类隔之说不可信”，章太炎“娘日二纽归泥”。还讲训诂，介绍《尔雅》，还介绍俞樾《古书疑义举例》。这些知识都是前所未闻的，很新鲜，很喜欢学。

“文法”，用的什么课本记不起了，只记得体系是黎锦熙的，讲“句本位”，讲“实体词的七位”；还讲图解，拿冰心的《笑》来做过长段的图解。同英文的 diagram 比，很有趣，似乎豁然贯通似的。又讲古文法，讲《论语》有多少“斯”字，讲“吾我、尔汝”之辨，“如有用我者，吾其为东周乎”；还拿英文来比，I 和 me，是一种格变。先生还介绍马建忠《马氏文通》，严复《英文汉诂》，找来看过，没细读。

“论理学”，就是现在的逻辑，讲概念、命题、推理等。先生还旁征博引，讲先秦名家，公孙龙子“白马非马”，还讲印度的“因明”。学起来很有兴趣，到图书馆去借梁任公《墨经校释》来看，里面有讲名学的。

“修辞学”，没有课本，先生拿《文心雕龙》来讲。不是挑出关于修辞的篇章来讲，而是从头讲起，从《原道》《宗经》讲起。文字深奥，用典特多，不好懂；《正纬》讲谶纬之学，河图洛书，更不好懂。没讲几篇就讲不下去了，这一科就停了。

“文学史”，用的是油印的讲义，从“卿云烂兮，纠缦缦兮”讲起。几千年的文学，蜻蜓点水，都点一点儿。当中读过作品的还能理解；可惜，读过的作品太有限，空作评论，似懂非懂。唐诗的“初盛中晚”哪能分辨？“建安七子”，连名字都说不全。结果只知道一些作家的姓名和评语。没有作品作底子，讲文学史只好空讲。

“人生哲学”，用的李石岑的本子。那时正讲什么用科学方法整理国故，又设一科叫“科学概论”，请一位留学日本学纺织的先生来讲。这两科都没有留下什么印象。

很不寻常的有一科叫“读书质疑”，每周一课时，原来的用意很好，备学生读书咨询；可是没有具体内容，无从教起。先生讲了讲《书目答问》，说了许多书名，讲不下去，停了。

主科还是模范文和学术文。

模范文一科为什么选《续古文辞类纂》来作教材呢？我们的校长是个桐城派。桐城派的选本当然要数姚鼐的《古文辞类纂》。可是姚书入选文章不及经史，范围太窄，就选了这本续选本。再则，编者黎庶昌（莼斋）是我们贵州人，出版者文通书局也是我们贵州的，买书方便，买了几十部，一个学生发一部。

先生一心要引我们走上古文这条路，从桐城出发，学唐宋八家，上溯两汉，进窥先秦，用心良苦。可惜我们十几岁的学生，哪儿做得到，只不过跟着说说罢了。先生有本吴汝纶的书，讲了不少桐城义法，拿给我们传抄，我们也不过照着抄抄罢了。《项脊轩志》《先妣事略》，早就读过了，又叫重读，细细吟味，还叫学着写，模仿着写，不管是不是也有那样的思想感情。

这种“派性”对学生的影响是不小的。以我而论，写点儿什么，枯索、平板、拙直、干瘪，没有波澜，缺少文采，跟那时候学写古文怕有不小关系。画虎不成，学到反面去了。

学术文一科的教材《国学必读》倒是没有什么框框，选材范围比较宽。选了曹丕《典论·论文》，也选了萧统《文选序》，是跟“桐城”对立的“选学”。只要是学术论文就可入选，章学诚《文史通义》，顾炎武《日知录》，前面说过的钱大昕《十驾斋养新录》，都选。《诸子不出于王官论》也选，可见选文之杂。这部书给了我们不少夹七杂八的东西。

先生大约是要把他在高等师范学到的无保留地转教给我们，不顾我们能不能接受。给的给了，学的也学了，真正消化了的却不多。

文科又要学英文。教英文的朱厚锟先生费了不少心血，那样热情，那样认真，千方百计想把我们教好。

读本是《泰西五十轶事》，文法是《中等英文典》。后来又怕这个读本陈旧，接着读《三民主义英文读本》，商务出的，一厚本。说读了这本书，可以学到许多新词汇，从政治经济到衣食住行，文章又浅明流畅，是现代英语。

先生要求严，课文要读要背。印象最深的是头一课《特洛伊木马记》，有一幅从木马的肚子里爬出人来的插图，至今还记得。叫我们预习，勤查字典，没有字典赶快买，要人手一册。介绍《英汉模范字典》，说这本字典好；原来有字典的，如《英汉辞林》《英华合解辞汇》，最好也换一本。

为了补救我们不能开口的缺陷，强迫我们说，从课堂用语说起。点名，不准答“到”，要说 present，缺席的，要值日生或邻座的同学说 absent。后来又从教堂里请一位牧师来教我们会话。——说到教堂，先生还介绍《圣经》，说《圣经》的英文怎么怎么好，官话译本的中文又怎么怎么好。

先生的一片苦心，不幸付诸东流。我们是“不可雕也”的“朽木”，全没有学好。我算是学得好的，也只是比较言之，没有过关，不能用，不能看书；后来又专教国文，不再接触，渐渐忘了，奉还给朱先生了。说来惭愧，对不起朱先生，辜负了他的苦心。

亲身的经历，让我得到一个认识，学外文一定要使劲学，学到过了关，能用，能看书；否则学了也白搭。我心里老怀着一个疑问，中等学校该怎么学外语？年年毕业这么多学生，学外语过关的，用得上的究竟有多少？学了白搭，枉费几年工夫，学了，忘了，奉还给先生了的恐怕为数也不少。该怎么办，我说不出，只希望把劳而无功改成劳而有功才好。

有关语文的学科之外，师范还有教育的学科。有教育概论，那时候还没有教育学这一科，包括教育原理，教育史，现代教育思潮；有心理学，有学校行政，大约三四门。这些跟学语文无关，不说它。

前期师范三年，后期师范三年，毕业了。这六年，我十四岁到十九岁，正是学习的黄金年华。说勤奋，不能这样自诩，也许能说是不敢怠惰。六年之间，学了许多，读了许多，记诵了许多，为以后学语言、学文学，打下点儿基础。家里穷，母亲早就盼望我毕了业挣钱养家，我没有可能迈进大学的门槛，凭师范六年的这点儿基础才有可能走上自学的道路。

我感谢我的几位先生。他们教学生读《师说》，“师者，所以传道授业解惑也”，他们自己正是这样做的。道其所道，业其所业，固然有可以评说的地方，可是在那个时代，二十年代，他们毕竟是克尽了师的职责的。我对他们怀着深深的敬意。

毕业了，我当了先生，师范毕业就破格在师范学校当先生，从此教了近二十年的国文。随着时代的步伐，我走着同先前不同的道路。我想到我起步的力量，想到我所以成为一个勉强说是称职的国文教员，我仍然要感念我的几位先生。我不会拿桐城派什么的来教我的学生了，可是我能像我的先生千方百计教好桐城派那样，也千方百计教好现代的语言吗？每念及此，不仅感念，而且自惭。

过早的文理分科，专学文，不学理，不为学理打点儿基础，自己后来又不努力，以致老戴着“科盲”的帽子。在以后的学习研究中遇到运用自然科学的时候，深感学识的匮乏。就说学文，也是向后看、往回走的居多，文章是古人的好，而且越古越好。春夏诗书，秋冬文史，寻章摘句，咿唔吟诵，即使那是二十年代，也觉得缺少新的气息。想到这些，对我的先生，感念之余，又不得不“谢本师”了。

贵阳是云贵高原上的一座山城，那些年代还十分闭塞，交通的闭塞，文化的闭塞。已经是五四运动之后了，“打倒孔家店”“文言白话的论争”，文化革命如火如荼。新思想的风，迟迟才吹到这座闭塞的山城，吹到这所闭塞的学校。

虽然迟迟，终于吹来了。课堂上尽管读的是《续古文辞类纂》，是《国学必读》，课堂之外接触的却比较宽广了。从梁启超《饮冰室文集》的“笔锋常带情感”的“新文体”，到胡适《文学改良刍议》的国语文学。“八不主义”里头，不用典，不对仗，还认为是古文辞的发展呢。

读到陈独秀的《文学革命论》，才憬然领悟文章不仅仅是文章的事，要联系到思想，联系到社会。“文以载道”，所载何道？孔孟之道，封建之道，哪儿仅仅是文章的事呢？

这个宽广还延伸到外国去。读林译小说，狄更斯《双城记》《块肉余生述》，读易卜生《傀儡家庭》，王尔德《少奶奶的扇子》。读托尔斯泰《复活》，是耿济之译的，共学社的本子，从我们学校的图书馆借来的。

图书馆的书大都是商务、中华几家的。图书馆没有的，向朋友辗转求借，价钱不贵的，到一个书贩那里去买。读《语丝》《莽原》，读鲁迅《呐喊》，读到《狂人日记》《阿Q正传》，才知道白话文并不仅仅是明白如话，还有这样深邃的思想。读郭沫若《女神》《凤凰涅槃》，这样的诗不是什么温柔敦厚了。今天，《孔乙己》《天上的街市》，几乎所有的语文课本都选上，那时候不仅不进课堂，连图书馆里也没有。

师范六年，课堂上，教科书，古旧的气氛拉着我们往回走；课堂之外，广泛的阅读，时代的新潮，推着我们向前进，历史总是要前进的，有的地方，有的环境，迟一些，慢一些，毕竟还是要前进的。

毕业那年是1929年，此后进入了沸腾的三十年代。当了先生，还要也当学生。教什么，学什么，和过去不同，要走上另一条新的道路了。

《学文杂忆》写完了，写了这么一长篇。不是敝帚自珍，不过在相片册里贴上一张小时候咬着指头的照片罢了。把那个年代中小学生怎样学习语文的写下来，让今天的人看看。也许能从中得到比较，得到启发，更将珍惜今天优越的种种条件，当教师的更好地教，当学生的更好地学。

过去走过的路不都是对的，有的走偏了，有的走错了。钻胡同钻了许久钻不通，退出来写个“此巷不通行”的招贴，对于后来走路的人不是没有意义的。

第二编

教育改革中的教学改革*

一

当前我国教育事业正处在改革的浪潮中。改革朝着一个总的目标：实现四个现代化，把我国建设成为具有高度的物质文明和精神文明的社会主义国家。实现这个目标，需要与之相适应的人才。人才从何而来？人才从教育来。教育是社会主义建设的基础。

我国教育事业不能说已经适应这个需要了。且不说旧教育的底子太薄，没有为新社会提供准备，就说新中国成立以后的教育大发展，也赶不上新时期宏伟建设的需要，何况这当中还有失误和挫折。教育必须改革。改革才能够适应发展的需要，不改革就会阻碍发展，拉历史前进的后腿。

教育改革涉及的面很广。教育体制，教育结构，教育立法，各级各类学校的设置和布局，教育的投资和效益，教育教育者的师范教育，教

---

* 此文发表于《教育研究》1985 年第 3 期，《新华文摘》1985 年第 6 期转载。

育的延伸——继续教育和终身教育，教育的扩展——学校外的社会教育，有如此众多的大问题；一所学校的某一后勤工作，一间教室的采光和照明，教师“粉笔生涯”的一支粉笔，有如此众多的小问题。大问题，小问题，都需要改革才能够解决，才能够促进发展。

理论方面，教育的属性，教育与生产力，教育与上层建筑，教育与国民经济的发展，教育的“三个面向”如何认识与具体化，古代的、外国的教育学说如何继承与引进，这些问题都需要为教育的改革进行新的探索，建立新的理论，用来指导新的实践。

说我国教育事业正处在改革的浪潮中，正是这样。十一届三中全会以来，教育改革在理论和实践各个方面都展开了研究、设计、实验、推行的工作，开始出现令人振奋的新局面。十二届三中全会关于经济体制改革的决定，向教育提出新的要求，不仅要求改革，而且要求改革具有进一步的深度、广度和速度。

在种种教育改革中有不可忽视的、重要的一项，教学改革。

教学改革包括在教育改革之中。其他各项改革为教学改革提供理论，指出方向，准备条件。教学不能离开这些孤立地讲改革。可是教学改革在教育改革中有它的特殊性，需要作为一个独特的问题来研究解决。

一切教育工作总是进行于教育者和受教育者之间，教和学之间。教育的目标主要是通过教学过程来实现。夸张点儿说，教学的过程就是教育的过程。

学校是教育的主要形式。大学，大学以上的研究生院，中学、各种职业学校，小学，小学之前的幼儿园；各级之外，还有各类，就业之前的，就业之后的，全日的，业余的，还有广播，电视，函授，刊授，培训班，讲习会，采取种种学校的形式，通过教学的过程来实现教育的目标。

教育改革如果忽视了教学改革，教育的目标就不能实现。举个例，农村小学，体制改革了，国家办，地方办，群众集资办，个人捐资办，没校舍，建了校舍，没设备，添了设备，没教师，聘了教师。这些改革的措施都是必要的；没有这些改革的措施，义务教育就不能普及。但是，体制改革了，教学改革没有跟上来，还会落空。学校办起来了，教学还是老办法，甚至于无办法。教出来的学生，如社会上常常责备的那样，读了几年书，连封信也不会写；算术学过了，不会应用，量不出一间房是几平方米，知道株距和行距，求不出一亩地能种多少植株；更有甚者，捧着几本教科书死记硬背，为应付考试，考试一过，记得的也随着忘了，毕了业，升学或就业都没有做好准备。如果真是这样，同教育改革的目标相去十万八千里了。

教育改革中，其他的改革和教学的改革，好比文章的上下篇，有了上篇，不能没有下篇。教学改革在教育改革中应该作为重要的问题提出来。

二

教学改革首先要在教学思想上有所改变。

教学思想上有许多问题，主要是教和学的关系问题。这个问题早就提出来了，而且受到重视。教育者要教书，又要教人，要以身作则，言传身教，要学而不厌，诲人不倦，要循循善诱，使受教育者得到启发，得到指引，从而主动地、生动活泼地学习，不仅获得知识，而且发展智力，所学的通过实践形成能力，能分析问题，解决问题，如此等等。许多学校，许多教师，在这些方面有了新的认识，做了艰苦的工作，取得很大成绩。可是，同各级各类学校这个极大的量比起来是极少数。教学改革在许多学校还没有进步。

一个古老的教学思想，把教学仅仅看作知识的传授，由来很久了，迄今还在许多课堂的上空徘徊。教的一方把某种知识传给学的一方，学的一方伸手接受。教和学凭的是书本，把教师称为教书的，把学生称为读书的。种种知识，教师照单发出，学生照单全收，这个“单”就是书本。这种教学思想来自一种学生观，视学生为容器，教学就是把知识往容器里注入。“注入式”，若干年前就受到批评了，可惜，若干年来，老是长久地一直在受到批评！

传授知识采取的是“读”书的方法，不是广义地把读书当作学习的同义语那样的读书，而是狭义的咿唔吟诵、只求记诵的“读”书。不是吗？不少学校，学语文靠诵读课本，学历史、地理靠诵读课本，学政治靠诵读课本，学生理卫生也靠诵读课本。不仅读，还要背。读过了，背下来了，迎接考试，一字不落一句不错地写上试卷，满分，优等，于是教学任务完成，于是师生皆大欢喜。

不是说不要读书，书是必读的，要大力提倡，要大量地读，不是说该读的不读，该记的不记；而是说这样的读，这样的记，怕不能取得实效。五讲四美是哪五讲，哪四美，该知道，该记住；如果仅仅知道了，记住了，在试卷上答全了，得了满分，这个满分代表什么呢？只读只记，只为答卷，只为挣分数，结果只能是我们常常受到的责备：高分低能。

这种现象必须改变，首先从教学思想上改变。

教学是教和学，是教育者教受教育者学。学是主，教为的是帮助学。教育者的种种努力，启发、引导、传授、示范、督促、检查，都要归结到一个目的，使受教育者知道应该学，知道怎么学，愿意学，喜欢学，主动学，离开了教也能学。做到这样，才能取得教学的实效。可惜，师生授受的旧观念根深蒂固，改变可不容易。

我们常说教师是园丁。园丁辛勤劳动，植物得以成长。可是园丁的浇水、施肥、松土、打杈、整枝，种种劳动只是给植物以条件，植物的萌发、生长、开花、结果、繁殖，仍要依靠植物自身。即使是遗传工程，培养新的品种，也是人工促进基因的改变。只有在《创世纪》里，全能的上帝才凭空造出万物来。

教学上的种种活动，给予受教育者种种影响，对受教育者的成长说，都是外因。外因要通过内因起作用。外因是变化的条件，内因是变化的根据。受教育者对某一事物，从无知到知的变化，从知之甚少到知之较多的变化，从知到行的变化，教育者只是提供条件，只是帮助促进，而不是灌注，更不是替代。教学改革怕得从这个根本认识上改起。且不说“发现说”“发展说”这些专门的理论，教学生活的实践已经明摆着在那里了。

认识的改变不是一说改变就能改变的，还要受到旧认识的阻碍。阻碍之一就是习惯的力量。教师登上讲台，学生坐在观众席上，教师表演，学生欣赏，表演得好，会心微笑，表演不好，就“一心以为有鸿鹄将至”，思想开小差。教师不做导演，不指导学生自个儿表演。这样的教学由来很久了，现在还有，而且不是太个别。不仅这样，当教师的，开头往往拿从前我的教师怎么教我的来教我的学生，后来又往往拿怎么教先前的学生的来教新来的学生，循环往复，率由旧章，改变实在不容易。何况教学思想的改变只是教学改革的先导，新的认识还要使之具体化于教学的实践。这当中还要下不少的功夫。

三

教学改革一上来就要碰到教学内容的改革。改革是为了适应现代化的需要，这就要求教学内容的现代化。

教学内容包括设置什么科目，课程的问题；每个科目教些什么，教学大纲的问题；这些怎么按教学论的原理、法则组织起来，教材的问题。这三个方面不能说都已经适应现代化的需要了，都得加以改革。改革要按各级各类学校不同的要求来分析研究。

总的说来，教学内容的现代化是指把现代的科学知识教给学生。现代科学包括原有门类科学的发展与更新，新兴门类的科学，一门学科的新的分支，跨若干门科学的边缘科学，还有各门科学的新的应用。这些科学知识浩如烟海，取什么来教给学生呢？这是个教育科学研究的重大课题。要根据各级各类学校培养的目标，加以拣选、综合、排列，分别组成各自的教学内容。

“现代”的含义由于科学技术的日新月异也在变化。今天视为新的知识的也许明天就有更新的知识取而代之。学的时候是新知识，用的时候不够了，陈旧了。这个变化的周期又越来越短。可以预见，继续教育，终身教育，回归教育，在教育改革中必将日显其重要。就说现行的学校体制，某一阶段，大学、中学、小学，学和用也有时间的差距，今天学电子计算机，到实际应用的时候，电子计算机必将由第三代发展到第四代、第五代了。如果狭隘地理解“现代”的含义，势必要预测“用”的时候的需要来组织“学”的时候的内容，“苟日新，日日新，又日新”，紧赶慢赶，老也赶不上。

还得回到前面讲的教学思想。给学生什么，不如教学生自己去取得什么。教学内容改革的重点，可不可以这样说：适应现代科学技术发展的趋势，强调作为基础的知识和能力，使学生能够凭借它们去探求新的，获取新的，进而不断地开拓和创造。

用得着重复一个打猎的比喻，教学不是给学生以若干猎获物，而是给学生一支猎枪，教他们自己去猎取。

什么是作为基础的知识和能力，要按各级各类学校一个科目一个科目地研究。这当中有两个共同的问题。

一个问题是继承与更新。文化在社会发展中逐渐积累，没有昨天就没有今天，可是今天毕竟不是昨天。旧的要有所继承，也要有所剔除，新的更要有所增益。片面强调继承，加重学习的历史负担，片面强调更新，蔑视文化的传统，这两种片面性，不能说没有，在普通教育的中小学中还比较突出。例如，语文科的教学，古汉语的负担就相当重，要花费教师和学生至少一半的功夫。可是许多学生现代汉语的成绩还差，运用现代汉语这个必不可少的工具来适应学习上、工作上、生活上的需要还有欠缺。又如，教育部和中国文字改革委员会举办首届汉语拼音电脑击键竞赛，鼓励学生务必熟练地掌握汉语拼音，便于进一步学习电子计算机的信息输入。这在教学上就不能不考虑是不是还要抱着旧观念——汉语拼音只是识字的“拐棍”，“拐棍”扔了，汉语拼音忘了，坐到电子计算机键盘前面，后悔来不及了。

人类的文化是悠久的，我国文化是悠久的。普通教育在教学上要厚今薄古，要古为今用，无用的就不学，有的要跳过某些发展的阶段，只取其同现代有联系的部分。不能什么都“自从盘古分天地，三皇五帝说到今”。不能老盯着昨天，要看到今天，要看到明天。

教学内容的改革还有一个问题，理论和应用。教学内容现代化为的是让学到的东西适合现代化的需要；换句话说，学以致用，学现代的知识，致现代的应用。可是，这样的应用，那样的应用，林林总总，不可能一一学遍。教学中应该，而且也只能加以概括，加以抽象，给学生以规律性的东西，让他们举一以反三，闻一以知十，执一以绳百。这就是学习理论。

理论的教学要从实际出发，要从事实中去概括，要从具体中去抽象，要从个性中去认识共性，要从感性认识发展到理性认识；学了理论，还要在应用中去检验。理论联系实际是教学的原则。

理论和实际的这种关系曾经有过片面的理解。例如，一提教育与生产劳动相结合，就理解为只教给生产劳动的某种技术。有过一段时间，植物学就着重教怎样种大白菜，怎样种土豆，等等，又强调走出校门向“老农”“老圃”学习；植物学该学的土壤、氮、磷、钾，光合作用，学不学倒无所谓。这个教训应该吸取。

即使是职业学校，专业培训班，也要注重那一专业的理论知识。汽车驾驶的训练不能仅仅教给启动、给油、换挡、变速……还要教给汽车的结构和原理。不能学的是辆“上海”，遇上辆“奔驰”就无所措手足。不是随便一位驾驶员就能胜任驾驶训练的教师的。

高等教育培养的是专门人才，更要重视理论的学习。四个现代化对高等教育寄以很大的期望，期望大、专学生能钻研、有创见，有所创造，有所发明，离开理论就做不到。他们当中有的还要加入专门的理论研究队伍的行列。

四

教学改革当然要包括教学方法的改革。关于教学方法，当前有几个应该研究的问题。问题都是老问题，可是有现实的意义。

应该学与喜欢学的问题。学习动力来自两个方面，一是来自认识，应该学，再艰苦也得学；一是来自爱好，喜欢学，以苦为乐，乐此不疲。前者属于意志，后者属于情感。两者在教学上都必要。或者，先是认识到应该学，钻进去了，觉得乐在其中；或者先是感兴趣，喜欢学，而所学正是应该学的。大致说来，两者随学生年龄的不同而增减其比重。只能增减比重，不能偏废其一；而前者，应该学，终究要归到后者，喜欢学。

不要讳言兴趣。不要以为一说学习就必得正襟危坐，目不斜视，就必得头悬梁，锥刺股，使劲受苦，越苦越好。这种想法是教学方法改革的一大障碍。不少小学，一个生字写二十遍，错了要扣分，还要罚写二十遍；死背课文，看着课本读一句，转过脸去背一句，把小孩子弄得苦不堪言。有个孩子晚上赶作业，退休的祖母陪着他。他投笔长叹：“奶奶，我什么时候也退休啊！”孩子也有乐的时候，喜欢读的书，读得入了迷，爱不释手，奶奶叫吃饭叫了三遍还不肯放下书本。这一苦一乐，不会不影响学习的效果。

孔夫子不愧是万世师表，至少在这一点上。他的经典著作《论语》，开头一句：“学而时习之，不亦说乎！”尽管“学”和“习”怎么解释，“时”又怎么解释，还有不同说法，可是“不亦说乎”的确是学习的美好的境界。“说”通“悦”，就是让学生喜欢学，高高兴兴地学，应该是教学论、教学法则的一个重要概念。

教学方法的改革先得把“苦”改为“乐”。岂仅学生，教师也是这样。干一行怨一行，学一门厌一门，总不如干一行爱一行，学一门喜欢一门好。“不亦说乎”是学生学习的美好境界，也是教师工作的美好境界。

课堂内与课堂外的问题。课堂教学是重要的，课堂教学所凭借的教科书是重要的。且不说传授灌输要在课堂上做，就是启发诱导也要在课堂上做。教科书提供了学习的内容和程序。但是，如果把教学工作仅仅限于课堂限于教科书，那就太狭隘了。事实上也办不到。课堂之外学生接触的世界多广阔啊！要认识它，就得学习。不管愿意不愿意，不管有意识无意识，不管教学大纲有这个规定没有这个规定，学生对广阔的世界总要去接触，去思考，去学习，去受影响。

一个大学生，单以读书而论，哪儿能只抱着几本讲义？教授要给指定多于讲义若干倍的书，自己也要买书，借书，抄书，上图书馆。不仅读本门学科的书，还要读社会的书，读生活的书。“读书破万卷”，这个

“万”是个修辞上的说法，实际当是若干个“万”。如果只是几本讲义，用人脑这个高级复印机把它们印在大脑半球的皮质上，那就太可怜了，同学士的学位，同高级知识分子的称号不相称了。

小学生呢，也一样。最近黑龙江进行小学教学改革的实验“注音识字、提前读写”。小学二年级的学生就读了几十万字、多的一百多万字的课外读物，不少学生都读过两厚册七十万字的《365夜》。只读教科书，那么薄薄的几千字的一本，太贫乏了。

读当中还有精读与泛览，还有“博”与“约”，还有推荐与指导，还有鉴别与批判等许多问题，可是有一点要首先肯定的，不能只顾课堂之内，还要兼顾课堂之外。何止读书？试验、调查、参观、游览，课堂之外的天地是极其广阔的。

班级教学与个别辅导的问题。班级教学是教学的最好的组织形式。把受教育者划分开来，分阶段，分年龄，组成班级，同一班级的学生在生理和心理发展上具有共同点；班级存在于一定的空间，民族、经济、社会这些因素给学生的影响也具有共同点；所学的门类、专业、学科更具有共同点。这些共同点使班级教学成为可能，而且成为必要。

从共同点出发，班级教学要求统一，课程统一，教学大纲统一，教材统一；要求学生“齐步——走”，一二、一，一二、一，迈开统一的步伐。可是同一班级的学生都各自具有若干不同点，各以其不同点去接受那些共同的要求。这些不同点是客观存在，不能不承认。可惜，我们对共同点看得多了，对不同点看得少了。只见同一，不见差异，什么都“一刀切”“一锅煮”。有的竟至于走到极端，把学生当作某一车间的某一产品，照同一的操作规程，加工成“标准件”。“标准件”的加工以同规格的原料为前提。教育的对象却是千差万别。

在这一点上，孔夫子又不愧为万世师表。颜渊问仁，孔夫子一个回答，子张问仁，孔夫子另一个回答。“闻斯行诸?”听见什么就行动起来，对吗？孔夫子对冉有说，对；对子路说，不对。“柴也愚，参也鲁，师也辟，由也喭。”这四个学生，高柴愚笨，曾参迟钝，颛孙师偏激，仲由鲁莽，孔夫子了解他们的差异。因材施教，提倡了许多年了，班级教学的缺陷应该得到补正。

教育为的是出人才。人才，一般理解为具有专门知能的人。这一专门，那一专门，既出自教育者的诱导，也出自受教育者的选择。定向培养，既要从培养的需要出发，也要从受培养者的发展优势出发。不仅这样，具有相同的专门知能的人才当中，必有出乎其类拔乎其萃的人才之人才。教育者要当伯乐，发现他们，还要甚于伯乐，不仅发现他们，又要培养他们。发现和培养不能“一刀切”，马之中，有的驰骋千里，有的力挽千钧，驽骀之马，不能驾辕，亦可拉套。人无弃材，短于此者未必不长于彼。教育者要了解他们，务使各得其所，“千里马”“常马”，都引导他们走上发展的道路。

班级教学在今天还有必要，在明天也有必要。如果同一之中，不见差异，一味地只照操作规程加工成一模一样的“标准件”，怕出不了人才了。

思维·语言·语文教学*

语言是同思维相互联系的。语言把人的思维活动的结果用词和词组成的句记载下来，巩固起来，这样就使人类社会中的思想交流成为可能。语言是手段、工具，人们利用它来彼此交际，交流思想，达到相互了解。

语言和思维紧密地联系在一起。离开思维，无从产生语言；离开语言，“赤裸裸的形态的思维”是不存在的。人类区别于其他动物，在于具有思维活动，亦即高级神经活动，而高级神经活动是以第二信号系统——语言为基础的。因此，语言这个工具，既是交际的工具，又是思维的工具；当它作为外部语言，凭借它进行交际活动，当它作为内部语言，凭借它进行思维活动。

听、说、读、写，运用语言——外部语言来进行交际活动，这是显而易见的；想事情，思考问题，这些思维活动一样地要运用语言——内部语言来进行。一个人沉思默想的时候，所思所想，离不开语言这个工

---

* 选自蒋仲仁著：《思维·语言·语文教学》，人民教育出版社 1988 年版。

具。哪怕一个简单的念头，也是要用一定的词和句来想的。至于比较复杂的思维活动，例如，思考某一问题，必然要用许多有关这个问题的概念、命题和推理，而这些概念、命题和推理是同语言里与之相应的词、句和词句按一定的思路组成的篇章联系在一起的。如果离开了语言，又凭什么来思考呢？（聋哑人的思维活动是一个特殊的问题，不同于正常人的思维活动，这里只论述正常人的思维活动。）

参加一个会，要对所讨论的问题发表意见，会前要做准备。有的人在纸上起稿，一词一句地写下来。有的人不动笔，只打“腹稿”，腹稿怎么打，也是一词一句地进行思考。临到开会，或者把发言稿印出来分送给与会的人看，或者照着腹稿说出来给与会的人听。语言，无论内部语言或外部语言，无论口头语言或书面语言，总是同思维紧密联系在一起的。

思维和语言的这种紧密联系，在语文教学上产生一个基本的原则：发展学生语言同发展学生思维联系在一起；学生的语言发展的程度标志着学生的思维发展的程度。

语文教学即语言教学。称语文教学是沿用习惯的称谓。“语”指口头语言，“文”指书面语言。“语言教学”有时被用来单指口头语言的教学；为了避免这种歧义，所以把包括口头语言和书面语言的教学称为语文教学。

语文教学的进行，掌握语言紧密联系思维这个原则，或者不掌握这个原则，必将影响教学的效果。

比如，幼儿园的儿童，如果教给他们这样的诗句：“虎踞龙盘今胜昔，天翻地覆慨而慷。”要理解这样的诗句是儿童的思维能力所不及的，也是儿童的语言能力所不及的。教幼儿诵读这样的诗句，对他们的思维发展无所裨益，对他们的语言发展也无所裨益。这是教学的浪费，是教学的无效劳动。

与此相反，学习语言的教材落后于学生的思维和语言已经达到的发展程度，学生一览无余，没有什么“未知数”值得去寻求，觉得语文课上不上都可以，缺了别的课要补，缺了语文课不补也可以。违反量力性的原则，低估学生的接受能力，教学的内容和方法落后于学生的思维能力和语言能力；由此而产生的语文教学低效率的现象已经引起许多语文工作者的忧虑。

学生语文程度的低落，许多教师很着急，忙着在教学方法上下功夫。如果忽视了语言和思维紧密联系的原则，专抠文字，死记硬背，势必事与愿违，达不到提高教学质量的目的。以作文而论，学生作文，一般有两大缺点，一是言之无物，一题到手，不知道该写些什么；一是语无伦次，有点儿想写的东西不知道怎么组织。这两个毛病何尝仅仅是语言的问题！根源还在思维能力上。试想，一个学生，如果头脑简单，浑浑噩噩，什么也不去看看，不去动动，不会探索，不会分析，除了几本教科书外，同图书报刊绝缘，同种种活动绝缘，孤陋寡闻，成了个井底之蛙；这样的学生，希望他具有较高的运用语言的能力，岂非缘木而求鱼？

发展语言和发展思维紧密联系的原则是语文教学首要的、基本的原则。

思维和语言紧密地联系在一起，这是一个方面；另一方面，思维和语言又是不同的两个事物。

思维是客观存在在人脑里的反映。同一个客观存在，就思维说，它的反映只能是一个，可是用来记载这个反映的语言却可以不同，首先是因民族而不同。语言，总的说来，它的发生、发展、分化、融合，它的自然生理的机制，它的社会交际的职能，这些方面是语言的共同性；而它在某个民族中长期形成的某一语种特有的音位、词汇、语法以及语言书面化的形式——文字，这些方面是语言的特殊性。共同性寓于特殊性之中。语言教学首先就要掌握语言的特殊性。母语的教学是这样，外语的教学也是这样。

“书”这个客观存在的反映，用语言表达出来，说汉语的人管它叫shū，写出来是“书”；说英语的人管它叫 bʊk，写出来是 book。汉语说“一本书”“两本书”；英语说 a book，two books。汉语有一个“本”；英语用不着与“本”相当的一个什么词。汉语在这儿说“两”，不说“二”；英语除 two 以外不用什么别的表示“二”的词。英语有 book 和 books 的分别；汉语都说“书”，用不着有什么分别。同一客观事物的反映，不同的语种各有各的不同的表达方法，各有各的不同的语言规律。语文教学的任务就在于把某一语种的特殊的表达方法，特殊的语言规律教给学生，指导他们掌握运用。

两个语种的表达方法和语言规律，加以比较，对语文教学有好处。我国学校，一般从中学阶段开始学外语（有的从小学阶段开始）。利用已经掌握了的母语的表达方法和语言规律对比着进行外语教学的同时，外语教学反过来对母语教学在某些方面起促进的作用。国内少数民族学生学汉语，这种促进作用更为显著。少数民族语言都有比较大量的借词来自汉语，汉语的学习和本民族语的学习，关系更为密切。

同一的思维内容和不同的语言形式的差异不仅存在于不同的语种之间，也存在于同一语种的不同发展阶段之间。古代汉语和现代汉语、文言文和白话文之间也存在着这种差异。仍以“书”为例。“书”这个客观事物的反映，在语言形式上，就语义说，从《说文解字》的“书，箸也”，《释名》的“书，庶也”，到今天“书”由于衍化、引申产生的几种意义，《现代汉语词典》就列了六个义项；就语音说，从《广韵》的“伤鱼切”，《集韵》的“商居切”，到今天汉语拼音的 shū；就文字说，从小篆的“从聿，者声”，到楷书的“書”，到今天草书楷化的“书”，将来拼音化了也许要写成“shū”，经历了许多的发展变化。变化不仅在“书”本身，从“书”衍生出的多音节词：“书籍、书简、书写、行书、书记、秘书、书生、文书、书契、证书、法书、但书……”都表达了不同的语义。这些发展变化都和语文教学有关系。由此而产生的问题，如文言文教学问题，现代汉语中古代汉语成分的问题，词素、词干组成多音节词的问题，词义的本义、借义、转义的问题，词在书写上同音替代的问题，等等。语文教学上如何对待，如何研究解决，都是应该做的工作。

同一的思维内容和不同的语言形式的差异还存在于普通话和方言之间。按普通话的语音规范，“书”念 shū，可是上海话说成 si，湖北话说成 xu，西南一带说成 su。差异不仅在语音上，普通话“这本书非常好”，上海话也许说成“格本书交关好”，四川话也许说成“勒本书硬是好噢”。汉语规范化的问题，推广普通话的问题，都向语文教学提出来了。普通话和方言的差异，找出它们之间的对应规律，用来提高教学的质量，成为语文教学的一项任务。

同一的思维内容和不同的语言形式的差异，还存在于应用语言的不同的场合，来源于逻辑思维和来源于形象思维的应用语言的两大分野。严密的科学论证和生动的文学描述，就是这种差异的主要表现。小之如一个词，仍以“书”为例，“秉笔直书”和“拿起笔来就写”，“书”和“写”不能互换，不能说成“秉笔直写”“拿起笔来就书”；“上万言书”和“寄挂号信”，“书”和“信”也不能互换，不能说成“上万言信”，“寄挂号书”。文体学的研究正是要对这种差异进行归纳。又如加强表现力的修辞学、文学上的风格论也都研究这些差异，也都同语文教学有关，都要列为语文教学的内容。

思维和语言的这种既相联系又相区别的性质产生了语言的共同性和特殊性。语言科学对此进行了研究，研究取得了成果。语言学，历史语言学，比较语言学，方言学，语音学，词汇学，语法学，文章学，文体学，修辞学等都有各自的研究成果，都向语文教学提供了宝贵的条件。语文教学的进行正应该吸取这些研究成果来作指导。可惜，这一点有的人并不重视。认为语言的应用已经在日常的听、说、读、写中，无须有什么科学研究成果的指导。这种看法，不利于语文教学的科学化，让语文教学堕入暗中摸索、神而明之的迷雾中。

思维有两个含义，一是思维活动的结果，一是思维活动的过程。

思维是客观存在在人脑里的反映。这个反映是经过感觉、知觉、表象、概念等一系列的思维活动的结果。思维在活动的过程中，为了得到正确的反映，得到正确的结果，要依照一定的法则、规律，对所反映的对象，要经过观察、比较、分析、综合、舍象、抽象，然后构成概念；进而构成命题、判断、推理；再进而认识一事物与他事物的联系、对立、统一和转化。这个过程既要合乎逻辑，又要合乎辩证法。思维过程的这些环节，都要依靠语言才能实现。

思维所反映的客观存在是不断的物质运动，这个不断的运动具有无限性。客观存在，反映客观存在的思维的结果，认识的成果，林林总总，无比丰富，而且越来越丰富。所以说，思维的结果具有无限性。

可是，思维的过程所依照的法则、规律却是有限的。例如，思维的结果得出若干若干的命题，可是一个命题的构成，有关全称、特称、肯定、否定、选言、假言这些法则和规律却为数不多。所以说，思维过程所依照的法则和规律具有有限性。

与此相应，记载无限的思维结果的语言也具有无限性。单以词汇而论，社会的发展，科学文化的发达，人类认识的日益丰富，产生若干若干的新词。综合的、通用的辞典，所收的词为数很可观，还有各种专科的辞典，所收的词加起来，为数更可观。可是这些词的构词法，构词格，向心、并列、动宾、动补……为数并不多。法则、规律是从具体的事物中概括出来的，可是它们并不是某一具体的事物，而是某一类事物的共同的特征。语言，就其发展来说具有无限性，就其规律来说，具有有限性。

思维和语言的法则、规律也在发展变化，可是这种发展变化很缓慢，历时很久，为数不多，相对地说成有限也可以。

思维和语言的这种无限性和有限性，应该作为根据，根据它来研究语文教学所应采取的措施。

根据思维和语言的无限性，在语文教学中应该鼓励并指导学生去广泛的摄取，摄取那些由于社会、科学、文化的发展而日益丰富的思维活动的结果，认识活动的成果；摄取那些用来记载的日益丰富的语言。

根据思维和语言的有限性，在语文教学中鼓励并指导学生去探索和掌握思维和语言从无比丰富的现象中概括出来的法则、规律，学会应用这些法则、规律来指导思维活动和语言实践。

语文教学的这两个任务，都重要，都必要，不宜有所偏废，不宜畸轻畸重。

这个问题已经受到重视，而且见诸实践，而且取得成效。许多学校，许多语文教师，发展学生语言的同时，注重发展学生的思维；提高课堂教学质量的同时，注重指导学生从事课外阅读、课外活动；引导学生广泛摄取的同时，注重思维的规律和语言的规律的学习。这样做，让学生从狭窄的圈子里走出来，思想活跃，见多识广，不仅学到教材和教师给他们的东西，而且举一反三，触类旁通，知道探索、进取。这样做，不仅能提高语文教学的质量，培养学生应用语言的能力，而且影响学生的思想、品德、行为，影响学生的理想、志向、抱负，直到形成他们的世界观。这样做，就能完成语文作为一个主要学科的教学的和教育的任务。

与此同时，还要看到这个问题还没有受到普遍的重视。不少学校，不少语文教师还没有注意及此，把语文教学只看成读几课书，作几篇文。课本之外，学生不看书，少看书，不参加课外活动，甚至于老师自己也不看书，少看书，不组织课外活动。就说“读几课书”，也只着重那几篇文言文，因为文言文需要解释，需要翻译，有讲头；白话文没有讲头，要讲也多作思想的、文学的分析，少作语言的分析。就说“作几篇文”，也只顾出题，只顾评改，不注意怎么写，拿什么来写，什么从何而来。认为语言不过就是说话，人人尽知，人人尽能，语言还是科学？还有什么需要去研究、学习的？语文教学，学校不重视，学生不重视，语文教师自己也不重视。这种现象不是普遍的，可也不是个别的。之所以这样，原因不止一端，其中有一端应该是对思维和语言的关系，语文这一学科的性质任务，认识还有欠缺。

语文教学是教学生学语言，获得应用语言于各种需要的能力。语言是同思维紧密地联系在一起的。思维是对客观事物的认识，就其认识成果说是无比丰富的，就其认识过程说，要遵循一定的规律；与之相应，语言是无比丰富的，也要遵循一定的规律。在语言教学中既要注意广泛的摄取，也要注意规律的掌握。我认为这是语文教学的研究和实践的出发点。

“语文”和“教学”*

一

语文教学是把语文这个工具，通过教学，教给学生，使他们学会运用，这本来就包括两个方面，一个是“语文”，一个是“教学”，一个是这一学科的内容，一个是这一学科的方法。方法总是决定于内容的。如果离开内容，方法将从何说起？如果离开“语文”，“教学”将从何说起？打个比方——“比方”当然不是“等于”，比方烧饭，蒸，煮，焖，有种种方法，可是总得先有米。无米之炊，巧妇难为。

在语文教学的实践中，总是把这两个方面结合起来的。既要注重“教学”方面的原理、规律、法则、方法等，又要注重“语文”本身，要对有关的语音、文字、词汇、语法、修辞等，都能在适当程度上熟习它们。有些教师在这方面注意得少了一些。

为此，想提出这样一个意见：既注重“教学”，又注重“语文”，还

* 选自蒋仲仁著：《思维·语言·语文教学》，人民教育出版社 1988 年版。

可以夸张一点儿说，首先是“语文”，然后是“教学”。

二

一个数学教师，如果对数学不熟习，比方，约分，最大公约数，通分，最小公倍数，正比例，反比例，π是圆周率3.1416，这些都不甚了了，那就难于考虑什么数学教学法了。

一个历史教师，如果对历史不熟习，比方，秦皇汉武，陈胜吴广，鸦片战争，太平天国；比方，文艺复兴，工业革命，巴黎公社，十月革命，这些都不甚了了，那就难于考虑什么历史教学法了。

数学教师熟习数学，历史教师熟习历史，语文教师当然要熟习语文，先得具备这个“熟习”，然后有可能讲究教学的方法。

可惜在这个问题上有一个错觉。数学教师要熟习数学，历史教师要熟习历史，语文教师对于语文似乎没有什么需要特地去熟习似的，或者说，需要熟习的都已经熟习了，不必再下什么功夫了，而只需要讲究教学的方法了。这个错觉有没有呢？有，一些人的确有这个错觉。

安排教师工作的时候，不大会把一个不会打算盘的安排去教珠算，不大会把一个历史知识贫乏的安排去教历史，语文呢，仿佛无须乎那么严格，语文嘛，谁不懂得一点儿，新来一位教师，没有什么专长，那就让他教语文吧。

语文教师自己有的也有这个错觉。语文教学无非教学生识字读书，低年级“日月水火”“山石田土”，不成问题，较高年级的课文，也许有些个生字生词，查查字典，翻翻辞书，何况还有现成的“教学参考资料”，拿起课本就可以登讲台。

有的学校，有的班级，语文教学的质量还不够理想。考察起来，教师教学不得其法，这是原因之一；原因之二呢，也许就是语文水平不够高。“以其昏昏”何能“使人昭昭”？这个话说得过了一点儿，何至于“昏昏”呢？可是，不论“过”或者“不过”，在注重教学方法的同时，注重语文水平的进一步提高，这肯定是必要的。

三

一种语言的教学，总是根据这一语种的特点来组织教学的体系，来安排教学的进程，来考虑教学的方法的。当然，教学方法的一些普遍原则，从儿童生理的成长，心理的特征，思维的发展，到教学的组织形式，教学成绩的考察，等等，举凡“教学论”这门科学研究出的成果，都应该用来指导语文教学的实践。而这些普遍规律只有同语文这一学科的具体内容结合起来，才能发挥指导的作用。比方常常说的“循序渐进”的原则，数学有数学的“序”，历史有历史的“序”，不熟习语文，语文的“序”在哪儿呢？光说一个“循序渐进”的原则，不解决问题。

小学一开学，首先要教汉语拼音字母，怎么教，应该研究，可是先得熟习。许多教师很熟习，加上教学得法，成绩很好，有的教师就不那么熟习，有的连会都不会，学会了一点儿，也只能照课本 ɑoeiuü 教下来。关于拼音字母，教师掌握的同教给学生的差不多。“语文”为什么不拼成 üun 或者 üuen，要拼成 yuwen 呢？b—ɑ—bɑ，d—ɑ—dɑ 为什么不能 j—ɑ—jɑ 而要 jiɑ，中间有个 i 呢？给汉字注音，不是有过注音字母吗？ㄅㄆㄇㄈ得了，干吗要 bpmf 呢？因为不熟习就不能回答。如果能回答，做到“成竹在胸”，再来考虑怎么教，岂不更好一些吗？

教学中有些东西不要也不能一下子全都教给学生，可是教师心里得自己明白。“书”是一本书的“书”，“证明书”“说明书”是不是也是一本书呢？“行书”“草书”是什么书呢？“大书特书”怎么成了“写”，“支书”“秘书”怎么说的是人呢？学了词汇学，对这种语文现象就明白了。“你去吗?”“你去不去呢?”都是疑问句，一个“吗”，一个“呢”，这是为什么呢？学了语法，然否式的问句同选择式的问句要用不同的语气助词，这就明白了。教一个词，教一个句子，都需要懂得有关的知识，懂得多一点儿总比懂得少一点儿好。

《小猫钓鱼》一课教完了，让学生懂得了做事要专心。可是在语言上有什么值得注意的地方该提出来让学生多注意点儿，学一学，练一练呢？比方课文里有句话：“钓鱼就钓鱼，别三心二意的!”“钓鱼就钓鱼”，这是一种什么句型，这种句型表达什么意思？不能单说“三心”，也不能说“二意”，非连起来说不可，这就说到成语的用法了。学了“别”，让学生说说“别走”“别哭”“别忙”“别嚷嚷”，会用这个禁止之词。这些地方似乎是应该注意的。有些教师往往看不见这些值得注意的地方，当然也就不会提出来教给学生。他们缺乏对语言的比较灵敏的感觉——语感。语感不灵敏，拿起一篇文章来，好，不知道好在哪里，为什么好，错，不知道错在哪里，为什么错。讲过了，读过了，也就是了；觉察不出有什么值得教的，值得学的。

这只是几个例子。总而言之，语文教师要熟习语文。语文本身不是没有需要学习研究的东西。懂得这些东西，熟习它们，就觉得有本钱，底子厚，用起来灵活，能从语文上考虑教学。

语文教学要求学生获得有关语文的足够的、必要的语文知识，要求学生养成运用语文这个工具的正确的、熟练的技能。语文教师也要拿这个来要求自己。

语音、文字、词汇、语法、修辞，有些常常用到的不可缺少的知识，都要学个大概，要把关键的、主要的东西学到手。有了这些作凭借，对许多语言现象就能做到不仅知其然，而且知其所以然，不仅知其一，而且知一以反三。在小学里，拿语文教给学生，就像幼儿园里给孩子开饭。干吗要吃点儿水果呢？水果含维他命C。什么含蛋白，什么含脂肪，有的地区还要加点儿碘，缺钙的孩子该补充什么……不懂这些也可以凑合着对付，凑合总不是办法，应该懂，懂比不懂好。

语言这个工具的学习，主要的还在于运用。语文的运用，一是口头语言，听和说，一是书面语言，读和写。两方面都要用得熟，用得好。有的语文教师这两方面都还不免有所欠缺。

就教学说，语言是教学的主要工具。学校里的一切活动都离不开语言，都对学生的语言发展有影响。教师的语言是“语文课本”以外的活的“语文课本”。读这个活的语文课本是“耳濡”，读一般的语文课本是“目染”，“耳濡”的机会比“目染”的机会多得多。“听君一席话，胜读十年书”，这句话也可以借来说明学生从教师语言这个活课本学到许多东西。语文教师应该要求自己，说话说得正确，不出错，少出错；说得鲜明，不含糊，不支支吾吾；说得生动，不呆板，不尽说套话；还要说得流利，不疙疙瘩瘩，说了上句半天说不出下句。

语文的技能之一是查字典。音序排列的字典比较好查。部首排列的就不那么容易，有些字不知道往哪一部查。至于别的查字法，四角号码查字法，起笔查字法，更觉得生疏。有的语文教师，这个技能还没有熟练，有的连查字典的习惯也没有，有的连一本字典也没有。

鼓励学生课外阅读，多读书，语文教师也要这样要求自己。“武松打虎”“智取生辰纲”，学生很喜欢读，教师自己就得读读《水浒传》。“大闹天宫”“三打白骨精”，学生也感兴趣，教师自己就得读读《西游记》。教学生读“赤壁之战”，教师不仅读《三国演义》，也许还要翻翻《三国志》或者《资治通鉴》，看看孔明借东风，究竟有无其事。提到《卖火柴的小女孩》《皇帝的新衣》，就要去读一些安徒生童话。提到《我的童年》，就要去读高尔基的自传体三部曲，契诃夫有《凡卡》，我们的老作家叶圣陶有《稻草人》，有《蚕和蚂蚁》……这样的例子再举也举不尽。

命题作文，让学生写《一件好事》《国庆之夜》《我的邻居》《当我系上红领巾的时候》，要求扣紧题目，有材料，有观点，立意明白，段落清楚，用词妥当，语句通顺，书写端正，没有错别字。试就这些题目，教师自己也来写一篇，用对学生的要求来要求自己。动笔了，也许写得痛快，写成一篇得意之作，也许写得不那么顺当，遇到这样那样的困难。个中甘苦，亲自尝到了，教起作文来，就会觉得实在得多。

一个语文教师，语文方面需要学习的，操练的，需要熟习的，精通的，涉猎的，着实不少；有的是知识，需要懂得，有的是技能，需要熟练，教语文，不能只靠几本语文教科书。要提高语文教学的质量，得先从充实自己入手。重说一遍前边说过的话，既注意“教学”，又注重“语文”；还可以夸张一点儿说，首先是“语文”，然后是“教学”。

有一句常说的话："教师教给学生的是一碗水，教师自己掌握的是一桶水。"没有一桶水，哪来一碗水？让我们把这一桶水打得满满儿的，而且不断增补，不断更新，成一股源源不断的活水。

语文课·政治课·文学课*

一

语文课就是语文课，不要把语文课讲成政治课，或者讲成文学课。

这是怎么提出来的呢?

这是因为有的语文教师，在教学中没有抓住或者不够重视语文科是工具学科的性质，没有或者很少注意学生读写能力的培养，没有或者很少引导学生从事读写作业，往往离开课文，大讲其思想政治，或者好高骛远，大讲其文学分析，讲的似乎不是语文课，把语文课讲成政治课或者讲成文学课了。

例如，教一年级学生认“首都北京”几个字，教师大讲北京是中华人民共和国的首都，中华人民共和国是 1949 年成立的，在这以前，中国人民头上压着三座大山……这样一开头，就找事例，编故事，讲今昔对比，讲今天的幸福从何而来……这些话讲多了，临到学生认这几个

* 此文发表于《江苏教育》1964 年第 3 期。

字，写这几个字，时间就被挤得所剩无几了。结果，这几个字不能很好地认，很好地写，达不到教学的要求。有的教师还因此埋怨，教学时间太紧，教材分量太重，教不了，一天教几个字也教不了。

又如，教学生读一首《赤日炎炎似火烧》的古民歌。教师就要讲到这首民歌见《水浒传》“智取生辰纲”这一回，是好汉白胜挑着酒上黄泥岗的时候唱的，这样一开头，就可能讲到“智取生辰纲”这一回的梗概，讲到《水浒传》这部作品，讲到它的人民性，讲到对它的评价，还可能讲到作者施耐庵其人、其思想、其作品，及其在文学史上的地位，甚至于还可能讲到七十回和一百二十回的版本问题。这些话讲多了，留给教师讲这首民歌本身的时间就少了，留给学生领会、吟诵这首民歌的时间就更少了。有的教师还因此埋怨，教学时间太紧，教材分量太重，教不了，一节课甚至几节课教一首四七二十八个字的民歌也教不了。

举例举得偏激了一些，这只是个别的现象，一般情况并不如此之甚。可是，虽有“甚”“不甚”的差别，这种教法是有的，如果连“不甚”的也算在内，那就不是太“个别”了。这种教法对语文教学有害，对语文教学的改进是一个障碍，这是可以断言的。

因此，才这样提出来：不要把语文课讲成政治课，或者讲成文学课。

这样提，大家都认为提得对，要提高语文教学的质量，要提高学生的读写能力，应该这样提。可是，细细一想，里头还有些值得深究的问题。其他学科的教师掌握本科教学目的都比较容易；语文教师掌握语文科教学目的为什么就偏偏这么难？数学教师不大会把数学课讲成政治课；语文教师为什么容易把语文课讲成政治课？音乐教师很少把音乐课讲成作曲学，讲成和声学；语文教师为什么容易把语文课讲成文学史，讲成文学批评？现在既然这么提出来了，不该再这么讲了，教学实践中又怎么处理思想政治教育的问题？又怎么处理教材中的文学作品的问题？

因此，自从提出“不要把语文课讲成政治课，或者讲成文学课”之后，问题似乎解决了，又似乎没有解决；不要讲成什么，这一面似乎解决了，要讲成什么，这一面似乎没有解决；理论认识上似乎解决了，教学实践上似乎没有解决。

二

学校的责任是培养革命的接班人。革命接班人的培养，首先要抓的是思想政治教育，当然还要抓文化教育，抓体育锻炼。这个责任是通过整个的学校工作来完成的，其中包括德育、智育、体育，包括各科教学，包括共青团和少先队的工作，包括领导学生参加政治活动和体力劳动，还要联系和配合家庭教育和社会教育。语文科的教学是这若干工作当中的一部分。说是一部分，有两层意思，一层是只是一部分，不能把整个责任单独由语文科一肩膀扛起来；一层是既然是一部分，就应该按照语文科的特点担负起应该担负的一部分。

从语文科的特点来说，语文教学要培养学生的读写能力，使他们能运用语文这个工具适应生产上、工作上、学习上、生活上的需要。不能这样设想，一个革命接班人，要从事社会主义革命和社会主义建设，而是一个文盲，不能读，不能写，或者读写能力没达到一定的水平，拿起书来读不懂，看报看文件不甚了了，提起笔来写点儿什么，或者不会写，或者写出来要不得，甚至于别字连篇，写的字张牙舞爪，叫人看不懂。如果是这样，那就是语文教学的缺憾，那就是语文教师的失职。应该不是这样，而是教出来的学生，一个个识文断字，能读会写，读什么朗朗上口，写什么下笔成文。语文教学，语文教师，正是从这个方面来分担培养革命接班人的责任的。

在社会主义革命和社会主义建设的伟大事业中，教师是文教战线上的战士。学校培养革命接班人的责任，大部分是通过教师来执行的。教师不仅仅要做“经师”，还要作“人师”，不仅仅“教书”，还要“教人”。难道作为主要学科语文科的教师，在自己的教学工作中，对下一代的思想政治教育，可以置身事外，不闻不问吗？

但是，语文教学的进行，主要的凭借是课本上一篇篇的文章。这些文章是按照教育的目的来挑选的，要求文质兼美，既要语文上能作学生学习的典范，又要内容上能使学生受到教育。教学生读懂这些文章，读熟这些文章，他们就会一方面学习了语文，一方面提高了思想。例如《小英雄雨来》这篇课文使学生受教育的是雨来倔强、坚定的品格。教师的责任就是帮助学生读懂这篇课文，而决不是从这篇课文引发出过多的关于抗日战争的阐述，过多的关于爱国主义的教育。教师教的是语文，学生学的是语文，读懂这些语文教材之后，从而受到思想政治教育。语文教学，语文教师，正是从这个方面来分担培养革命接班人的任务的。可是，这个认识体现为教学实践的时候，采取讲成政治课的办法，而不是认真地教好语文，切实有效地培养学生的读写能力，那就不对了。应该明确：教好语文，丝毫没有减弱语文科应该分担的培养革命接班人的责任；相反的，语文教得越好，学生读写能力提得越高，就越能克尽语文科应尽的责任。

三

有人说，文学是语言的艺术，文学家是语言的大师，文学作品是运用语言的典范。学语文就该取文学作品来作教材。历代学习语文的选本大都选有不少文学作品，后来的语文课本，现代文学、古典文学、民间文学、儿童文学、外国文学作品译文，都成为选材的来源。这样看来，语文教学跟文学关系十分密切，语文课要讲文学，这是不可避免的。课本上既然选了文学作品，不讲文学，那该怎么讲呢?

这个话也对也不对。语文课本上选有文学作品，教学的时候要讲到文学，就这一点说是对的；可是，离开了语文，或者语文之外，好高骛远地大讲其文学史、文学理论、文学批评，把语文课讲成文学课，以致降低了教学效率，那就不对了。

语文科培养学生读写能力，绝对不限于文学这个范围。工人、农民、从事其他工作的人，要读的东西，文学作品只是一部分，更多的是关于社会斗争的书，关于生产斗争的书，党和政府的文件，报纸上的新闻和评论，等等。他们要写的东西，并不是文学，主要是生产上、工作上需要的报告、总结，学习上需要的提纲、笔记，生活上需要的日记、书信等。要培养这样的读写能力，就要加强识字写字、用词造句、谋篇布局这些基本训练，就要把语文这个工具在状物、写景、记人、叙事、说理、论辩这些方面的运用，在教学中示以范例，教给方法，让他们理解之后，举一反三，融会贯通，从而提高他们的读写能力。

因此，语文教材绝不限于文学作品，文学作品只是教材的一部分。而且，文学的含义也不局限于小说、诗歌、戏剧等所谓纯文学。照我国传统的说法，许多在运用语言上足为典范的文章，都可以列为文学，都是学习语文的教材。

语文课本里选入文学作品是取来作为学习运用语文这个工具的范例。教学的时候，并不都要作文学分析。所谓文学分析，大抵是指从文学史、文学理论、文学批评这些方面来对作品加以解剖。这种分析是文学研究工作者的事，是大专学校文学系的事，中小学语文教学不能躐等，不能好高骛远，不能置语文教学的目的于不顾。有的语文教师对于某些课文，往往大讲其时代背景、作者生平、主题思想、人物形象、艺术手法……为了讲这些，教师备课讲题，历尽辛苦，可是对学生读写能力的培养，裨益不多。当然，这些不是完全不可以讲，某些选入课本的文学作品，为了使学生理解，对作者作某些必要的介绍，对作品所反映的时代作某些必要的说明，还是需要的。可是得以帮助学生理解课文为限。杜甫的诗不过读过一首两首，鲁迅的文章，不过读过一篇两篇，就要讲杜甫在文学史上的地位，就要讲鲁迅文章的风格，这样的讲解，完全是徒劳。

语文课讲的是语文，语文教材里选入文学作品，为的也是讲语文。讲语文是要培养学生的读写能力，教学生怎么样才能把文章读懂，怎么样才能把文章写通。把语文课讲成文学课，不能达到这个目的，反而离开了这个目的，削弱了教学的效果。

四

一个学科怎么根据本学科的特点来进行教学，一个学科的教学作为整个学校一系列工作的一部分又怎么分担应该担负的责任，就这一点说，语文科的教学可以从音乐科的教学得到启发。

音乐科要教学生唱歌。首先要选好适当的歌曲，入选的歌曲应该是革命的、健康的。教唱这些歌曲，要鼓舞学生的革命意志，要培养学生的高尚情操。有些歌曲的意义，学生如果不懂，要加以解释，有些歌曲的唱法，学生如果不会，要加以说明。例如教唱聂耳的《卖报歌》，作者聂耳这个人，要简单地介绍一下，歌曲所反映的新中国成立前中国儿童遭受的苦难，也要简单地说明一下，歌词里有的意思如“不等天明去等派报”的“派报”，要简单解释一下，这都是必要的。唱法上哪儿该强，哪儿该弱，哪儿有个附点音符，哪儿有个休止符……都要加以解说，提醒学生注意，这也是必要的。可是最重要的是教学生唱这首歌，会唱，唱得好。

如果关于聂耳讲得太多了，关于新中国成立前中国儿童遭受的苦难讲得太多了，那就把音乐课讲成政治课了。如果关于强起、弱起什么的，关于附点音符、休止符什么的，讲得太多了，那就把音乐课教成乐理课了。如果这些讲得太多，老师从上课讲到下课，那么学生怎么学得会唱歌呢？歌都不会唱，那就达不到音乐科的教学目的，也达不到鼓舞学生革命意志、培养学生高尚情操的目的。没有一个音乐教师是这么教音乐的。

定要学生提笔作，经常作，天天作，才能够真正学会用词造句，学会谋篇布局……不可能设想，离开了学生从事作文的实践，教师会有什么奇妙的教学方法竟会使学生获得作文的技巧。

事情是明明白白的，可是，恰好就在这一点上有时会出问题。

一节课几十分钟，一星期几节乃至十几节语文课，除了听教师讲以外，究竟学生开口读过几回书？提笔写过几个字？造过几个句子？查过几回字典？……不能只就课堂上说，课堂以外的时间，究竟学生又读过几本书？看过几天报？练过几回字？作过几篇文？……课堂作业不充分，课外作业也不充分；而且缺少有效的指导，缺少严格的要求。如果木工的学徒也像这样，斧、锯、刨、凿，没有认认真真地使过几回，怎么能学会掌握这些工具呢？

教师辛苦极了，口讲指画，舌敝唇焦，讲了这个，又讲那个，一会儿出示卡片，一会儿挂上小黑板，从上课讲到下课。学生呢，只被动地接受，从上课听到下课。备课的时候，教师自己怎么活动，准备得很充分，讲什么，怎么讲，都一一安排好；至于组织学生活动，那就考虑得比较少了，安排得不那么切实了。有时候即使安排了，也往往不能兑现。教师讲完以后，正要让学生干点儿什么，或者学生正动手干点儿什么；可是，铃声响了，下课了，只得草草了事，连留什么作业都没有交代清楚。这种情况常常可以碰见。绝不是说，教师不要讲，不要用卡片和小黑板，而是说，这些活动要适当，要十分必要，要用在刀刃上。否则，教师的这些活动过多，就把学生从事运用语文的实践活动挤掉了。

离开运用语文这个工具的实践活动，不读，不写，或者少读，少写，而又希望学生获得读写的技能，显然，背道而驰，是达不到目的的。

重视实践，重视实践的组织和指导，应该是语文教学适应工具学科这个性质的一个基本原则。

三

教学的质量要用教学的效果来衡量。

语文教得好不好，要看学生能不能熟练地运用语文这个工具。不能这样说，教师是教得好的，可就是学生识字、写字、读书、作文的程度不好；也不能这样说，学生识字、写字、读书、作文的程度不错，反倒是教师教得不好。

教学质量和教学效果的关系应该是这样。可是，有时候会出现另一种情况。

笔者有一次参加一个学校的语文观摩教学。教学结束之后，参加的人谈谈听课的体会。谈到做观摩教学的这位教师，教得怎么好，学生的学习怎么有成绩。有人还谈到同年级的另一个班，学生的学习成绩也不错，可是教师教得不怎么好，做观摩教学不行，她的课没有什么可看的。听了这个话，不禁想到一个问题：既然学生的学习成绩不错，为什么反倒说教师教得不怎么好呢？这以后，我留意这个问题。我发现有一种现象很值得注意。有些教师教学效果不错，他们采用极其朴素踏实的教学方法，注意引导学生认认真真地识字，写字，读书，作文。他们教学生怎么做，诱导和督促学生认真做，对学生提出严格的要求，学生做得不对，就给纠正，叫学生重做。这样长期地、不懈地进行着细致的工作，结果，取得了很好的成绩。

从教学效果来衡量，不能不承认，这样的教学质量就是高。这样的教学，之所以取得好的效果，重要的原因之一就是适应了语文科是工具学科的性质，重视了学生运用语文的实践，不因教师的不必要的、过多的讲而减弱了学生的这种实践。

不少学生不大会写应用文，连一封信也写不好，这是语文教学长期以来的一个大缺点，受到学生家长和社会上各方面的责备。之所以这样，固然有多方面的原因，用词造句的基本训练不够，叙事说理的写作能力不高，都是；还有，应用文的特点、格式、写法等，没有教，或者教得不完备，也是。可是，重要原因之一还在于没有组织学生进行这方面的实践活动。无妨向一个学生问一问：上了几年学，究竟写过几回信？写信的练习作业有过几回？写信的实际运用又有过几回？也无妨向一个木工学徒问一问：三年学徒，使过几回斧子？拉过几回锯？——两个不同的答案，一定产生两种不同的教学效果。

掌握一种工具，重复上面说过的话，离开运用这种工具的实践，那是学不会的，这种实践进行得不充分，那是学不好的。退若干步说，即使教学上方法还不多，还不够那么完善，一些优秀教师的经验一时还学不到手，可是，只要狠狠地抓住组织学生进行运用语文工具的实践活动，认认真真地识字，写字，读书，作文，严格要求，毫不放松，长期坚持，锲而不舍，那么，教学的效果就有可能提高。

体育教师教学生一套体操动作，以一个外行从旁看来，大抵做了三件事：一件是说明，告诉学生动作的要领，如两手向前平举，掌心相向，右腿向前伸，脚尖向下，如此等等；一件是示范，做样子给学生看，让学生看清楚，领着学生做；一件是矫正，看学生做得对不对，不对的给矫正。而教学的主要活动是学生自己做操，教师的这三件事主要也是联系着学生的活动来进行的。不能这样设想，上体育课的时候，学生老是听教师讲，看教师做，自己不动手。

语文科不是体育科，教学目的、要求、教法，都各有不同；可是，就通过实践培养学生某种技能说，是有共同点的。语文科怎样教学生养成运用语文工具的技能，可以从体育科的教学中吸取不少有益的东西。

在语文科的教学中，如果可以这样比拟的话，教师好比导演，学生好比演员。教师的任务是“导”，学生的任务是“演”。要是学生自己不“演”，变成了观众，而教师变成了演员，那么，戏演得再好，好戏看得再多，观众是难有可能成为演员的。

根据语文科是工具学科的性质，学生运用语文工具的实践活动，怎样加强组织，加强指导，是当前提高语文科教学质量的一个重要问题。

这篇文章仅仅谈到语文科教学中应该重视学生运用语文工具的实践活动，与此有关的还有许多问题，如学生的实践活动怎样组织，怎样指导；课内课外怎么处理；年级不同，处理的方法有什么不同……这篇文章都没有谈到。这些问题都是很重要的。

语文教育与语文发展

——《语文教育学》序*

《语文教育学》一书将出版，编者让我写篇序。关于语文教育的问题，理论的，实践的，这本书里都有了全面、详尽的论述；这些论述，卷首的《前言》又作了概括。写序没有多少可写的了。我就语文教育与语文发展这个问题说几点意见，向编者和读者请教，算是代序吧。

课程里设置语文这个学科，为的是教学生学语文。当然，语文教育之中还有思想教育，品德教育，美育，等等，可是这些都在“之中”，而不在“之外”。这个学科的内容仍然是语文。

怎么教学生学语文，加以研究，研究得出成果，于是有语文教育学。语文教育学是语文和教育这两个门类的科学有关部分的融合。其中，语文这个门类的科学是根据，居于主要的方面。怎么教取决于教什么。

教育的许多规律带有普遍性。这些规律应用于语文这一学科的教育

---

* 此文发表于《湖南师范大学社会科学学报》1987年第3期。

就带有特殊性。语文教育拿这个特殊性来区别于其他学科的教育，语文教育学拿这个特殊性来建立自己的独立的科学体系。

教育和语文，把两者并列起来，认为教育的规律，现现成成的摆在那里，要用于语文这一学科的教育，拿过来用就是。这种想法不全面。当教育的带有普遍性的规律应用于语文教育的时候，由于这个特殊性，不得不对这些规律有所损益，有所修正，有所改造，有所发展，使之成为这一学科的特殊的规律。这样，语文教育学才作为一门科学而存在。

毛泽东在《矛盾论》中指出："科学研究的区分，就是根据科学对象所具有的特殊的矛盾性。"否则"就无从确定一事物不同于他事物的特殊的本质，就无从发现事物运动发展的特殊的原因，或特殊的根据，也就无从辨别事物，无从区分科学研究的领域。"

说这些为的什么呢？为的说明语文是语文教育的根据，语文教育学由此而产生，也由此而发展。语文在发展，语文教育的研究也在发展。这就使语文教育学这门科学不断丰富，不断更新，具有开拓研究的生命力。

语文这个词用于教育，它的含义是：语，口头语言，文，书面语言，合而言之，语文。语言科学称语言，在文字产生之后，其含义也包括口头语言和书面语言。两个场合，两个称谓，含义是相同的。语文教育也就是语言教育。

语言是交际工具，是一种社会现象。社会不断发展，语言随之不断发展；如果语言不随之发展，必将失其交际功能，失其所以为语言。

讲话的时候，不说"告诉大家"，而说"咨尔多士"；不说"我要去南海"，而说"吾欲之南海"。不能这样说，实际生活中谁也不这样说。

不仅不这样说，也不这样写。故意编出这个极端的例子是想说明语言必须随社会的发展而发展。否则，说出来，写出来，听的人和读的人不知所云，还算什么交际的工具呢?

倒过来说，社会主义，线性规划，同位素，脱氧核糖核酸，这样的词，即使是酷爱古书的人也不能从古书中去寻找出来。因为社会的发展，古书的时代还没有发展到产生这样的词的一步。语言的发展是同社会的发展同步的，前者不会先于后者，不应该后于后者。

语言随社会的发展，许多新的词汇，新的句式，新的表达方法不断产生，一些旧的词汇，旧的句式，旧的表达方法逐渐衰亡。这就是语言的发展。语言的发展是采取新质的逐渐积累和旧质的逐渐衰亡来实现的。就过去说，要看到语言的继承性，就现在说，要看到语言的稳定性，而又时时变化，由此走向未来。语言的这些发展变化同语言的教育关系很密切，怎样对待语言的这些发展变化是语文教育学应该研究的重要课题。

以词汇为例。汉语的许多基本词汇，天、地、日、月、鸟、兽、虫、鱼……沿用了几千年，直到现在，看来还要沿用到将来。可是由于社会的发展，这些基本词衍生出许多词来。一个“天”，衍生出天体、太空、航天、航空、大气层、宇宙空间……远远不是只一个“天”所能包举的。即使是一个旧词，也在发展中赋以新义。“经济”，从前是“经世济时”的意思，说“道德、文章、经济”，差不多是“政治”的同义词。现在说经济，是说人类社会生产、消费、分配的活动，不是什么经世济时了。

不仅具体的词，构词法也在发展。如激化、催化、恶化、绿化、现代化、扩大化、民族化，什么什么化，又如可行性、科学性的“性”，知名度、灵敏度的“度”，抗体、染色体的“体”，这是后置的，还有前置的，全息、全天候的“全”，多渠道、多功能的“多”，超音速、超微型的“超”，不断地出现新的构词格。

社会的发展，哲学、社会科学、自然科学的发展，产生了许多新的词，又引进了许多外来词。每门科学都能编出一大本词典。

这只是讲的词汇，还有短语、句、句群、语段、篇章也都处在发展变化之中。

汉字，隶变之后用了几千年，似乎没有变化。其实不然。从前，学生把“乾净”写成“干净”，“放鬆”写成“放松”，“瀋陽”写成“沈阳”，老师给算成错别字，要打叉扣分，现在不算了。这就是变化。何况书写汉语有的场合竟不用汉字，用拼音。不少小学生不是正在读拼音的书，作拼音的文吗？计算机的信息处理，不少人正在实验汉语信息用拼音输入，变化更大了。人机对话，计算机用语音输入，变化又更大了。

语言的发展不仅出现新的语言现象，而且遵循一定的规律，显出一定的趋势。与此相应，语文教育既要教给学生足够应用的现代汉语，还要教给语言发展的规律和趋势。对师范院校的学生应该这样要求，让他们毕业之后在工作实践中时时注意语言的发展变化，求得适应，求得教育效果的提高。这是语文教育的发展，也是语文教育学的发展。

语文教育不仅要适应语言的发展，还要促进语言的发展。例如汉语规范化，使不规范的趋于规范，这是一种发展。这是一项全社会的工作，其中起大作用的是语文教育。大中小学有亿万学生在接受语文教育，这是促进汉语规范化的多大的力量！

汉语的发展表现在许多方面，这里只说一个方面，也许是重要的一个方面，这就是书面语言和口头语言从不一致到一致的发展。

追溯起来，这是一个老问题，五四时期就提出来的。那时候提倡作文要明白如话，也就是书面语言和口头语言一致。这是从五四的大目标科学与民主提出来的。“引车卖浆者流”，人民大众要求文化上的民主，必以白话取代文言为前提。这一场文白之争，白话取得胜利。今天来提这个问题，从某些方面说是老问题的延续，可是具有新的时代的意义。

早先，书面语言的产生是为济口头语言之穷。口头语言受时、空的限制，声波发出之后，远处听不到，得用文字传过去，声波发出之后，不再存在，得用文字留下来。增加了文字这个载体，语言的传送起了很大的变化。印刷术的产生，使这个变化更大，作用更显著。到了现在，全社会，社会的全体成员，几乎一天也离不开印刷物，离不开书面语言这个工具。

现代科学的飞速进步，传声技术日新月异，给语言的应用以极大的影响。有了电话，有了长途电话和国际电话，全国、全世界都可以对话，直接使用口头语言，不必全都借助书面语言，不必全都依靠信件往来。有了广播，发布文告，传送消息，比印发文件、刊登报纸快得多，功效高得多。有了录音技术，保存文字的资料档案之外，还要保存声音的资料档案。读书不仅读文字的书，还要读“声音的书”。口头语言的应用越来越广泛，越来越重要。

从前，书面语言济口头语言之穷，打破时空的限制。现在，倒过来，口头语言借助传声技术已能打破时空的限制，书面语言的应用，某些方面，代之以口头语言，某些方面兼用口头语言，以补书面语言之不足。

语言发展的这个趋势，要求书面语言和口头语言一致，要求写出来的不但让人看得懂，而且读了让人听得懂。不能设想，党和国家发表文告，新华社传送消息，只能印成文件、刊登报纸让人看得懂，而不能广播出去让人听得懂。也不能设想，这些文告、消息要写成语言不同的两种稿子，一种是专供印成文件、刊登报纸让人看得懂的，一种是专供广播让人听得懂的。应用书面语言的各个方面，科学著作，文学创作，新闻报道，交际往来，都要符合这个同口头语言一致的要求。为什么？为适应现代社会的需要，为最大限度地提高语言交际的功能。

现代汉语这个概念，书面语言和口头语言一致是它的主要的内涵。汉语规范化，书面语言和口头语言一致是主要的规范。就这一个方面说，说出来能否让人听得懂，写下来能否让人不仅看得懂而且念了也能听得懂，这一条也许可以作为衡量是否现代、是否规范的一个尺度。

书面语言和口头语言由于应用的场合不同，也会显出差异，由于各自使用的手段不同，也会显出差异。书面语言应用于某些著作，有引文，有公式，有图表，本来就是要求“看”而不是要求“听”的。书面语言的默读扫读，并不要求读者用“听”来理解。书面语言比口头语言有更多的可能来修改润色，从容加工。尽管这样，书面语言到底不能加工成一种不可读、听不懂的语言，仍然要求两者的一致，不能逆反语言发展的这个趋势。

语言发展包括好些方面，语音、词汇、语法各个方面都要分别研究如何体现于教和学的实践。语言有继承性，由此而产生古代汉语的教学问题，如古代汉语教学的目的、内容、分量、方法的问题，高等学校和中等学校如何区别对待的问题，语言的发展和语言的规范化、稳定性的问题。举凡这些都是语言发展这个总题下的子目，都需要研究。

语文教育学的研究，还有教育科学方面新的研究成果，新的理论，如何引进和应用。这是另一个题目，这里没有论及。这方面的研究也是很重要的。

知识的教学和品德的培养*

一

学校里每个学科都负有知识教学的任务，都负有品德培养的任务。这就是常说的既要“教书”，又要“育人”。

教育要求受教育者全面发展，德育、智育、体育的全面发展。教育从来就是这么要求的，人类社会发展的不同阶段，教育活动的不同的形式和措施，都是这么要求的。

人是社会的人。人生活于社会群体之中。遁迹山林的隐士不过是幻想，独居孤岛的鲁滨逊也只是小说。人不能离群索居。离开了社会的群体，个体无从生存；要有群体的发展才有个体的发展。人在群体之中，个体和群体之间的关系，个体和个体之间的关系，应该怎么对待，必须有共同遵守的准则。在教育活动中教给受教育者这些准则，指导他们实行，这就是德育。

---

* 选自蒋仲仁著：《思维·语言·语文教学》，人民教育出版社 1988 年版。

我国要求全体公民有理想、有道德、有文化、有纪律，为社会主义建设的宏伟事业献身。要达到这个目的，德育在教育中起重大的作用。

教育的主要形式是学校。学校中采取分设课程、分科教学的方法来进行教育。各个学科都有各自的知识教学的任务，这些任务需要尽最大的力量去完成。有些学校，有些学科不免偏重知识的教学，忽视品德的培养。语文科教给读书作文，算术科教给加减乘除，自然科教给声光化电，历史科教给秦汉隋唐……教这些忙都忙不过来，哪儿还能顾及品德的培养。这就是常说的只管“教书”，不管“育人”。这个缺陷应该补正。

这个补正的要求十分迫切。一些离开全面发展，有的还离开得很远的现象是存在的。不少的人认为教育的成果就只表现在各种考试的试卷上，只表现在凭记忆答问题的分数上，只表现在升学率上，就是这种现象存在的证明。

应该回到全面发展的道路上来。应该正确对待知识教学和品德培养的关系。

二

知识的教学和品德的培养是联系在一起的。在教学活动中，两者相互渗透，相互依存。

不大可能只有单独的知识的教学而置品德的培养于不顾。一个教学班，如果连课堂秩序都没有建立，成了“乱班”；学生对老师不尊重，不接受老师的教导；对同学不团结，吵闹不休；学习习惯没有养成，怎么自学，怎么听讲，怎么提问，怎么做作业都没有一定的规矩；甚至于学生任着自己的性子，爱怎么就怎么，旁若无人，对什么教导规劝都是“你管不着”，没有生活的集体感，没有学习的责任感；如果是这样，知识的教学就无从进行，教学的效果就说不上。

一个班级，一个学校，知识教学的成绩好，必定是这个班级秩序好，这个学校校风好，学生学习习惯好、相互团结好；必定是教师在品德培养方面做了有效的工作。

学生的品德具体化于他们的行为。行为是受思想指导的。思想是对客观世界的认识，对自然、对社会的认识。这些又决定于知识程度和文化素质。

不要随地吐痰，是一件生活上平常的事。一些城市规定：随地吐痰，罚款五角。要真正做到，不能只是出于害怕“罚款五角”，而应该是对痰有认识，知道痰、细菌会传播疾病，进一步知道结核菌、链球菌、肺炎球菌，不仅知道，还看过显微镜的涂片。这就同知识教学连在一起了。

教学生热爱祖国。祖国从哪儿爱起？必得是爱祖国的壮丽山川，这就要学地理；爱祖国的悠久文化，这就要学历史，学优秀的文化遗产、文学遗产；爱祖国这个多民族的大家庭，就要学有关民族的知识；离开这些，爱祖国就会成为一个抽象的概念。

教学生热爱中国共产党，不是光凭像过去常说的“朴素的阶级感情”那样，而是要学习有关的知识，认识党领导中国革命取得胜利，推翻压在人民头上的三座大山，领导人民进行社会主义建设，为实现共产主义理想而奋斗。对党的明彻的认识才能产生对党的炽热的爱。

品德的培养要注重品德形成的基础的因素；不宜于简单地说成“应该这样，禁止那样”。

迷信应该破除，可是光靠禁止就难以奏效。必须从学习中认识宇宙、银河系、太阳系直到地球，认识生物的进化，认识劳动创造人，人创造历史。这才可以形成无神论的观点，从而自觉地反对形形色色的宿命论。一个无神论者，无须禁止，决不会焚香跪拜，求签问卜。

经过学习，认识自然，认识社会，知道事物是客观的存在。这就逐渐树立唯物的观点。又知道事物是发展变化的，矛盾，运动，矛盾的对立和统一，矛盾的转化。这就逐渐树立辩证的观点。品德的培养，最根本的是世界观的逐渐形成。不要以为这是什么高不可攀的难题，既不高，也可攀，在教育工作中应该做，必须做，而且能够做。

知识的教学和品德的培养总是联系在一起的。在教学活动中不可能截然分开，这是属于知识教学的，那是属于品德培养的；也不是知识教学只管知识教学，而把品德培养的任务全推给少先队、辅导员。各科教学要把这两个任务都担负起来。

三

语文科对品德的培养负有更大的责任。语文是中小学的主要学科，教学时数最多，师生接触最多，老师从语文课对学生思想了解最多，学生从语文课受的教育影响最多。更重要的，语文这个学科的性质规定了应负的品德培养的责任。

语文科也有知识教学的任务。语音、文字、词汇、语法、修辞、逻辑这些方面都有需要教给学生的知识。但是这些知识不是孤立的、抽象的教学，而是同应用这些来组成的语言联系在一起。语言是表达思想的，这样的思想，那样的思想，不会不对学生的品德产生影响。

以识字教学为例。需要教给学生笔画、笔顺、偏旁、部首等知识，可是，真正熟练地掌握汉字还要靠应用于读书和作文。读什么书，作什么文，这就有个思想内容的问题。古时候的识字课本《三字经》《千字文》《百家姓》就有这样的内容："玉不琢，不成器，人不学，不知义"，"尺璧非宝，寸阴是竞"；也有这样的内容："三纲者，君臣义。父子亲，夫妇顺"，"女慕贞洁，男效才良"。《百家姓》尽是姓氏用字，没有意义，可是开头"赵钱孙李"，因为作者是宋朝人，宋家皇帝姓赵，列于篇首，多少带点儿"尊君"之意吧。这是很久以前的事，可见语文教学从来就同品德培养有关。

这不过是识字教材，阅读教材更要按品德培养的要求来编选。《朱德的扁担》《列宁的大衣》，不只教给历史知识，而且教给艰苦劳动，朴素节约。刘胡兰、赵一曼、董存瑞、雷锋，学生从语文课本学到这些光辉的榜样。即使是《小猫钓鱼》《狐狸和乌鸦》也教给学生做事专心，骄傲有害。年级越高，阅读教材越丰富，思想意义越深刻，给学生的教育影响越大。

阅读教材不外叙事、说理、抒情，所叙何事，所说何理，所抒何情？编者的选择，教师的指导，学生的领会，一定会产生对认识、意志、情操这些方面的影响。语文教学不全是文学教学，可是文学作品占教材的大部分。文学作品所歌颂的真、美、善，所鄙弃的假、丑、恶，以其艺术的魅力，让学生受到感染，受到熏陶，潜移默化，大有助于塑造高尚的灵魂。记得上中学语文课，读都德的《最后一课》，韩麦尔先生的形象在学生心里永志不忘。祖国受到侵略、蒙受耻辱的时候，怎么对待，从这个作品受到很大的启示。

课本之外还有课外阅读。各个学科都要向学生推荐那一科的课外读物，语文科的推荐，范围更广泛，视野更宽阔，帮助学生认识人，认识生活，认识社会，从而逐渐形成正确的人生观、世界观。记得五十年代，一本奥斯特洛夫斯基的《钢铁是怎样炼成的》成为青年必读书。直到今天，每提到人生的价值，总要提到保尔的“人最宝贵的东西是生命。这生命，人只能得到一次……”那段名言。新中国成立前，三十年代，四十年代，许多学生从国文课受到思想上的启蒙，趋向进步，投身革命。每当回顾成长的过程，常常无限深情地怀念教国文的老师。

语文教学在学生品德的培养上起过很大的作用。今天，在建设物质文明的同时，抓精神文明的建设，要培养有理想、有道德、有文化、有纪律的新一代。语文教学，语文教师，比起过去，应该也必将对此做得更好，更有成效。

四

品德的培养必须落实到形成合乎生活准则的行为。要做到这样，一要认识，二要实践。有认识才能够自觉遵守，能实践才能够形成行为。知和行是统一的。知而不行，不是真知，等于不知。实践，在品德的培养中居于首要的地位。

“五讲四美三热爱”，是哪“五讲”、哪“四美”、哪“三热爱”，都知道，五四三各个的顺序也知道。考起试来，都回答得出，回答得对，能取得满分。可是试卷上的满分并不等于行为上的满分。“五讲四美三热爱”是生活的准则，不仅是知，而且要行。学校里的这个教育活动哪能像一些行政单位那样，成立个“五四三办公室”，当作公事来办一办。

参加大学入学考试，按题目“先天下之忧而忧，后天下之乐而乐”作了文。出了考场，抢上公共汽车，抢到座位，坐下来作瞌睡状，装作没看见身旁站着个颤巍巍的满头白发的老太太。考场上那篇作文，也许会得到一百分，公共汽车上这种行为，准定只能得负一百分。

实践在品德的培养上太重要了，还要重复上面说过的话，知而不行，不是真知，等于不知。

实践需要多次的反复，才能形成习惯。从不习惯到习惯是一个不断反复的过程。不是一说该干什么就能干什么；也不是干这么一两回以后就都能这样干。品德的培养，一要实践，二要坚持。以《小学生守则》而论，贯彻实行要贯穿在整个小学阶段的教育中。

实践是行的事。千里之行，始于足下。品德的培养要从适合学生年龄特征的地方入手。既要见诸实践，又能见诸实践。同一个培养项目，还要分出不同的要求，得以循序渐进。有些看来只是生活上的小事，可是品德的形成是从这些小事积累起来的。

写个字要求让人看得清楚，说个话要求让人听得明白；做点儿什么，先想一想是否干扰他人；自己有自己的意见，也尊重他人的意见；自己有缺点错误，要勇于承认改正，他人有缺点错误，要善于提出，热情帮助他改正；争取自己的荣誉，更要争取集体的荣誉。这些都从小做起，学会怎么对人，怎么过集体生活，养成了习惯，一辈子都受用。

爱国从爱家乡做起。爱家乡的山水，爱家乡的亲人。家乡的名胜古迹，一座塔，一个园林，都是前人的劳动和创造；家乡的土地田园，哺育自己成长；家乡有座烈士墓，里面躺着的人为了解放事业而牺牲；家乡有座抗战纪念碑，纪念那些英雄为保卫祖国付出鲜血和生命。爱国主义的思想感情就是从这当中孕育出来的。

知识的教学给人以对自然、对社会的认识，这些认识决定人对自然、对社会的态度，形成唯物的辩证的世界观，形成适于社会发展的品质和行为，这就是知识教学和品德培养的共同任务；由此而达到教育的目的，提高人的素质，提高全民族的素质。

第三编

口头语言的教学*

说到语文教学，就会说到培养读写能力，说到书面语言的应用。这样说是对的，应该这样。如果学了几年，读写能力还没有具备，不会读书，不会作文，那是语文教学的失败。

可是仅仅这样说，而不说到培养听说能力，而不说到口头语言的应用，那就不免失之偏颇，不全面了，就会降低语文教学的效果。

就当前语文教学的情况看，这种偏颇是存在的，而且还不是太个别。

读写能力差，特别是写，受到的责备太多了。都初中了，连一封信也不会写；写什么文理都不通，没有条理；写出来歪歪斜斜，满篇错别字；有的写得不鲜明，不生动；有的还编一些例子，“老大娘”写成“老大狼”之类来加以讽刺、挖苦，如此等等。责备多了，引起了重视，在这方面下功夫纠正和提高，而且取得成效。

听说能力差，就不该受到责备吗？听什么似懂非懂，抓不着要点，

---

* 选自蒋仲仁著：《思维·语言·语文教学》，人民教育出版社1988年版。

不会复述；说什么不清不楚，让人听后不知所云；有的疙疙瘩瘩，颠三倒四，前言不搭后语；有的话不得体，没大没小的不礼貌；有的话不干净，庸俗下流，如此等等，好像不成问题，没有人当作语文教学的缺陷来加以责备，语文教学中也很少设法纠正和提高。

重视书面语言的教学，不重视口头语言的教学。——不是不重视，是压根儿没想到要重视。由此而造成口头语言程度的低落。这种现象应该受到关注，得到改进。

口头语言程度的低落，这是个比较普遍的现象，不仅在学校，也在社会。

试听一听打电话。“我说”“你听着”“我告诉你”，嚷了半天还没说上正题；能够有礼貌、合身份，把事情简明扼要地说清楚的人并不多。试听一听讲故事。“的时候”“后来呢”，说了许多不必说的话；能够侃侃而谈，娓娓道来的人并不多。试听一听传达，能把所听的报告，提纲挈领，重点突出，原原本本传达出来的人并不多。工作当中有时要用到口授笔录，一授一录就能合用的并不多。笔录的人录得不好，固然是原因，口授的人授得不清不楚也不能辞其咎。这些都说明口头语言能力差，不能适应生活上、学习上、工作上的需要。

语文教学应该重视这个现象，应该把口头语言教好学好。

事情还不只是这样。现代科学技术发达，传声的技术日新月异。口头语言功用越来越大，应用越来越广，这就更非教好学好不可。

有话不能当面说就得写信，派人送去或者投邮。有了电话就不必都写信了。拿北京市来说，如果没有电话，把电话传达信息都改成写信，那该多写若干封信。打电话，拿起话筒拨号就说，而且可以交换意见，可以得到回话。写信只能独白，不能对话。打电话比写信强，比写信快。何况还有长途电话，还有通信卫星。以前责备学生，连封信也不会写；现在应该责备，连个电话也不会打。

就说写信。现在的办法是展开信纸，一笔一画地写，用的是书面语言。将来呢，可以直接用口头语言了，写字台上有个录音机，一按电钮，把要说的信录成一片薄膜，装个信封寄出去。收到的人插到他的收录机一放，就听见你说话了。拜访朋友，他不在家，现在的办法是留个字条。将来呢，他门上安个收录机，对着一说；他回来打开一听，就知道谁来过，说些什么。读的书也不仅仅是文字的书，还有声音的书。小说诗歌出版，附上磁带，是请最佳演员朗诵的，听了，比光看多一重艺术享受。

这还只是生活上的小事。国家大事也这样。发布重要文告，除了印成文件，还要广播。传送重要消息，除了刊登报纸，也要广播。保存档案，除了文字的档案，还有声音的档案。不仅国家大事，天下大事也一样。有了通信卫星，传播什么，不仅靠文字，还要靠声音，一广播，全球各地都能听见。

口头语言的应用，随着传声技术的发达，越来越广泛，越来越重要。语文教学应该看到这一点，把提高学生口头语言的能力作为语文教学的任务。

口头语言的教学，对提高学生语言能力所起的作用，从某些方面说，不是书面语言的教学所能替代的。

读什么，可以从容领会；领会不了的地方可以重读，反复读；着重的地方可以画上红道道；读完全篇加以概括，得出要点，像我们在阅读教学课堂上常常做的那样，关键词语，中心思想，段落大意那一套。

听什么就没有这么从容了。听是听声音，声音一出，随风而逝，拉不回来重听一遍；着重的地方不可能在音波上画什么红道道。讲话的人一说“今天就讲到这里，谢谢同志们”，听众就起立散会。广播员一说某个题目“现在广播完了”，下面就换别的节目。

这个事实就逼着你听的时候要聚精会神，一边听，一边领会，一边概括，听完之后立即得出讲的是什么，要点是什么，重点是什么。要做到这样，要求平素就受训练，养成迅速理解语言的能力。这一点光靠阅读教学怕不容易做到。

写什么，可以从容从事。拿起笔来可以推敲琢磨，可以反复修改，可以提前移后，可以抹掉重写。就像我们在作文教学课堂上常常做的那样，审题，立意，布局，提纲，遣词，造句那一套。

说什么，就没有这么从容了，不能说出去了收回来修改；不能把说的某个词圈掉另换一个；不能说了一段，想半天才接着说下去，像有些人那样，说着说着“卡壳”了，只好用一串“这个”“这个”来拖延时间，想好了才接着说。需要出口就能成章，说了就算话；需要口若悬河，滔滔不绝，嘴里说着上句，心里想着下一句或下几句。

这个事实就逼着你说的时候要加快思维的活动，加快语言的组织。要做到这样，要求平素就受训练，养成迅速组织语言的能力。这一点光靠阅读教学怕不容易做到。

口头语言的应用越来越广，质量要求越来越高，而且不是光靠书面语言的教学所能做到的。语文教学中应该在书面语言教学之外，加强口头语言的教学。

听什么要求听了能懂，说什么要求说了能让人懂。口头语言要求彼此能懂，要求相喻互晓。如果不是彼此能懂，不是相喻互晓，那就失去语言的交际功能了。

书面语言是口头语言的书面化，也应该这样要求。应该是应该，可是事实上不完全是这样。这是由于我们的书面语言有很长时间同口头语言脱离，成了写的一套，说的一套。有的意思，写出来要靠印在纸上的文字才能让人懂，离开了文字，光听声音就不能让人懂。

“我要到南海去。”说这句话能让人懂得什么意思，听这句话能懂得什么意思。把这句话书面化，照这样写下来，也能让人看了懂得什么意思。如果写出来不是“我要到南海去”，而是“吾欲之南海”（引自彭端淑《为学一首示子侄》），看见字也许能懂，光听说话就不懂。你要出差到南海去，当面告诉同事：“老张，吾欲之南海。”或者打个电话，“喂，老张，吾欲之南海。”能这样说吗？不能这样说，谁也不这样说。编出这个极端的例子是想说明，写的，读的，听的，说的，所用语言应该一致。

不要求一致，读写归读写，听说归听说，行不行呢？过去行，现在渐渐不行，将来不行。

新华社发篇通讯稿，能不能写成那样的稿子，只能印在报纸上让人看得懂，而不能播出来让人听得懂？或者写成两种稿子，一种稿子是准备印在报上让人看得懂的，一种稿子是准备广播出来让人听得懂的？都不能。只能是一种稿子，既能看懂，又能听懂。党和国家的文告也不能写成只看得懂而听不懂的稿子，也不能分别为了看和为了听各写一篇稿子。现代作家能写不能朗诵的小说诗歌吗？现代翻译家能像林琴南译《块肉余生述》那样翻译外国作品吗？

书面语言和口头语言一致。语文教学不要忘记这个一致，而要促进这个一致。写什么都要求读得上口，听得入耳；读不上口、听不入耳就要改。要求“我手写我口”，要求怎么说就怎么写。不要让学生觉得作文神秘，难于高攀，端起一副作文的架势，变法儿、绕弯儿做文章。当然，怎么说就怎么写，并不是乱说一气就乱写一气，而是要加强口头语言的教学，提高学生应用口头语言的能力。

从这一点说，口头语言的教学不仅关系到提高学生听说的能力，而且关系到树立一种言文一致的文风，这种文风是社会发展和语言发展所需要的。可以说，加强口头语言的教学是语文现代化和语文教学现代化的一项重要工作。

以上这些是为加强口头语言教学说的，只说到口头语言教学这一方面，而没有说到书面语言教学那一方面。书面语言教学是很重要的。这已经受到普遍的重视，不用再说了。

书面语言是加过工的语言。加工是为了提高语言的质量，增强语言的表现力。书面语言是口头语言的书面化，反过来，又给口头语言以良好的影响。学好了书面语言有助于口头语言的学习，使口头语言更简练，更有条理。常说的“出口成章”，说的话写下来就是文章，口头语言就像书面语言那样简练而有条理。口头语言学好了，养成了迅速组织语言的能力，反过来又会给书面语言以良好的影响。既然具备了迅速组织语言的能力，就能让人提起笔来，文思敏捷，倚马可待。口头语言教学和书面语言教学是交互影响，相辅相成的。

口头语言教学因为向来没有被普遍地重视，不免研究得少一些。理论上、实践上都有不少有待探讨的问题，有些学校、有些老师在这方面也有不少值得总结的经验。改革语文教学，进行改革的实验，应该注意到这个方面，加强口头语言的教学。

略论朗读和背诵*

学语文要读一些好文章，有的好文章还要能背诵。读和背都是必要的。

这儿说的读是朗读，是出声诵读。就学习语文说，朗读最重要。可以说，不朗读，不出声诵读，光靠看，光靠浏览，是学不好语文的。

文章是语言的书面化，书面语言的根源是口头语言。作者想说什么话，经过组织润色，写成文章。写文章给人看，就等于说话给人听，不过不是用口说，是用笔写。

读的人把文章朗读出来，使书面语言还原为口头语言。这时候，读者就站在作者的地位，用自己的口代作者说出这一番话。读者就好像作者，作者的语言就好像成了读者自己的语言。读文章不只读一遍，要读若干遍，要读得烂熟。这时候，作者的语言就真正化为读者自己的语言。作者的那些词汇，那些句式，那些表达方法，经过熟读，就能够消化吸收，成为读者自己语言储备里的东西，想用就能拿出来，拿出来就

* 此文发表于《天津教育》1980 年第 2 期。

能合用。可以说，到了这时候，读文章的人才算把作者的语言学到手了。

不读，读而读得不熟，不烂熟，就做不到这一步，就不能把作者的语言学到手。

请以话剧演员读台词为例。台词是剧作者写在剧本里的角色说的话，不同的角色说不同的话。读台词，先是学习某一角色说的话；台词读熟了，角色的思想感情揣摩透彻了，这时候就不再是“读台词”了，而是角色在说话了。读文章也有类似的情形（当然不完全相同），读各种各样的文章（剧本），等于置身于各种各样的作者的地位（角色），说着各种各样的话（读台词）。读文章，读得多，读得熟，使作者的语言化为自己的语言，这就提高了自己的语言能力。

读文章就是学习作者的语言，读得熟才能学到手，读熟而至于烂熟，就是背诵。

朗读，出声诵读；或者不出声诵读，仅仅默读，从学习语文的角度看，两者所起的作用是迥然不同的。

照传统的说法，学习语文有四件事：看、读、写、作。看指看书，用的是默读。读是读书，用的主要是朗读。写是写字，作是作文。（看和读还有另一层含义，看指浏览，读指精读。浏览和精读的关系是另一个问题，这儿不谈。）看和读是分开并列的，可见各有要求，各有作用。

一般来说，默读主要是吸取作者在这篇文章里所欲告诉读者的意思。比方，文章里有这样一句话，说的是有一个人牵着一头牛从堂下走过去。默读的时候往往只要求知道这个意思就行了。朗读就不同。朗读的时候不仅仅要求知道这个意思，还要求读出这个意思是怎么个说法，是“有牵牛而过堂下者”呢，是“有个牵着牛打堂下走过的人”呢，是“有个人牵着一头牛从堂下走过”呢，还是别的什么说法，朗读就得解决这个问题，要一字一字地读出来，看作者说这句话，用什么词儿、什么句式，一面朗读，一面揣摩、体会、学习，默读往往不管这些，文章说的什么，只要“知道了”就行。

可以说，默读是读者听作者说话，朗读是读者置身作者地位用自己的口代作者说话。朗读的这种读法正是学习语文所必需的。因此，就学习语文说，朗读最重要。

默读不是不重要。学习语文，培养阅读能力，指的主要就是默读能力。看书、看报、看文件，研究工作中查阅有关资料，需要的都是默读能力。因为默读不像朗读那样，要把文章读出来，先出于口，再入于耳，然后了然于心；默读只用眼睛看，只诉诸视觉的活动，一看就知道文章说的是什么。只有默读才能加快读的速度，才能适应阅读在应用中的广泛的需要。默读是重要的。默读能力也要在学习过程中加以培养。可是就学习语文说，出声诵读，揣摩吟味，朗读所起的作用，不能用默读去代替。

默读要以朗读为基础。朗读的能力提高了，默读的质量也会随之提高。如果没有朗读的基础，一目十行，粗枝大叶，模糊一片，不得要领，那么，默读的质量就差了。就从培养默读能力说，朗读也是重要的。

还是开头说的那句话，不朗读，不出声诵读，光靠看，光靠浏览，是学不好语文的。

背诵是朗读读到烂熟的结果。背诵不是一开头读文章就能要求的，一开头只要求朗读，要求多读、熟读。读一遍，读若干遍，今天读，以后许多天都读，积之既久，水到渠成，就会做到“熟读成诵”，取得背诵的结果。

从开始朗读到能够背诵，中间有一个孕育的过程，这个过程不能缺少。常见不少学生，为了完成背诵作业，看着书读一句，就掉过头去背一句，一句一句地硬读、硬记、硬背。这样的背诵，学习的人太苦了，一点儿读书的乐趣也没有，而且效果也未必好，记得快，忘得也快，往往作业“完成”之后，记住的又忘了。这种背诵法应该改进一下，要引导学生多从朗读方面下些功夫，要强调“熟读”而后“成诵”。

朗读和背诵在语文学习中所起的作用，不仅在于背诵这个结果上，而在于从朗读到背诵的读的过程中。在这个过程中，反复吟味作者的语言，咀嚼，消化，吸收，最后增加到自己的语言储备里去。就像体操那样，体操对促进健康所起的作用，不在于学会操法，而在于经常地锻炼。因此，取得背诵的结果之后，还应当适当地复习，不仅是为了避免遗忘而复习，而是为了再度地吟味所读的文章。古人说“好书不厌百回读”，大约就是指的这个。

读文章当然不仅仅为了“吟味”，主要的还是为了吸取文章的语言来提高自己的语言能力。

从朗读到背诵，在这个孕育的过程中，作者的语言经过咀嚼消化，变成读者自己的语言。阅读的时候，遇见某些词汇，某些句式，某些表达方法，不仅“似曾相识”，而且“司空见惯”，阅读的能力这就提高了。写作的时候，想用某些词汇，某些句式，某些表达方法，就会涌来笔端，取之左右逢源，写作的能力就提高了。

这就是背诵（包括产生背诵这个结果的读的过程）在语文教学中起的作用。

读文言文要背诵，这个看法比较一致，这是若干年来的学习经验证明了的。读白话文要不要背诵，这似乎还是个问题。

之所以是问题，大概来自这样的认识。文言文跟口语差别太大，不背诵，不记住这些跟口语不同的特别的词汇、句式和表达方法，就没有学会文言文。至于白话文呢，跟口语差不多，读的时候只要知道文章说的是什么就行了，似乎没有什么特别的词汇、句式和表达方法需要学习，需要特别去记住，因而也用不着背诵。

这个看法未必对。白话文用的虽然就是口头的语言，可是经过提炼，经过润色，经过组织，毕竟跟口头语言不完全相同，其间有不少值得学习的东西。这些有益的东西，也只有照上边说的，经过朗读，经过咀嚼消化，最后还要背诵，才能吸收来为我们所用。如果承认白话文也要学习，那么，学习中从读到背的这个过程，还是个必需的过程。

把白话文看得很轻易，以为随便就可以学会，就可以学好，这个看法未免过于简单。语言这东西，不是随便可以学好的，非下苦功不可。这个话当然包括白话文在内，还可以说，主要是指白话文。譬如，《龟兔竞走》这篇文章，故事是大家熟知的，又很简单，用白话文写下来似乎并不难。可是，临到提起笔来，才觉得并不那么容易，有些词儿怎么用才贴切，有些句子怎么造才恰当，还得费一番斟酌的功夫。不信，提笔试试看！由此可见，教小孩子学语言，选这样经过斟酌推敲的小文章，教他们读，要求他们背，对学习是有用的，是必要的。何况学习语文要读的白话文并不都是这样的小文章。

当前语文教学的效率不那么高，学生成绩不那么好，表现在写作能力上尤为突出。许多人写文章，用词不当，文理不通，不能适应工作上、学习上、生活上的需要。这种现象，分析起来，原因不止一端，可是，不重视朗读，不重视背诵，尤其是轻视白话文的朗读和背诵，应该是重要的原因之一。读了几年书，学了不少文章，教师一篇一篇讲过去，学生一篇一篇听过去，讲是讲了，听是听了，时间一过，也就随之消逝，不在大脑皮质上留下痕迹，学习的东西积累不起来。这怎么能希望语文学得好呢！毛病就出在这里。好文章的那些个词汇、句式和表达方法，不靠朗读来揣摩、领会、学习，也不靠背诵来记住，等用的时候拿出来。这怎么能希望语文学得好呢？

学俄文要读，学英文要读，独有学我们自己的语文而不读。这是个值得深思的问题。

应该提倡朗读，提倡背诵。课堂宿舍，灯下窗前，应该听得见琅琅的读书声。

文章不是每一篇都经得起朗读，都值得背诵的。一册教科书，一个选本，哪些适宜朗读背诵的，要加以挑选。有些文章也不是每一段都适宜背诵的，哪些重要的段落，有的甚至于哪些精彩的片段、语句适宜背诵，也要加以挑选。

朗读和背诵都要求有好文章，有适当的文章。文章不好，不适当，或者佶屈聱牙，读不上口，或者失之过长，不易卒读，或者平淡肤浅，读了无味，这就很难引起读者“不厌百回读”的兴趣，很难取得熟读成诵的效果。怎么选取适宜于朗读和背诵的好文章，这就要向语文教材的编选者提出较高的要求了。

以上所说，只是就朗读和背诵在语文学习上的作用，略陈愚见。要学好语文，还有其他许多方面需要加强，需要改进，不是只靠朗读和背诵就能奏效的。这篇短文没有作全面的论述。在这儿附带声明一下。

论读书指导*

语文教师要鼓励学生多读书。

多读书是学习语文的一个重要方法，指导学生多读书是语文教学的一项重要工作。

实践对此做了证明。哪些学校读书风气好，那些学校的语文教学成绩就比较好；哪些学生喜欢读书，书读得多，那些学生的语文程度就比较高。虽然还没有查出确切的相关系数，可是不少教师根据自己长时间的工作经验，对这个判断，大抵会首肯，认为符合实际。

许多拿笔杆的人都有这个切身的体会，之所以能写点儿文章，原因之一是读过许多文章。那许多文章的种种词汇，种种句式，种种修辞格，种种篇章结构，总之种种表达方法，读得多，见得广，一回生，二回熟，日积月累，就会使自己的语言储备越来越丰富，说的时候涌来舌底，写的时候奔向笔端，要用就拿得出来，拿出来就合用，做到了取之左右逢源。不读书，读书不多，就达不到这个境地。

---

* 选自蒋仲仁著：《思维·语言·语文教学》，人民教育出版社 1988 年版。

这是就学写说的，至于学读，那更是如此。学游泳就下水去游，学读书就拿书来读。记得小时候读《三国演义》，有些文言成分，开头不甚了了，一到见面多了就豁然贯通。不少人都有相似的经验。

读中学读，读中学写。读得多，学的机会就多，就会促进读写能力的提高。

语文是一种工具。语文教学就是教学生学会运用这个工具。

大凡一种工具，总要在运用中才能够显现它的作用。语文这个工具的运用就是听、说、读、写。就说者、写者说，用语文这个工具来表达一定的思想内容，就听者、读者说，凭语文这个工具来接受说者、写者所表达的思想内容。在运用过程中，语文这个工具和它所表达的内容，亦即语文和思想，是紧紧地联系在一起的。

多读书是学习语文的重要方法，这个话是就语文这一侧面说的，而这一侧面又必然同另一侧面——思想相联系。学习语文上的某个词，也就是学习思想上的某个概念；学习语文上的某个句，也就是学习思想上的某个命题；学习语文上的某一篇章结构，也就是学习思想上的某一事物的逻辑发展。因此，读书，既学习了语文，又学习了思想，也可以倒过来说，既学习了思想，又学习了语文。

当前，某些学生的语文程度比较差，一般表现为读书没读过几本，作文写不出几行。语文不行，思想也不行。试想，文章写不出，写不好，难道这仅仅关系到字词句篇和标点符号？思想贫乏，语言干瘪，这个综合征也许可以诊断为营养不良；为这个毛病处方，用药中有重要一味——多读书。

“读万卷书，行万里路”。这是我国传统的治学方法。把“行万里路”理解为从事种种实践活动，这个方法是好的，是可取的。从读书得到间接的经验，得到他人对于客观世界的认识；从实践得到直接的经验，自己去获取对于客观世界的认识。所谓学习，教学，教育，概括地说来，无非这两个方法。

鼓励学生多读书，就是这两个方法中的一个方法。注重“读万卷书”，并不否定或者轻视“行万里路”，相反，倒是需要一视同仁地把引导学生从事各种实践活动也注重起来。这里，没有两面都说，只说读书这一面。

多读书，不能光指望语文科的课堂教学。语文课本那么单薄，一学期就二三十篇，何况这二三十篇当中还有一些是为着配“单元”不得不硬凑上去，好像某些卖东西的搭点儿滞销品似的。这点儿课文，教师再教得好，学生再学得好，也不过那么一点儿分量。无论怎么说也不能说这就够了。一个中学生，一个中国青年，难道就只读那么一点儿东西？

这儿说到的语文课本、课堂教学的不足之处，是就数量的需要说的，丝毫没有贬低它们重要性的意思。相反，倒是要说，语文课本、课堂教学非常重要，对指导学生多读书非常重要。

语文课本里的各体选文，课堂教学上的种种活动，都是为了教学生怎样读书提供一些必要的范例。我们常说，学什么要学得活。什么叫“活”？“活”就是举一反三，触类旁通。怎样读书，通过课堂教学，得到教师指教，学会了；自个儿读的时候，就如法炮制。

比方，理解词义，这是读什么都要过的一关。词的构成，词的多音读、多意义，词的本义、转义、借义、引申义、反义，怎么区别辨析，怎么从上下文语境中确定某一含义，怎样从字典词典里某一词的几个义项中找出适当的一个来。关于这些，教师在课堂教学中又讲道理，又举实例，都学会了；遇见生词，就自个儿对付，无师自通。

其他有关文字、语音、语法、修辞、逻辑种种语文教学上的事，莫不如此。

语文教师还要凭借语文课本教给学生怎样去体会作者在文章中的思路，思路就是逻辑线索。循着思路理解作者怎样叙述事物，怎样论证问题，怎样抒发感情；还要教给学生怎样理解作者是在怎样的历史条件下写的，从而对所叙述的事物，所论证的问题，所抒发的感情作出正确的反应和评价；还要教给学生读后怎样吸取其精华，使自己受用、得益。关于这些，都在课堂上学会了，就好用来指导广泛的阅读。

“讲是为了不讲，教是为了不教。”叶圣陶先生的这句名言，为语文教学概括出根本的原则。这个原则具有深远的意义，远不是仅仅语文教学的问题，而是教育理论和本质问题，是教育思想的哲学问题。这个原则也许可以用在这里，粗浅地理解它，课堂教学中，教师凭借语文课本，讲了，教了，为的就是让学生不用讲，不用教，自个儿多读书。

学生多读书，需要教师的指导。指导大约有三件事：推荐、组织、解答问题。

向学生推荐书，要选择，要注意适合学生生理和心理的发展程度，适合他们的接受能力。特别是向小学生推荐书时更要注意。

推荐的范围要广。要像鲁迅说的那样：“必须如蜜蜂一样，采过许多花，这才能酿出蜜来，倘若叮在一处，所得就非常有限，枯燥了。专看文学书，也不好的。先前的文学青年，往往厌恶数学，理化，史地，生物学，以为这些都无足轻重，后来变成连常识也没有，研究文学固然不明白，自己做起文章来也糊涂，所以我希望你们不要放开科学，一味钻在文学里。”鲁迅还劝青年：“可以看看世界旅行记，借此就知道各处的人情风俗和物产。”（均引自鲁迅《致颜黎民》）各种各样的书，文学著作，科学著作，哲学著作，科学之中包括自然科学和社会科学，还有一类书，用文学的形式写科学的内容——科学文艺，举凡这些，都在推荐的范围内。不要怕“杂”，“杂”这个词有时有贬义，可是理解为“博”，那就是好的意思了。

为了“博”，语文教师还要向史地教师、数理化教师和别的教师请教，他们懂行，请他们帮助。比方，音乐教师给推荐《贝多芬传》，美术教师给推荐关于“敦煌艺术”的书，关于达·芬奇的书，不是都很好吗？

书，不限于文字的书，还有图画的书。古人不是管看画叫“读”画吗？也可以推荐一些图画的书，如《齐白石画册》《徐悲鸿画册》《珂勒惠支版画集》。给小学生还可以多推荐，张乐平的《三毛流浪记》就可以推荐。读鲁迅译的果戈理的《死魂灵》，配合着读《死魂灵百图》，那就最好不过了。摄影作品也可以推荐，如《桂林山水》《苏州园林》。

听说生产发达的国家，出版一部作品的同时，请高水平的演员朗诵，制成录音带，随书发行。读书，不仅“目睹”，而且“耳闻”，读书的含义，越来越广。

我国生产不够发达，一时还做不到。图书的用纸、印刷、装帧、插图、彩印、版式，特别是少年儿童的书，都还有缺点，不比不知道，一比吓一跳，实在相形见绌。随着四个现代化的加速进行，这个差距一定会缩短，在书的生产上一定会“产品极大丰富”。

指导学生多读书，还有个组织工作。可以集会结社，组织各种各样的读书会。组织读书会是个古已有之的老方法。现在五十岁以上的人，大概还记得解放之前读书会在许多有志青年当中起过多大的作用，不仅读书，而且走向革命。不是正在恢复革命传统吗？读书会这个传统也要恢复。

读书会可以就年级组织，就班组织，也可以三三五五，自由组织；可以是较长时间的组织，也可以为读某一部书或某一作家的作品而组织，读完了就解散。自愿结合，自愿参加，宗旨很明确：读书。“奇文共欣赏，疑义相与析”，相互促进，共同提高，既为着自己的爱好，也为着给四化作准备。

读书可以举办报告会，报告读书心得，讲不出心得就讲所读书的梗概；举办朗诵会，朗诵诗、小说、剧本，剧本还可以分角色朗诵；举办辩论会，你说这本书好，我说这本书不好，读书中发生什么问题，你这样主张，我那样主张，书中的某人某事，你认为应该歌颂，我认为应该诅咒……都可以各抒所见，说出个所以然，或者针锋相对，展开辩论。还可以办壁报，把心里想的、会上说的写下来，贴出去；写得好的向有关报刊投稿。得点儿稿费就可以买书。

读书还可以搞合作化，你一本，我一本，都拿出来，一班就是几十本。你有《中国青年》，我有《人民文学》，他有《地理知识》，都凑起来，积少成多，互通有无。

学生读书一多，就会产生这样那样的疑惑，需要解答，产生这样那样的不同意见，需要裁判，一大堆问题向教师提出来。这就成了一种压力，逼着教师要思索，要探讨，要查资料，要转问别人，于是，教学相长，师生双双进步。

实在回答不出，也不要紧。知之为知之，不知为不知，老老实实，告诉学生这个问题还不能回答。一个人读书，哪儿都能全懂？懂个八九不离十是最高要求，有些书读了只能略知一二，也是常有的。不懂的地方，存疑，以后再说。学生如此，教师如此，许多人都如此，而且自古以来就如此。

指导学生自己读书，要注意一些“技术”问题。

要学会查字典词典。不少学生不会查，有的从来没有查过，也没有想过要去查。有的连一本字典也没有。

要学会几种常用的检字法，学会而且用熟。音序检字法比较容易，可也得背熟字母表，而且能准确地分析一个音节是哪几个字母。部首检字法就不那么容易，“三点水”“宝盖头”好办，有些字该往哪一个部首查就很难说。四角号码检字法，许多学生不会，也许有的教师也不会。读书的时候有读不出的字，要学会从形以查音，作文的时候有写不出的字，要学会从音以查形，后者有些教师也不注意。

字典、综合性词典之外，要学会用分科词典、专题词典，如正字字典，成语词典。到了高中，遇见疑难，要大体知道从什么地方去寻找答案。

要学会读一本书的目录、序跋、注解、索引。

要读一些图书评介，有时还要读一点儿图书广告。

要大约知道图书分类方法，否则，上书店买书不知道往哪一个柜台跑。

要学会上图书馆。开架的好办，可也要懂点儿图书分类；闭架的就要学会查目录，查卡片，目录和卡片有分类，书名的，作者的，专题的，各有不同的编法，各有不同的查法。

这些“技术”是小节，很简单，可是语文教师要注意到，要教给学生。

鼓励学生多读书，要解放思想。

林彪、“四人帮”在文化上搞法西斯，搞愚民政策，搞蒙昧主义。“最高指示”之外无书，“样板戏”之外无戏，一幅“到安源”之外无画；什么都是“封、资、修”，什么都是“大毒草”。“焚书坑儒”，毁灭文化，整整十年，坑害了一代人！三十岁以下的青年，有许多人靠自己努力还读了点儿书，有一定水平，可是更多的人是不看书，不看报，“不知有汉，无论魏晋”，文化之低，十分令人痛心。

粉碎林彪、“四人帮”之后，在中央正确领导下，文化教育方面也发生了根本性大变化，坏习气有很大扭转，好学的风气，好读书的风气，十分令人鼓舞。可是，有的遗毒尚未肃清，广大学生读书的热情还没有普遍激发起来，有的学生读书仅仅局限在“高考”的准备上，苦读硬背，毫无读书乐趣。读什么书，又还有些不应有的禁区，又还有清规戒律。一说读书，就怕读了坏书，有坏作用，读了好书，有副作用；不读则已，一读就非得读圣经贤传，金科玉律。

学生正在成长时期，推荐给他们的书要有选择，这肯定是有必要的。要求推荐的书，要有利于身心健康成长，要在思想品质上、道德行为上、知识领域上、智慧开拓上都能有所裨益，有所启发，有所激励，有所升华。还要适应青少年的年龄特征，使他们喜闻乐见。否则，推荐的书再好，可是他们读了不感兴趣，不喜欢读，读也不能终篇，那岂不是白搭？

向学生推荐书，范围得大一点，条件得宽一点，禁忌得少一点。林彪、“四人帮”把一代青年禁锢了十年，整得他们那么狭隘，枯瘠，无识无知，浑浑噩噩；得把他们放出来，让他们大口大口地多吸些新鲜空气，如饥似渴地多读些书。

中学生可不可以读《红楼梦》？有人说，不可以。有人说，可以。读了大约不至于男生成了贾宝玉，女生成了林黛玉。《水浒传》呢？投降主义，学生读了会不会去受“招安”？《第二次握手》讲男女爱情，好不好？《安娜·卡列尼娜》《欧也妮·葛朗台》，洋人的书更不好办。《伤痕》《人妖之间》一类讲了阴暗面，能不能让学生读？朱自清的《背影》，过去选入课本，挨过批判，究竟能不能让学生读？一系列的问题，不解放思想，不好解决。

鲁迅一再讲过这个道理，说：“我们吃东西，吃就吃，若是左思右想，吃牛肉怕不消化，喝茶时又要怀疑，那就不行了。”（引自鲁迅《关于知识阶级》）又说：“无论从哪里来的，只要是食物，壮健者大抵就无须思索，承认是吃的东西。惟有衰病的，却总常想到害胃，伤身，特有许多禁条，许多避忌。还有一大套比较利害而终于不得要领的理由，例如吃固无妨，而不吃尤稳，食之或当有益，然究以不吃为宜云云之类。”

（引自鲁迅《看镜有感》）这些意见，对我们解放思想，挣脱禁锢，很有帮助。

健康的人吃东西，总能吸收养分，排泄糟粕，“决不会吃了牛肉自己也即变成牛肉的”。（引自鲁迅《关于知识阶级》）中学生应该是有这个消化能力。如果还没有这个能力，那就应该培养。这也是语文教学的任务之一。

不能吃的东西是有的，不好消化的东西也是有的，对学生来说，还有个该不该给予、能不能接受的问题。要相信我们社会主义的出版事业，什么书可以出版，什么书发行到什么范围，都有考虑。至于不好消化的书，对中学生来说，多的是。教师在推荐的时候，总是注意到的，注意得不那么周到也不要紧，学生啃不动自己会放手。

当前加强对学生的思想道德教育是一个极重要的任务。为了这个任务，要做许多工作。许多工作当中，指导学生读书也是一项。

一个青年的成长，向上的热望，高尚的情操，纯真的感情，革命的意志，这些优秀品质的形成，往往得力于读书。

三十年代一本艾思奇的《大众哲学》，引导多少青年懂得了唯物论、辩证法，用作思想武器去认识社会，认识时代。更早一些时候，鲁迅一篇《纪念刘和珍君》，使多少青年怀着悲哀和愤怒，在“淡淡的血痕中”，“奋然而前行”。在革命战争中，法捷耶夫的《毁灭》，绥拉菲莫维奇的《铁流》，鼓舞多少青年投入战斗的队伍。

许多青年借助于巴金的《家》，认识什么叫旧家庭、旧社会，什么叫封建枷锁。茅盾的《子夜》，使人比较清楚地看到半殖民地半封建的旧中国。郭沫若的从《少年时代》到《洪波曲》几本自传体的书就是中国近代史的缩影。我们当过教师的，当年读叶圣陶的《倪焕之》，亲切地感到有关教育，有关社会，有关革命的许多问题。

这些都是旧话了，旧话重提，为的是要说明，读书，对于一个人的思想、感情、品质、意志是会产生重大的影响的。反映我们这个伟大时代的书，比过去多得多，我们应该向学生推荐的书比过去多得多。

语文教师鼓励学生多读书，也要勉励自己多读书，尽管自己已经读过许多书了。

一经鼓励，学生读的书也许比教师读的多了。学生人多，教一班的，五十人，教两班的，一百人，都读起来，肯定读的书更多。教师也许紧赶慢赶也赶不上。这也不要紧，“弟子不必不如师，师不必贤于弟子”，青出于蓝而胜于蓝，有何不好！

每个学期一开学，就要向学生提供一册语文课本。可不可以这样设想，与此同时，也向学生提供一个推荐书目，少则十本八本，多则无妨二十本三十本。

这不是搞什么“青年必读书”，像鲁迅批评过的那样。不是“必读”，而是“推荐”，爱读不读，各有自由。提倡，鼓励，劝导，诱发，主要是让书自己去博取读者的爱好。

语文课本是“统编”的，推荐书目可不可以也“统编”一下？怕责任大，统编办不到，就“分编”，各地各级教研室编一编；也可以几个学校，几位教师编一编，先搞起来，试试看看。

看来中学一时还不能普及，高中毕业生还是宝贝，还是知识分子。一个知识分子读几百本书，不算多。语文教学总要为此尽点儿力。

语文教学问题很多，好些问题很重要，教学思想，文道关系，目的任务，教材教法，还有阅读教学，写作教学，基本训练，都重要，都要研究，而且已经研究，取得了许多成果；今后还要更广泛地、更深入地研究。这里提出的多读书的问题，只是其中的一个问题。

“卖瓜的说瓜甜”，提这个问题，不免强调这个问题；当然不是要“弱调”别的问题。不是说多读书一抓就灵，语文教学的所有问题都迎刃而解，当然不是。

中学文言文教学问题*

一

中学语文科的文言文教学有一些要研究的问题，首先是文言文教学目的的问题。

几次公布的教学大纲，一些教学改革实验的方案计划，大都订有一条：培养学生阅读浅易文言文的能力。这是教学的要求，不是教学的目的。要求学生具备了阅读浅易文言文的能力，用来干什么呢？不明确。

由于教学目的不明确，所提教学要求不免模糊，有很大弹性，可多可少，可深可浅。文言文的正宗是唐宋八大家，当然要学，韩愈《师说》，柳宗元《永州八记》；可是并不“浅易”。要浅易，魏学洢《核舟记》，彭端淑《为学一首示子侄》；可又太浅易了。既然学文言文，不可不学点儿《史记》，《项羽本纪》《游侠列传》；也不可不学点儿先秦诸子，荀子《劝学》，墨子《非攻》。可是这样一来，学的已经不浅易了，

* 此文分两篇发表于《教育研究》1982 年第 3、4 期。

要求学生能自己读类此的古籍，仅仅具备阅读浅易文言文的能力就不能对付。

再说，学文言文是学文中所载之道呢，还是学载道所用之文呢？如果学的是道，“刻舟求剑”“守株待兔”，并没有什么深文奥义，用白话文写出来的，不等上中学，小学生早就读过了；“鸿门宴”“赤壁之战”这样的历史知识，也能从白话写的历史书籍里学到。如果学的是文，从字到词到句，文言文和白话文都有很大差别，单是“之乎者也”几个虚字就有许多讲究，要真正弄通也不简单。

文言文教学，学什么，学多少，什么时候学什么，怎么学，学到什么程度，学少了学不会，学浅了不够用……教学目的不明确，带来了好些个问题。

不明确就不明确吧。反正一个中学生学点儿文言文总没有坏处，教什么，课本上已经安排好，怎么教，课本上有的是注解——一篇林嗣环《口技》，地道的浅易文言文，三百多字的短篇，初中语文课本上就有三十八条注，照本宣科，用白话文把它翻译出来就得了，教学任务准能完成；而且这么一讲解，一翻译，完成任务还比教白话文轻易，教起来还比白话文有“讲头”。这样想，怕不行。不是正在提倡语文教学科学化吗？这样朦朦胧胧不求甚解的想法，不是科学化。

文言文教学的目的是什么，培养学生具备了阅读文言文的能力，用来干什么，这个问题，应该有个答案。

二

回答这个问题不能仅仅着眼于文言文教学本身，要看到整个的中学课程结构。

中学阶段，为了使学生在德、智、体诸方面都得到发展，建立了一个多学科的课程体系。各个学科既有各自的教学目的，又要集中于总的教育目标。当前，这个目标不是别的，是为社会主义祖国培养德才兼备的四个现代化的建设者。为了实现这个目标，设置许多学科，其中有一科是语文，语文科的教学内容之中有一项是文言文。研究文言文教学问题，这个局部之局部，必须看到全局，看到总的目标。

语文科是一个工具学科，要培养学生具备运用语言这个工具的能力，准确地说，具备运用现代汉语的能力，用来适应学习上、工作上、生活上的需要。中学语文教学必须充分保证完成这个任务。运用语言的能力当中，如果要加上一项阅读文言文的能力，那么就要问，一个初中学生，一个高中学生，毕业之后作为一个普通劳动者，有什么样的阅读文言文的需要呢？要培养什么样的阅读文言文的能力呢？

课程之外还要看到学制。要看到的是中学，不是大学。中学和大学是两个不同的教学阶段。中学不是大学的预科。固然，中学要为大学输送合格学生，但是所输送的每年只有中学毕业生的百分之几（这两年仅仅百分之四），即使大学再发展，也不会像“四人帮”说的那样“大学就是大家都来学”。中学文言文教学不能拿大学某些科系某些专业的需要来作标准。举个突出的例子，中医学院要求学生具备的阅读文言文的能力，难道可以拿来要求中学生？中医学院不会这样指望中学的，而是采取别的有效的办法，开设“医古文”一科，自己解决。一般大学的某些科系某些专业也采取了类似的开设“古代汉语”的办法。

其次，中学还要分初中和高中，这个分段还要长期存在。初中毕业生有很大一部分（这两年大约是百分之六十）不能升入高中。

还有，高中阶段，从当前中等教育结构改革的趋势看，普通高中之外还有各种职业学校。如师范学校，职业学校的文书班，对文言文教学的要求就和普通高中不同。

中学文言文教学问题要从“中学”来考虑，要从初中和高中的分段来考虑，要从普通高中和职业学校的分设来考虑。本文所要研究的是初中和普通高中的文言文教学问题。

三

中学文言文教学目的不明确，没有“成文”，没有写入教学大纲之类的文件；可是不是说中学文言文教学没有目的。在一般议论中，中学文言文教学的目的，大约有两个：

一个是学了文言文，用来读古书，接受我国文化遗产；

一个是因为语言有继承性，现代汉语是从古代汉语发展而来的，要学现代汉语，也得学古代汉语。有的人还说得很极端，不学文言文就学不好白话文。

四

我们中国是个文明古国，有丰富的文化遗产。应该接受这些遗产，否则就会割断历史，就会犯虚无主义。这些遗产很大一部分是用文言文记载在文献书籍里的，要学文言文才能读懂，才能接受。

接受文化遗产是个概括的说法，分析起来，文化遗产是些什么呢？是社会科学、自然科学、文学艺术，大体是这三方面。

这些文化遗产，真是“浩如烟海”。作为一个初中学生，一个高中学生，毕业之后作为一个从事各项劳动的普通公民，按照厚今薄古、古为今用的原则，按照四个现代化的要求，对这些遗产要凭阅读文言文的能力去接受什么呢，接受多少呢？

社会科学方面先要说到历史。历史是必须学的。我国历史悠久，有丰富的史籍，真是“一部二十四史，不知从何说起”，断代史之外，还有编年史，《资治通鉴》，古一点儿还有《竹书纪年》，正史之外，还有稗官野史，那就更多。这些史籍，不会文言文就读不懂。

首先要问，一个中学生学历史，向他们提出这样的要求，要求他们读这些卷帙浩繁的史料，然后自个儿形成系统的历史知识，能这样要求吗？不能这样要求，要求了也达不到。应该要求的只能是读历史教科书，懂得了历史的提纲挈领的概要；胸中有了这个概要，再去读别的历史书籍。

就高中学生说，比方，读范文澜《中国通史简编》。这是最高的标准了，中学生能读就很了不起。就初中学生说，比方读林汉达《东周列国故事新编》《前后汉故事新编》，这是两部非常值得读的好书。适合中等程度读者的历史书籍还不少，例如，北京出版社出版过吴晗主编的“历史小丛书”，最近要出版系统的《中国历代史话》，已出版柳春藩《三国史话》。这些历史书籍都不是用文言文写的。

中学生学历史，读这些也就够了。就如上面举出的《东周列国故事新编》有一百八十个题目，《前后汉故事新编》有一百四十个题目，《三国史话》有四十二个题目，“历史小丛书”已经出版的有八十种。且不说读完这些，就只读其中的一部分，历史知识够丰富的了。实在没有多大的必要学了文言文去读《史记》《汉书》《后汉书》《三国志》。

这些历史书籍如果引用一些史料的原文，还是要碰到文言文，不懂文言文还是成问题。这个问题不难解决。这些书籍的作者，不会不认真地负责地为读者着想的。我们尊敬的历史学家范文澜在所著《中国通史简编》的“再版说明”里这样说：“古书中较难懂的篇章词句，本编一般都译成今语。在不失或不很失古语原意的情况下，往往从一篇中摄取大意，或摘引一两句，或摘引一句中的某部分，不取直译法，以免依然难懂。”两部《故事新编》的作者林汉达也这样说：“有必要而且有可能用现代口语翻译或改写出来”，“让一般不大接触古文的读者也可以自由阅读”。《中国历代史话》的编写也这样提出：“叙述具体，文字通俗易懂，引文一般都经过翻译。”

由此可见，中学生学历史，需要读史料，因而需要具备阅读文言文的能力，这个需要是不多的。

中学生学历史，不只是学古代史，还要学近代史，学中国革命史，学中国共产党党史。不要一说历史就是“城濮之战”“赤壁之战”“淝水之战”，而对“辽沈战役”“平津战役”“淮海战役”等闲视之。不少人不是连孙中山是何许人都不知道吗？不用说“辛亥革命”和“戊戌变法”了。学历史应该厚今薄古，古为今用。根据这个原则，没有必要要求中学生学那么多古代史，而且从史料读起，因而需要学那么多文言文。就说近代史，学“鸦片战争”，并不要求读道光的上谕和林则徐的奏折。

中国史之外还要学世界史，这同文言文更没有什么关系。如果说学中国古代史要凭古代汉语文言文去学，以此类推，学“巴黎公社”要凭法文去学，学“十月革命”要凭俄文去学，谁也不会这样主张的。反过来说，既可以用现代汉语来讲述“巴黎公社”“十月革命”，也可以用现代汉语来讲述“太平天国”“鸦片战争”。

学地理，就会想到郦道元的《水经注》，想到《徐霞客游记》，古一点儿还会想到《禹贡》，近一点儿还会想到《读史方舆纪要》；可是，地理作为一门现代科学，中学生要学的并不是这些古地理。也许在有关地理的读物上有时会引用一点儿《水经注》《徐霞客游记》关于山川风物的描写，那不过是引起读者兴趣，增加行文的辞藻罢了，同现代地理科学关系并不大。

历史和地理之外，还有哲学、政治、经济、语言、逻辑……我国古代都留下丰富的遗产，光是先秦的诸子百家就非常光辉灿烂。举凡这些，对中学生说，在中国通史里学个大概就可以了。高中学生想多知道一点儿，读《中国思想史》之类的书也就可以了。

学哲学，主要是学辩证唯物主义和历史唯物主义，至于孔孟老庄，程朱陆王，必要的时候学一点儿也就得了。与其费很大的劲儿去读《晦庵先生集》，还不如读一本艾思奇《大众哲学》受益得多。学逻辑，主要是学同一律、矛盾律、排中律、概念、命题、推理、归纳、演绎一套，而不是“名家者流”的“白马非马”“坚白异同”。就如语文这个本行，要学的也是现代的著作，如黎锦熙的、王了一的、吕叔湘的，而且是学他们著作中适于中学生读的一部分，至于《马氏文通》《经传释词》，不学也可以，且不说《说文》《广韵》《尔雅》了。没有谁要求中学生学了 bpmf，还要去学“帮滂并明”。

这些都是就中学说的，上文已经交代明白，至于大专院校，专门研究，那是另一回事。

自然科学方面，我国也有丰富的遗产。天文、气候、冶炼、铸造、农作、畜牧、医学、药物、建筑、桥梁……都有丰富的遗产。其中有一部分是靠文字记载下来的，需要懂得文言文才能阅读。例如，沈括的《梦溪笔谈》就有好几十卷，有关科学技术的记载不少。中学语文课本常选的《活板》就是从这部书里选来的。

这些遗产当然要继承，要发掘、搜集、考证、整理。有的要用来教给中学生，加强教学的教育作用，加强学生的民族自豪感。中国科学院专门设立自然科学史研究所，集合了许多专家来做这项工作。研究结果写成了多卷本的“科技史文集”，通俗的有上海科学技术出版社的“中国科学史丛书”“中国古代科技史话”若干册。这些尽够中学生读的了。

学数学，要学圆周率的值，我国南北朝数学家祖冲之早就推算出来了，比欧洲早一千多年，很精密，小数点后七位数，学毕达哥拉斯定理，我国早就有了勾股定理，学巴斯加定理，我国早就有了杨辉定理。学代数几何学到这些的时候，或者是课本上写一笔，或者是老师讲一讲也就得了，有兴趣的还可以课外读读“数学史话”一类的书。数学家华罗庚为中学生写过《从祖冲之的圆周率谈起》《从杨辉三角谈起》这样的好书。要读就读这样的书，而不是要求中学生去读《周髀算经》《九章算术》，为读这些古算书而学文言文。

学物理、化学、生物都会碰到这样的问题，都要从古代遗产中挑选一些来教给中学生，而不是要求他们去读有关的古籍。工农业技术方面要学的更是现代的东西，要读的是现代的有关的书刊，有关的科普读物，而不是《齐民要术》《天工开物》《农政全书》。

科学技术总是向前发展的。教学生读沈括的《活板》，如果是职业学校印刷班，要学的是从铸字、排字、拼版、打型、浇版、印刷一直到折页、装订，要学的是这些工序的机械化，远远不是《活版》所说的那样简单。何况还有电子计算机控制的自动排印的新技术。

今天，科学技术日新月异，四个现代化要求学生学现代的东西，电磁波、激光、集成电路、电子计算机……学都学不过来，紧赶慢赶，还嫌赶不上！学现代的东西比学古代的东西重要得多，读新书比读古书重要得多。

一个中学生，接受中国文化遗产，在自然科学方面，如上所述，需要培养阅读文言文的能力去接受，这个需要是不多的。

接受文化遗产还有一个重要部分，文学艺术。这是一个极其丰富的宝藏。一个中学生对我国光辉的古代文学艺术不能一无所知；而这些都同用来记载它们的文言文有关。为了接受这份遗产，要学文言文。

这是笼统的说法，各门艺术情况不一样。

先说艺术方面，音乐、舞蹈、戏剧、绘画、雕塑、建筑等，各有各的艺术特点，各有各的表现方法，要从这些不同的特点去接受，去欣赏。读“西出阳关无故人”的诗，接受的不是音乐遗产，要听了《阳关三叠》的古曲，接受的才是音乐遗产。可是，也都有涉及文言文的地方，如各门艺术的历史文献，音乐的某些歌词，文人画的题诗，雕塑建筑的碑记。这些方面如果需要中学生知道，就要取专门研究的成果用现代汉语来作介绍，而不是要求中学生凭文言文去自己摸索。

这些艺术的接受、欣赏，也有个厚今薄古的原则，主要的是现代的东西。“黄钟、大吕”是怎么回事，“霓裳羽衣”怎么个舞法，中学生不是非知道不可。《春江花月夜》可以学，《黄河大合唱》更应该学。

有人说，不懂文言文，游览名胜古迹，见什么碑记读不懂怎么办？好办，园林管理机构对此用现代汉语作个说明，不就得了？参观历史博物馆，看见甲骨上的卜辞，钟鼎上的铭文，新近出土的竹简帛书，哪能要求中学生都能读懂？

有人说，不学文言文，连看戏都看不懂。不见得。看得懂《将相和》的人有几个读过《廉颇蔺相如列传》？看得懂《霸王别姬》的人有几个读过《项羽本纪》？

这些艺术形式就不说了，要说的是文学。

文学是语言的艺术。别的艺术各有其表现手段，文学的表现手段是语言。接受古代文学遗产离不开所凭借的古代语言。中学生要接受古代文学遗产，因此要学文言文。

这个话要加以分析。

文学遗产并不全是用文言文写的。中学生爱读的《西游记》《水浒传》，有的还读《红楼梦》《儒林外史》，这些都不是用文言文写的，而是用白话文写的，或者像《三国演义》用半文半白的语言写的。这些都是文学遗产的珍宝，接受遗产岂能排除在外？

何止明清小说？由此上溯，元人的杂剧散曲，宋人的讲史平话，更远一些的是佛曲变文，古乐府、古歌谣，不少是白话文写的或者接近白话文的文体写的。郑振铎写过《中国俗文学史》，胡适写过《白话文学史》，后来还有《国语文学史》一类著作；一般的文学史里也都把这些看作史的一部分。接受遗产，又岂能排除在外？

语言古今不同，不仅文言文与白话文不同，古白话也与今白话不同。《水浒传》的“兀那汉子”“唱个大喏”，《西游记》的“叵耐那厮”“恁地神通”；元曲中方言俗语更不少；《三国演义》有许多文言成分，《隆中对》《出师表》还引了原文；《红楼梦》里那些诗词、楹联、酒令、灯谜等等，不懂得文言文就读不下来。尽管这样，总的说来还是用白话文写的，还是读得懂的。语言上的某些古今差异，可以加注，帮助读者理解。人民文学出版社出版这些作品，就是这么办的。有的小说常常有“有诗为证”，在“正是”“怎见得”之后来一段文言诗、词，有的还是赋，可是中学生，还有不少成年人，都不看这些，跳过去，对读懂全书没有多大损害。

可以设想，为几千万中学生，为更多的中等程度的读者编一套“古典小说读本”，作某些无损艺术价值的删节，加上必要的注解。这对接受文学遗产是有益的。

文学遗产中用文言文写的部分也要加以区别。有一些诗、词、曲，语言同白话相近，教师稍加指点，学生自己看看注解，就能懂得。“锄禾日当午，汗滴禾下土。谁知盘中餐，粒粒皆辛苦。”“西塞山前白鹭飞，桃花流水鳜鱼肥。青箬笠，绿蓑衣，斜风细雨不须归。”小学生也能读懂。“两个黄鹂鸣翠柳，一行白鹭上青天。”几乎同白话没有两样。这一类作品可以归入“白话文学史”的，语言上没有多大障碍，学过文言文、没有学过文言文都可以接受。尽可以选出一批来给中学生（还可以给小学生）读。接受文学遗产，这应该算一部分。有人极力主张中学生学文言文，常常拿学生爱读作理由。考察起来，学生爱读的正是这一类作品。很少听说学生爱读那些佶屈聱牙、古奥深僻的作品，例如“乾元亨利贞”，“粤若稽古帝尧”。为什么？语言上的障碍太大了。

接受文学遗产为的什么呢？大约说来，一是通过阅读作品，认识所描绘的社会，所反映的时代，认识所塑造的人的生活；一是从作品所讴歌的真、善、美，所鄙弃的假、恶、丑，受到思想上、感情上、品格上的熏陶感化；一是从作品的构思、意境、技巧得到艺术享受。

如果上述观点能够成立，那么，只要能达到这些目的，有些文学遗产就可以用现代汉语来翻译和转写。

古代有许多神话、传说、寓言、童话、故事，非常美丽、深刻、富于智慧，富于人民性，都可以用现代汉语来转写。例如“刻舟求剑”，这个遗产之所以要接受，无非是因为它给人以教训，要看到事物是发展变化的，不能墨守成规，拿老框框来套新情况。用现代汉语写出来，读了完全能达到这个目的。毛泽东同志写《愚公移山》就是这么办的。他没有照录《列子•汤问》的原文，可是读者完全可以得到这个教训。如果非读原文不可（初中语文课本选有这个原文，三百字的短文有四十九条注解），费了很大的劲儿读了，得到的无非这么一个教训。有什么理由说，读毛泽东同志的《愚公移山》不算接受遗产，要读《列子•汤问》

的《愚公移山》才算接受遗产？

不仅散文能这样办，有些韵文也能这样办。《诗经》是我国最早的诗歌的总集，是我国文学遗产中的珍宝。两千多年了，语言上古今差异太大，不容易读懂。郭沫若曾经选译了四十首，辑成《卷耳集》。余冠英选译了八十首，辑成《诗经选译》。最近看出版广告，还将出版《诗经全译》，而且是用民歌体译的。

举一首余译的《伐檀》作例：

（余译）
叮叮当当来把檀树砍，
砍下檀树放河边，
河水清清纹儿像连环。
栽秧割稻你不管，
凭什么千捆万捆往家搬？
上山打猎你不沾，
凭什么你家满院挂猪獾？
那些个大人先生啊，
可不是白白吃闲饭！
（原诗）
坎坎伐檀兮，
置之河之干兮，
河水清且涟猗。
不稼不穑，

胡取禾三百廛兮？
不狩不猎，
胡瞻尔庭有县貆兮？
彼君子兮，
不素餐兮！

读《伐檀》，接受这个遗产，为的是借这首诗帮助中学生认识当时的社会，认识奴隶们怎样受奴隶主的剥削，愤愤不平，给以责难和诅咒。读余冠英的译诗，这个目的完全可以达到。

《楚辞》是我国文学遗产的又一珍宝。语言的障碍比《诗经》还大，因为它有许多楚方言。郭沫若曾经译过《屈原赋今译》。前不久，田鸿光也译过《离骚》，拿《离骚》开头几句作例，试读原文："帝高阳之苗裔兮，朕皇考曰伯庸，摄提贞于孟陬兮，惟庚寅吾以降。"中学生（何止中学生）读不懂，可是读郭老的译文，或者读田鸿光的译文，就容易懂了。

读《离骚》，接受这个遗产，为的是认识屈原这个伟大的爱国诗人。从这首自叙传的长诗中认识到屈原为祖国、为人民竭智尽忠，上下求索，道路漫长，九死不悔，这种高尚、诚挚、坚贞的精神，叫人崇敬。如果非要让中学生读《离骚》不可，读现代汉语的译文，这个目的是可以达到的。

有人说，这些转写和翻译，不一定正确，也许有曲解误解，还是读原著的好。这样提，对中学生说，要求太高了。这些转写和翻译都出自专门家之手。他们在校勘、训诂上下过多少功夫，如果说还难免曲解误解，那么，中学生仅仅具备阅读浅易文言文的能力，直接读原著，就不会曲解误解吗？

接受文学遗产，就中学生说，上面说到的几项：选读白话作品，选读用接近白话的文体写的作品，选读用现代汉语翻译或转写的作品，是可以的，是应该的，是能够达到文学教学的目的的。

文学是语言的艺术。作品的思想内容和作品的艺术形式，都要依靠作品的恰切、鲜明、生动、表现力强的语言作为表现的手段。

作品和语言的这种关系，分析起来，有两种情况。

一种情况是大多数的作品原著的思想内容和艺术形式，可以用另一种语言来再现它。如用现代汉语翻译或转写的古代的作品，上文已经谈到；如用汉语翻译的外语的作品，下文还要谈到。有了这个，才为继承我国文学遗产和世界文学遗产增加了可能，才为广泛地接受遗产创造了可能。

一种情况是还有一些作品需要用原著的语言才能更好接受。这是因为长期以来文言文既然成了书面语言的正统，就不能不反映到文学作品里来。文学作品利用了文言文的语言特点，词汇的、句型的、语音的特点，例如诗、词、曲这些文学形式，各有各的特殊的格律，特殊的韵味，某些艺术的美体现在所运用的语言上。这样的作品用现代汉语来翻译或转写，有的很难恰如其分地再现。还有一些文艺性散文，也有相同的情况。为了学习这部分文学作品，需要学习文言文。

即使这样，也不能否定上述用翻译或转写来接受文学遗产的办法。只是在上述的几项之外补上一项，学点儿文言文，就能使接受文学遗产、进行文学教育更为便利。

接受文学遗产还不要忘记世界文学的宝库，不要忘记外国文学作品。

单说俄罗斯文学和苏联文学。托尔斯泰的《战争与和平》《复活》《安娜·卡列尼娜》，这面镜子让我们认识俄国社会和俄国革命。高尔基的《母亲》《童年》《在人间》《我的大学》曾经给我国读者以多大的影响。奥斯特洛夫斯基的《钢铁是怎样炼成的》差不多成了青年必读书。果戈理、车尔尼雪夫斯基、契诃夫、屠格涅夫、法捷耶夫、绥拉菲莫维奇，这许多作家的作品在我国广泛流传，脍炙人口，而且有好些在革命中起过作用。英国、法国、德国、美国、日本……世界文学的珍宝，人类共同的财富，我国青年都喜欢读，也应该读。

曾经选入语文课本的少数作品，如安徒生《卖火柴的小女孩》，亚米契斯《少年笔耕》，高尔基《海燕》，契诃夫《凡卡》，马克·吐温《竞选州长》，都德《最后一课》，莫泊桑《项链》……老师爱教，学生爱学，取得了很好的教学效果和教育效果。许多小学生为卖火柴的小女孩流下同情的眼泪，在幼小的心灵里受到深刻而有益的教育影响。

这些作品都不是凭俄文、英文、法文、丹麦文、挪威文……去读的，读的都是现代汉语的译文。谁也不会提倡像林琴南那样用文言文来翻译了。鲁迅用文言文翻译过《域外小说集》，那是早期的事，后来，《死魂灵》《毁灭》，更多的作品全是用现代汉语翻译的。

话又说回来，文学教学的目的，如上文所说的那样，好些作品，读原文，读译文，这个目的都可以达到。译文包括汉语译外语，今语译古语。不懂丹麦文，读叶君健译的《安徒生童话》，也能读懂，也能受益。不懂古汉语，读余冠英的《诗经选译》，也能读懂，也能受益。从读外国文学得到启发，也可以说得到证明，我国古代文学遗产不一定都要凭文言文才能接受。

重复说一句，这是就中学生说的，至于大专院校，专门研究，那是另一回事。

接受文化遗产是必要的。可是，受到记载它的文言文的限制，文化遗产的接受有障碍，有困难，因而不普遍。

我们常说，周秦之际，诸子百家，是我国思想最活跃的时代，留下了大量的珍贵遗产。可惜，接受起来，受到语言上的大障碍。以老庄为例，要知道其人，至少要读《老庄申韩列传》，要知道其思想，至少要读《道德经》《南华经》。太难了，难于用来要求中学生。如果经过专门家的研究，对这些思想家的生平，他们的世界观，本体论，认识论，以及阐述这些所用的譬喻、神话、传说、寓言等，都用现代汉语介绍出来，这对于更普遍地接受这份文化遗产，只有好处，没有坏处。反之，用古代汉语文言文把古代文化封闭起来，只有少数人懂，大多数人视同“天书”，与之无缘，做不到古为今用，这对于文化遗产的接受，只有坏处，没有好处。文言文学得不多，甚至于不学文言文，并无害于中学生对文化遗产的接受，这是可以肯定的。

这些年来，对中学文言文教学，够重视的了。许多教师没有少下功夫，教学内容的安排也煞费苦心，希望学了文言文让学生能读些古书，从中接受文化遗产，结果，事与愿违，收效极其有限。可是又不宜多学，喧宾夺主，挤掉了最主要的现代汉语的学习。于是，少学不管用，多学不可能，成了一个不可解决的矛盾。如果采取上述的办法，对古代文化用现代汉语来介绍、讲述、评论，有的还翻译或转写，绕过文言文的“礁石”，那就宽广得多，能接受的多得多，受益也多得多。

五

中学文言文教学目的，在一般议论中，除了上述为了接受文化遗产之外，还有一个说法，为了学好现代汉语。理由是：语言有继承性，现代汉语是从古代汉语发展而来的。古代汉语包括白话文和文言文（“古代汉语”一词，通常用它的狭义，专指文言文）。现代汉语有不少文言成分，不学文言文就读不懂，不会用。因此，为了学好现代汉语，要学文言文。这个话要具体分析。

语言的继承性，是指语言在发展中，一部分词汇和语法变化了，一部分词汇和语法没有变化；有一部分没有变化，就是语言的继承性。

词汇在语言发展中最活跃。随着社会的发展，许多新的词产生了，许多旧的词消失了，许多词的意思和用法部分或全部改变了；与此同时，还有许多词保存下来了。

词汇中最稳定的是基本词汇，“天、地、日、月、山、水、草、木、雨、露、霜、雪、春、夏、秋、冬……”这些基本词汇作为词保存下来，或者作为词素、词干保存下来组成新的词，活在现代汉语里，成为现代汉语词汇的组成部分。没有什么必要先从文言文学这些词，然后说这些词继承下来了成为现代汉语的词。不必要读《庄子》“天之苍苍，其正色邪”或者读《说文》“天，颠也，至高无上”来学“天”这个词。岂特现在，《千字文》“天地玄黄”的“天”，《三字经》“三才者，天地人”的“天”，也都是从作者那个时代的语言来学“天”这个词的。

即使变化最大的虚词，也有许多保存下来了，或者它们的某些意义保存下来了，成为现代汉语的虚词。例如，结构助词“之”，常常说“之”是文言文的虚词，“的”才是现代汉语的虚词，其实并不尽然。“三分之二”，“n 分之 m”，非“之”不可，谁也不说“三分的二”，“n 分的 m”。还有“光荣之家”，“牯岭之秋”，“走历史必由之路”，“三角形三内角之和等于两直角”。“之”是现代汉语的虚词，从现代汉语里学“之”，而不必从《诗经》“关关雎鸠，在河之洲”，从《为学一首示子侄》“蜀之鄙有二僧”去学“之”。不读《左传》“肉食者鄙”，不读《孟子》“贤者亦乐此乎”，而从现代汉语的作者、记者、先驱者、共产主义者……已经学会这个“者”了。

语法最稳定，古今差异不多。古代汉语有些特殊的结构，如判断句不用系词；疑问句和否定句中宾语是虚词的往往置于动词之前；不用量词，组成数名结构；等等，除此之外，词法、句法基本上古今相同。学语法就从现代汉语学，没有必要从文言文去学。

社会日益发展，语言也随之日益发展，新产生的词汇和语法为文言文所无的只能从现代汉语中才能学到；文言文中某些词汇和语法在现代汉语中已经消失的就没有必要再去学它；文言文中某些词汇和语法还有生命力，还活在现代汉语里，那就从现代汉语去学，而不必从文言文去学。有些词，词义已经起了变化，只能从现代汉语才能理解它的确切的含义，而不能拿文言文的含义来理解它们，如“革命”“共和”“博士”“经济”，不能用“汤武革命”“周召共和”“五经博士”“道德、文章、经济”来理解。

不能把现代汉语的范围理解得太狭窄。现代汉语有不同的“体”，各适用于不同的语言场合。口头语言和书面语言就有不同，文学作品、科学论文、法令规章、新闻报道、广告标语、应用文件等，各有各的体式，在词汇和句式上都有许多不同，可是这些都是现代汉语。不能说“一块儿吃晚饭”才是现代汉语，“共进晚餐”不是现代汉语；打电话说“这几天妈妈病重了，你赶快回来吧”才是现代汉语，打电报说“母病重盼速归”不是现代汉语。“游人止步”“购者从速”“阅毕请送还原处”“各种车辆各行其道”“非经批准不得擅自改变”……这些常见的词语，很难说不是现代汉语。

语文科应该教学生各体的文章，学会各体文章的词汇和句式。可惜教学中忽视了一些文体的学习；因此产生一种错觉，以为语言的运用中有一些似乎非从文言文去学习不可。这种偏颇应当得到补正。

现代汉语还有一些熟语和成语，来自古代，可是既然活在现代汉语里，就从现代汉语去学习。不必为了追求来源，凭文言文去查阅古书。例如说“这几天，又开会，又写总结，忙得不亦乐乎。”不一定读过《论语·学而》“有朋自远方来，不亦乐乎”才会这样说。又如说“问题一大堆，又不好解决，弄得焦头烂额”，也不一定读过《汉书·霍光传》曲突徙薪的故事才会这样说。“不亦乐乎”“焦头烂额”收入《现代汉语词典》，而且不注出处。

有人针对有些中学生语文程度低落，表现之一是词汇贫乏，主张求救于文言文，学文言文可以丰富词汇。

该不该这样，这是个老的论题了。早就有人主张“从古书中寻活字汇”，说青年人文章太拙直，词汇太少，劝他们读《庄子》《文选》一类的书。有人反对这样做，说为了寻找“活字汇”，要读许多古书，从中分辨“死”“活”，然后或去或取，预备工作做得那么多，实在是徒劳。因此认为“古书中寻活字汇，是说得出，做不到的”。（见鲁迅《古书中寻活字汇》）

这个争论过去了几十年了，好些人也忘记了，可是鲁迅的话今天还没有失去意义。要寻找的既然是活的词汇，还有生命力，那就存在于现代汉语之中。而要在此之外，要求中学生从广泛的古籍阅读中自个儿去寻找，披沙拣金，找出从现代汉语里找不到的已经不“活”了的词汇，让它们复活过来，用在现代汉语里，使词汇丰富起来。这个要求是“说得出，做不到的”。不信，试寻寻看，就从语文课本入选的文言文寻寻看。“天下事有难易乎？为之则难者亦易矣，不为则易者亦难矣。”从中寻出什么现代汉语所无的词让它复活呢？比如，让“乎”这个疑问助词复活，用在现代汉语里，岂不成了《镜花缘》“淑士国”里的“要酒乎？要菜乎？酒要一壶乎，两壶乎？”

现代的思想只有用现代的语言才能表达。

哲学论文，矛盾、对立、统一、质变、量变、唯物论、辩证法……只有用现代汉语的这些词才能表达。即使是讲历史，奴隶社会、封建社会、半殖民地半封建社会、农民起义、阶级斗争、经济基础、上层建筑……只有用现代汉语的这些词才能把历史讲清楚。化学家为什么要造出许多“金”字旁的“镭、钴、钼、铬……”许多“气”字头的“氧、氦、氖、氟……”呢？因为从古书中寻不出这些活字汇来。（造这些字来为元素命名或译名是否最适当，那是另一个问题。）古书上讲过勾股定理，其中“勾”“股”“弦”是活字汇；可是也要用“三角形、直角、对边、平方、和、等于”这些现代汉语的词才能正确地理解。

有人说，从文言文学词汇，并不是学的这一类的词，而是另一些词，形容词，比喻语之类的“辞藻”，以前就有人提过，如“自然景物、个人情感、宫室建筑……之类”，如果在这些方面学来一些词，姹紫嫣红，西风残照，门衰祚薄，惆怅独悲，雕栏玉砌，断井颓垣……，那么，这样的寻找词汇是不值得提倡的。学不好就会“在古文，诗词中摘些好看而难懂的字面，作为变戏法的手巾，来装潢自己的作品了”，(见鲁迅《写在〈坟〉后面》)或者“像古墓里的贵妇人似的，满身都是珠光宝气了”。(见鲁迅《难得糊涂》)

有人说，不学文言文就学不好白话文。这种说法很厉害，举出来的例又很吓人。常常抬出鲁迅先生来，“没有经过古文学的修养，鲁迅先生的新文章决不会写到现在那样好。”于是“有些青年又以看古书为必不可省的工夫，以常用文言的作者为应该模仿的格式”了。(见鲁迅《“感旧”以后》)

鲁迅自己不这样看。他说：“要做好白话须读好古文，而举例为证的人名中，其一却是我。这实在使我打了一个寒噤。别人我不论，若是自己，则曾经看过许多旧书，是的确的，为了教书，至今也还在看。因此耳濡目染，影响到所做的白话上，常不免流露出它的字句，体格来。但自己却正苦于背了这些古老的鬼魂，摆脱不开，时常感到一种使人气闷的沉重。”他主张：“以文字论，就不必更在旧书里讨生活，却将活人的唇舌作为源泉，使文章更加接近语言，更加有生气。”(见鲁迅《写在〈坟〉后面》)

即使不管“古老的鬼魂”摆脱得开摆脱不开，能写出像鲁迅那样的文章就了不起了；可是，要做到那样，得有多少年功夫，得读多少古书，而且领会得透彻，而且出神入化，难道可以这样要求中学生？

有人说，从文言文学写作，并不在于搬用文言文的词句，而在于学习作品的艺术构思，形象描绘，锤词炼字，学它的神思，不学它的形貌，融化了这些来为我所用。难道又可以这样要求中学生？

从阅读作品来学习写作，很有必要，不过，阅读现代作品才是主要的。现代作品，尽够中学生学习的了，指导学生读鲁迅、郭沫若、茅盾、叶圣陶、老舍、巴金、曹禺、赵树理这些老作家的作品，读更多中年的青年的作家的作品，够读的了，何况文学作品之外，还有社会科学、自然科学的许多值得阅读的著作。好文章不见得都是学了文言文才写得那么好的；有好些文章摆脱了“古老的鬼魂”，“将活人的唇舌作为源泉”，才写得那么清新有生气。

六

综上所述，中学阶段学文言文，培养阅读文言文的能力，用来读古书，接受文化遗产，用来帮助学习现代汉语，这个需要是不多的。

说需要不多，就当前说，还不说全不需要。这是因为对文化遗产的整理、研究的工作，整理、研究的结果用现代汉语来介绍、讲述、评论的工作，特别是普及文化遗产的工作，都做得还不够充分，某些时候还要接触到原著或原始材料，这些时候还需要文言文。文学艺术方面，有些作品的翻译转写的工作，也做得不够充分，有些作品用现代汉语来翻译转写又难于恰如其分地再现其特殊的格律，特殊的韵味，其艺术的美附于原著的语言上。这些时候还需要文言文。不过，总的说来，这个需要是不多的。

由此，可以得出结论，中学生为了接受某些能为今用的文化遗产，主要的是阅读那些用现代汉语介绍、讲述、评论、翻译、转写的有关的书籍。除此之外，某些时候（这样的时候不多）还需要接触到某些文言文的东西，需要学点儿文言文。怎么学，要从初中和高中分段来考虑。也许可以这样提出：初中不学文言文，高中学点儿文言文。

七

初中不学文言文。

初中要学的是现代汉语，要充分保证学好现代汉语。

学好现代汉语十分必要。听的是现代汉语，读的是现代汉语，说的是现代汉语，写的是现代汉语，学习上、工作上、生活上无时无处不用现代汉语。语文科的教学必须完成这个任务。

要完成这个任务，初中三年是关键时期。初中毕了业，一部分毕业生升入高中，社会科学、自然科学、文学艺术都要跨入许多新的学习领域，都要花很大力气，不应该也不可能再为学习语言这个工具多费功夫；一部分毕业生走向社会，当工人，当农民，从事各项劳动，都要用现代汉语这个工具。初中三年，现代汉语不学好不行。

一些学校进行语文教学改革都提到这一点，要初中三年在小学五年的基础上，做到学习现代汉语八年过关。

当前的问题恰恰是过不了这个关。许多人，几乎是所有的人，对此都提出了责难。一些中学生，甚至大部分中学生，语文程度低落，要求赶快补，赶快追，赶快提高，连大学一年级也还要补。

形势逼着我们，要集中目标，全力以赴，攻现代汉语这个关，要求专攻，不宜旁骛，不宜为文言文分心，分功夫。从当前初中语文教材看，文言课文约占全部课文五分之一（有人主张还要增加），文言文比较难懂，花在教学上的功夫还不只五分之一；初中三年六学期，学文言文就费了五分之一的时间，比一个学期还多。就语文一科现代汉语的教学说，等于初中学制缩短了半年。这个五分之一，这个半年，应该用于保证现代汉语的学习。

还要考虑到初中语文教师。他们的文言文的水平都够高的了，教起来都胜任愉快了，怕不能这样说；他们的现代汉语的水平都够高的了，所缺的只是文言文需要补课了，怕也不能这样说。十年内乱，当前一部分初中教师也是受害者，他们受了害，又转而影响他们教的学生。这些教师常常深深感到学力不够，没有“一桶水”，拿不出“一碗水”。各方面都在为他们提供进修的条件。要进修就进修现代汉语，集中目标，全力以赴，迅速提高现代汉语的水平，不必要再分功夫进修文言文。初中语文教师的进修、研究，教学的设计和实验，以至于阅读语文刊物、语文教学刊物，都应该集中一个目标——现代汉语。他们的担子够重的了，把文言文这个部分卸下来，至少减重五分之一。

初中不学文言文，会不会带来什么损害或缺陷呢？这要看用什么作标准。不学王之涣《登鹳雀楼》，登高望远的时候就不会吟诵“欲穷千里目，更上一层楼”；不学柳宗元《黔之驴》就不知道“黔驴技穷”的来历；现在常讲伯乐和千里马的事，不学韩愈《马说》就不知道出处；三峡是长江一奇景，读现代人的游记仿佛都写得不行，不学郦道元《水经注·三峡》，就不能领略“素湍绿潭，回清倒影”，“悬泉瀑布，飞漱其间”……这些都是缺陷。“不知”对“知”说总是缺陷。可是对中学生学好现代汉语这个必须保证完成的任务说，该怎么来看待这个缺陷呢？

初中三年，学好了现代汉语，听、说、读、写都能运用自如，升高中的不再为现代汉语操心，参加工作的，学到的现代汉语都够用，学习上、工作上、生活上的需要都能应付，这才是主要的。

初中不学文言文，于是现代汉语就学好了？当然不是这样。初中现代汉语的教学，还需要研究，改进，提高教学质量，那是另一个问题，不在本文论述的范围。

八

高中学点儿文言文。

“点儿”是多少，是什么，有个教学内容的问题；这点儿文言文怎么教，有个教学方法问题。

文言文教学内容还是老办法，两部分，文章和知识，读一些文言写的文章，学一些文言知识。高中两年可以分为两段：一年级着重学文言的知识，读文章为的是说明知识；二年级着重读文章，应用学到的知识读文言文，应用比较熟练了就成为阅读文言文的能力。此外，加一条，指导学生自学，教学生用工具书，让学生读文言写的东西遇到疑难的时候，能够有办法自个儿解决。

教学方法注重比较，文言文和现代汉语的比较。现代汉语这么说的，文言文怎么说，哪些词汇和语法是相同的，哪些是不同的，哪些是部分相同部分不同的，让学生有个清楚的认识。用比较的方法而不单用翻译的方法。翻译有时只能让学生囫囵地知道个大概，没有仔细辨别异同，因而也就不能举一反三。编者有“串注”，老师有“串讲”，可是“串”注“串”讲之先必须咬文嚼字，一词一句地注明讲明。

高中学文言文的第一段，要强调文言文知识的教学，至少要占文言教学一半的功夫。文言的知识主要的是词汇和语法，还要学一点儿汉字的今古、繁简、异体和通假。

词汇学习中，虚词最重要。虚词是组词造句的关系成分。王力《古代汉语常识》（人民教育出版社版）讲了十八个虚词，吕叔湘《文言虚字》（开明书店版）讲了二十三个虚词，稍作补充，对中学生说就尽够了。虚词的用法要在句中才能明白，一个虚词有几种用法要在不同的句中加以比较才能明白。因此，要多举例句，例句不必全取自课本的选文。过去只读“文”，可以加上读“句”，使虚词运用得到较多反复，比较容易掌握。

实词很多，根据中学语文课本文言文课文，常用词大约一千（包括虚词）。[①] 注意学古今用法不同的词。如“弃甲曳兵而走”，“曳”这个文言词（现代汉语罕用，只用在“摇曳”“曳光弹”少数词里），学生不懂，不会随意解释，要问老师，查字典；“兵”和“走”就可能用今义解古义，就会解错。实词只能随课文学，并利用字典词典。

语法的学习，词法和句法，王力《古代汉语常识》举出的几项最为

① 饶杰腾编：《中学语文课本文言常用词一千例》，北京师范学院中文系中学语文教学研究室印，1980 年版，第 1 页。

切要；参考黎锦熙《比较文法》，吕叔湘《中国文法要略》，择其中比较常见的稍加补充。语法的学习同虚词的学习联系起来，也同虚词的学习一样，多举例句，多读句子。

这第一段的选文，以有利于今古异同的比较为标准。可以从半文半白的文章学起，如《三国演义》，选现代人写的文言文，选梁启超式的“新文体”，选明清，选唐宋，选《史记》《汉书》，再选先秦，由今及古，逆流而上。这样学，学生拿现代汉语作基础，由近而远，由浅而深，由同而异，由小异而大异，逐步学会。

高中学文言文的第二段以选读文章为主，文章不仅选文言，也选古白话（白话也有今古的不同），而且以文学作品为主。文学取广义，不限于纯文学。按历史顺序，由古及今，顺流而下，选读各时期的有代表性的名家名作，让学生认识我国文学史概貌。也许可以这样比拟，用这段时间，带领学生仔仔细细地参观我国文学史博物馆。

这段时间的教学还要注意，前一段学到的文言文的知识，要充分应用，遇见没学过的要补充。文学教学之中还要进行语言教学。作品的理解和领会，是指导学生通过语言“读”出来的，不是囫囵吞枣地“猜”出来的，也不是单靠教师“讲”出来的。

这一段也要讲一点儿有关的知识，如诗、词、曲的格律、用韵、入声、平仄、对仗等等，也可以讲一讲作品的艺术构思、表现手法、意境、风格等等，都以帮助学生理解作品为度。

要指导学生用工具书。读文言文常常遇到困难（读古白话也会遇到困难）。大量的实词不能在课堂上一一教给学生，如纪年（干支、朝代、年号）、人名及称谓，如古官职、古地名、古器物、各朝典章制度，还有用事、用典，这些都要指导学生翻查历史年表、历史地图、《辞海》《辞源》、人名词典、地名词典、成语词典以及各科词典，用工具书来解决疑难。

这一点要强调。现在还有不少中学生不会用工具书，不会利用图书馆，不会使用目录、索引；有的甚至于不会查字典词典，不懂检字法。不信，试调查调查看。这不仅仅关系到学文言文，也关系到学现代汉语，关系到一般的阅读和写作。

经过这两年的学习，大概可以获得阅读文言文的初步能力。可是凭这一点儿能力，拿到一本古籍的原本就能顺利地阅读，怕还办不到。

只能读经过整理的本子。整理指校勘、标点和注解。

校勘不容易，要熟悉各种版本，要有辨识能力。举一个例，常读的苏轼《念奴娇·赤壁怀古》，其中“遥想公瑾当年，小乔初嫁了，雄姿英发。”多年来一直这样读。经过校勘，才知道应作“遥想公瑾当年，小乔初嫁，正雄姿英发。”① 读未经校勘的书，不能要求于中学生。

标点也不容易。如一九五六年标点本《资治通鉴》，是请史学专家标点的，尚且不免有不少错误，吕叔湘《〈通鉴〉标点琐议》就举出一百三十二例，分为三十类。读未经标点的书，不能要求于中学生。

不要轻视注解。不要以为读书还要靠注解，足见阅读能力差，仿佛是一件可羞的事。读书靠注解是正常的、必要的。且不说中学生，就是中学教师，课本编者，甚至于专门研究的人，不靠那些个笺、证、注、疏，直接读白文就读得懂，就能一目了然的怕也不多。朱熹有《四书章

---

① 洪静渊：《苏轼〈念奴娇·赤壁怀古〉小议》，《中学语文教学》1981 年第 2 期。

句集注》，阮元有《十三经注疏》，字典还有注，段玉裁《说文解字注》，历来就如此。

其次，只能读经过挑选的本子。总集如《汉魏六朝百三家集》《全唐诗》……专书如《史记》《昌黎先生集》，中学生哪儿能都读？能读的只能是选本，如《古代散文选》（人民教育出版社版），《历代诗歌选》（中国青年出版社版），《史记选》（人民文学出版社版），《李杜诗选》（古典文学出版社版）。这样的选本分量还嫌重，还可以读更精要的选本。

总之高中学生学了文言文要去读古书，只能“吃现成饭”，要求专业工作者为他们备好有营养、能消化的适量的精神食粮。

文言文之外，高中还要学现代汉语。在初中学好现代汉语的基础上，再提高，可以进行读书指导和作文指导。这是另一个问题了，不在本文论述的范围。

高中如果改为三年，看情况，或者对现代汉语和文言文都加深程度，文言文就上文提出的办法，两段各延长一学期，让学生多学一点儿；或者高三不设语文课，让学生拿这些时间学社会科学和自然科学。

九

语言是同思想紧密联系在一起的。有什么样的思想必然有什么样的语言。社会的发展，自然科学、社会科学、文学艺术的发展，必然有与之相应的语言的发展。发展包括继承与创新。创新，不用说是为了适应现代的需要，继承也是为了适应现代的需要，不能适应现代需要的就不再继承，就会消亡。

发展是朝着进步的方向发展。随着社会的进步，自然科学、社会科学、文学艺术的进步，必然有与之相应的语言的进步。现代汉语，词汇越来越丰富，语法越来越精密，表现力越来越强，事实俱在，无可否认。不仅这样，电子计算机的出现，汉语作为信息，为了适应输入、储存、输出的科学化，在词的构成，词的语法职能，词的连书，句的结构分析及其标志，等等方面，也许还要有进一步的变化发展，才能适应现代化的需要。不是“今不如昔”，而是“今胜于昔”“今必胜昔”。

语文教学应该建立在汉语的发展和进步这个观点之上。

根据这个观点来研究文言文的教学。应该“厚今薄古”，只能“厚今薄古”。不能要求学生“博古通今”。即使应该要求“博古”，也不是完全依靠文言文。

文言文是一种特殊的书面语言。历来是读书人使用的工具，同发展着的口头语言脱节。读书人自己，口里说的同笔下写的也脱节。由于我国长期处于封建社会，地主阶级长期垄断着文化，这种特殊的书面语言，变化微小而且缓慢，僵化得相当厉害。一说文章，就是桐城义法，就要祖述唐宋，进窥《史记》《汉书》，上摹先秦，仿佛越陈越香，越古越好，成了很深的积习。“五四”以来，经过几十年的冲击，白话文才取而代之。可是文言文的流风遗韵还在某些角落里隐隐存在。而且不免传到语文教学上来，以“文”为雅，以“古”为高。作文爱用几个文言词，不问有无必要，爱引几句古诗文。说到“桐城派”，神理气味格律声色，很有讲头，说到“山药蛋派”，什么群众的语言，泥土的气息，就认为不登大雅之堂。读《王贵与李香香》，算不得什么；读《古诗为焦仲卿妻作》，就算有文化教养。小学生在楷书行书之外，写篆书，临摹泰山刻石，还说笔力遒劲。幼儿园小朋友在大灰狼小白兔之外，死背完全不懂的古诗，登台朗诵，热烈鼓掌……这些虽然个别，而又不太个别，怎么对待，值得深思。

谈文言文教学，附带说一说这点儿“杞忧”，离题远了点儿了。

说话和作文*

学语文的人大都抱着一个目的，学作文，学习把文章写好。

许多人都是为了学作文来学语文的。生活上、学习上、工作上都有用得着笔的时候；可是，提起笔来就感到一支毛锥子千斤重，不那么听使唤。开起会来，不大有人乐意当记录，不是怕累，想偷懒，而是畏难，怕记不好。看书倒是愿意看的，如果硬性规定，看书必须写笔记，非写不可，有了顾虑，怕写不出，也许看书就会索然无味，不那么起劲了。几个同志出差，住在旅馆里，那家旅馆办得好，服务周到，临别想写封感谢信。大家都说该写。谁来写？没有人自告奋勇，你推我，我推你，好不容易才逼出一个人来执笔；有时也许推让半天，写不成，拿起行李一走了事。这些还是小事，工作上需要写调查报告，写工作总结，写提案，写建议书，搞出点儿革新成果要写个说明，研究某个问题有点儿收获想写篇论文，如此等等，且不说写诗写小说搞文艺创作了。总之，感到这些方面有困难，有欠缺，为了解决这个问题，为了学作文，

---

* 选自蒋仲仁著：《思维·语言·语文教学》，人民教育出版社1988年版。

才来学语文的。

这个想法不错，符合许多人的实际。

怎么样才能够学会作文，把文章写好呢？有人说，从多读入手，有人说，从多写入手。多读和多写，的确是学作文的必要的方法。怎样读，怎样写，才能够真正领悟、切实受益，拿所读的文章作范本，揣摩，取法，读了有用处，写了有实效，读和写都有许多讲究。

关于读和写，许多人讲过了，讲得很好，讲得很全。我想到的是另外一个问题，读和写之外的“说”。读和写都是书面语言的事，同书面语言相对的是口头语言。关于口头语言，是不是也有什么可以讲讲的呢？口头语言和书面语言是什么样的关系呢？学作文，除了读和写，还能从“说”得到什么样的启示和帮助呢？

先说一点儿口头语言的情况。

文章写不好，用词不当，语句不通，词不达意，逻辑紊乱，不准确，不鲜明，不生动……数起来“十大罪状”——几大缺点吧，别人常常这样责备，自己也常常这样觉察。这种缺点，已经引起了大家的重视。

口头语言呢？说话呢？就那么用词妥当，语句通顺，就那么准确、鲜明、生动了？不见得。

有的人说话不清楚，结结巴巴的，含含糊糊的，听了不明白说的什么。有的人说话不通顺，说了上句，老半天还接不上下句，叫听的人着急。有的人说话太乱，东一句，西一句，颠三倒四，有时自己都觉得可笑，自己问自己：“我说到哪里去了？”“我说什么来着？”有的人说话啰唆，“这个”“那个”“比方说”“的时候”，许多不必要的“渣滓”，就像扫地没扫干净一样。有的人说话不得体，不看对象，不分场合，让人听了觉得不合适，不对劲。有的人说话太贫，油腔滑调。有的人说话太脏……要数也数得出“十大罪状”——种种缺点吧。

日常简单的说话，有点儿这样那样的缺点还不大要紧，要讲清楚某件事情的前后经过，要说明白某件器物的制作过程，自己要发表什么意见或者驳斥别人的意见……就觉得说话太重要了，说话有这样那样的缺点，不行了，就觉得说话、把话说好，并不那么容易。

不信，试试看！看过一个电影，对没看过的人讲讲，要把人物、故事、曲折的情节、插叙倒叙的手法，讲得一清二楚，就觉得不容易。不仅讲这样复杂的事物不容易，讲简单的事物也不容易。红烧鱼是你的拿手好菜，有人向你请教怎么个烧法，你把去鳞开膛，准备作料，从炸到烹，直到起锅，讲得一清二楚，就觉得也不那么容易。至于当众说话，开会发言，辩论，谈判，演说，作报告，那就感到更加困难了。

作文自有作文的难处，说话也有说话的难处。可惜，作文有困难，有欠缺，已经引起了大家的重视，都要学习研究，设法弥补，设法提高；而说话有困难，有欠缺，可没有引起大家的重视。说话嘛，谁还不会，仿佛没有问题似的。

语言是交际的工具。人们利用语言这个工具来达到相互了解、协同工作。这个交际作用首先体现在说和听的语言行为之中。语言，首先是口头语言，口头语言产生了很久很久，才产生文字，产生书面语言。口头语言是书面语言的根本。有了口头语言，然后笔之于书，叫书面语言。

这个根本，有时候，有的人给忘记了，误认为可以不要这个根本，可以撇开口头语言专门学习书面语言了。许多学校的语文教学，一提教学任务，总是只提培养读写能力，就是一个证明。

衡量一个人的语文程度，往往只问他作文作得怎样，而不问他说话说得怎样。许多人慨叹学生语文程度低落，常常责备，都初中了，错别字满篇，连一封信也不会写；可是几乎没有人慨叹过说话方面的程度低落。在语文教学中，重“文”轻“语”，甚至于有“文”无“语”，两条腿跛了一条，不能不说是一个缺陷，应该补上；也许可以说是一种偏向，应该纠正。

语文教学不重视口头语言，不是一朝一夕的事了。古时候倒是很重视的，孔夫子就很重视。“孔门四科”指德行、言语、政事、文学，言语就占一科，这一科还出过高材生宰我和子贡。可惜没有考察出孔门的这一科是怎样教学的。由于不重视口头语言教学，许多学生的语言比较差，有的很差。试听听一些学生说话，就会觉得像读他们的作文那样，也有不少令人慨叹的地方。

岂特学生？其他的人，包括有些干部，也是这样。还包括我们这些上了点儿年纪的人。我自己就觉得，过去上学，没有接受过口头语言的认真训练，说话的毛病就不少。还包括一些教师，一些以教语文为专业的语文教师，这个影响可就大了，学生总是拿老师的语言作为学习的榜样的。

口头语言的学习，应该引起足够的重视，像重视书面语言的学习那样重视起来。

这只是事情的一个方面。说话说得不够好，说话的能力有欠缺，应该学，应该练，逐渐把话说好，用来适应生活上、学习上、工作上的种种需要。

事情还有另一个方面，那就是说话影响作文，它们之间的关系是正比例的关系，说话说得好不好，在很大程度上影响作文作得好不好。

一般说来，说话说得好，清楚、干净、有条理，或者严正，或者幽默，都很得体，侃侃而谈，娓娓道来，有说服力，有感染力……大凡能做到这些的，作起文来，准能作得好，而且更能发展这些优点，使作文比说话更好。反之，说话说得不好，张口结舌，语无伦次，犯有前边说过的那些个毛病，就很难指望作文作得好了。

说话和作文的这种关系，是就一般人在一般情况下说的。也有例外，有的人作文作得很好，而说话说得很差，“笔下如有神”而“舌下如有鬼”，偏偏就说不好，这种例外是有的。即使是这样，作文作得好的人不一定说话就说得好；但是，反过来看，说话说得好的人，作文却一定作得好，至少，坏不到哪里去，这一点是可以肯定的，练好了说话，绝不会反倒使作文作得不好，这一点也是可以肯定的。

说口头语言是书面语言的根本，说话是作文的根本，并不是说口头语言和书面语言完全等同，说话和作文完全等同。

说话的时候，有姿态、手势、眼神、语调这些帮助，有某种“语场”，有特定的说话环境，可以不言而喻；同听话的人有某种“默契”，可以心照不宣。这些条件，作文的时候都没有。说话里那些个不言而喻、心照不宣的地方，作文的时候就得把它补足。

说话的时候，语言随声波流逝而消失，要提到已经说过的意思，必须重复地再说。说话的时候用指代的词语，如“在这样的情况下”，“既然如此”……究竟“哪样情况”，“如此”的“此”指什么，没有上文可以复按，都得再加说明。作文的时候，无须乎这样。文章摆在眼前，读者可以倒回去看，写起来完全可以避免重复，力求简练。

说话的时候，需要敏捷地组织语言的能力。不是想一句说一句，而是说这一句的时候就已经想到下一句下几句了。有时候做不到这样敏捷，说了上句接不上下句，就“这个，这个”，或者插入不必要的话来延宕时间，等想出下句来才接着说下去。有时候话到口边，只得匆匆说出，用词造句也许不那么恰当、妥帖。作文的时候，有组织语言的比较充裕的时间，想一想，再下笔，下笔了，不妥当的改一改，有时还要翻一翻字典词典，前边写的一句倒到后边来比较好，就画个横着的“S”，一勾就行，说话可没有这样便当。总之，作文可以推敲、润色、修改，或者竟可以抹掉重写；经过琢磨，有可能作得比说话更好。

书面语言是加工了的口头语言。

不论怎样加工，总不能离开口头语言这个根本。因此，口头语言又是检验书面语言的尺度。

作文作完了，要读一读，最好是出声诵读，检查一下，是不是读得上口，是不是听得入耳。上口和入耳就是口头语言的要求。

许多文章家、文学家都是这样办的。古人有个白居易，写好了诗，找个老大娘来，读给她听，要做到“老妪都解”。为什么向老大娘请教，大约是尊重她的纯粹口语，没有文绉绉的受书面语言的影响吧。今人有个老舍，写完剧本就把导演、演员请来，读给他们听，听取他们的意见，准备修改，意见当然还有关于人物、剧情什么的，而剧本的语言也是其中之一。写诗写剧本和一般作文不同，可是这个道理是相通的。

口头语言是书面语言的根本，又是检验书面语言的尺度。照说话来作文，照说话来改文。——可以得出这样的结论。

书面语言是加工了的口头语言，既然加过工，就会比口头语言更准确，更精简，更好。因而书面语言又反过来给口头语言以好的影响。——还可以得出这样的结论。

相互影响，并不等于半斤八两，口头语言始终是书面语言的根本，这一点还是最重要的。

前边说到，运用口头语言的能力，说话的能力，有的人有欠缺，水平不够高，这只说到事情的一个方面；事情还有另一方面，那就是很多人能够很好地运用口头语言，能够很好地说话，在种种需要口头语言这个交际工具的场合，都能够应付，叙事、说理、表情、达意都能够应付。不仅应付，而且应付得好。有的人说什么说得明白晓畅，让人听了感到痛快；有的人说什么说得饶有风趣，让人听了为之解颐；有的人说得慷慨激昂，让人闻而兴起；有的人善于描绘，让人听了如临其境，如历其事……

把这些说的话拿笔写下来，不就是作文吗？

对，正是这样。这个道理，前人有过一句话“我手写我口”。这正是作文的正道。

可惜，不容易办到，我手似乎不应该写我口，照我口写出来似乎不算得文章，要算文章，得离开我口另来一套写法。“言”和“文”不一致。

“言”“文”不一致，古已有之，长期以来，存在着一套脱离口头语言的书面语言，那就是文言文。一说写文章就是写文言文，同口语大不一样的文言文。太古了的口语是什么样，搞不清楚，从宋朝朱夫子们的“语录”，元明说话人的“话本”，在这以前，宣讲佛教故事的“变文”，后来还有大量的白话小说，从这些看来，“言”和“文”的距离是很大的。若干年来，从学术论著到书信往来，一写就是写文言文，把说话和作文看作截然不同的两码事。直到五四运动，经过多少志士仁人的努力，明白如话的白话文才取代了脱离口语的文言文，从小学开始，改“国文”为“国语”，读白话文，写白话文，力求做到“言”“文”一致。

文言文的流风余韵还隐隐存在，特别是文言文留下来的说话一套、作文一套的积习，太深了，很不容易戒除。现在写的是白话文，可是，受那种积习的影响，说话是这么说，作文得变个说法来写，用文绉绉的词儿来替换口语常用的词儿，用绕弯子的句法来替换口语常用的句法，更有甚者还要缀上一些文言的词语，尽力堆砌辞藻，仿佛古色古香、花枝招展的才显得作者有才华。我手写我口，不算文章。这样一来，给作文蒙上一层特殊化的、神秘的甚至于高不可攀的色彩。无怪许多人把作文当作难事，视为畏途了。

“言”“文”不一致，“言”本身又不被重视，不认真教学，有许多欠缺，作起文来又得另搞一套文腔文调，不敢我手写我口，这些障碍，阻挡着口头语言和书面语言程度的提高。要改变这种状况，可不可以从这两点下手：一是认真学习口头语言，随时随地有意地、特别注意地把话说好；一是我手写我口，怎么说就怎么写，不“转文”，不“掉书袋”，不摆作文的架子，不搞文腔文调。这样办，不仅作起文来比较容易，而且文笔清新，对改进文风也有好处。

书面语言原来是口头语言的补充。口头语言要受空间的限制，远处的人听不见，于是用书面语言传过去；口头语言要受时间的限制，声波消逝，没法再听到，于是用书面语言留下来。这种情况，由于科学技术的发达，渐渐改变了。

有了电话，通电话比写信方便。一封信，本市最快也得两天才寄到，打电话一拨号码就行。电话可以对谈，便于交换意见，而写信只能独白，有事商量，得往返写信，费事多了。

有了广播，还有通过人造卫星的广播，一说话，全世界都能听见。打小处说，一个公社的有线广播，一播，各个大队生产队都能听见，比起发通知，又是起草，又是复写，通讯员同志骑上自行车去分送，得跑大半天。

有了录音机，重要的会议、报告、谈话都录下音来，什么时候需要，什么时候放。出席什么会，带上个录音机，回来一放，就是原原本本的传达。档案室里不仅保存文件卷宗，还保存录音带。

总而言之，科学技术越发达，越能打破时间和空间加给口头语言的限制，口头语言这个交际工具的应用越来越广泛，越来越重要。

同时，运用口头语言的能力不够，有欠缺，有毛病，也越来越暴露了。

有的人打电话也打不好，啰里啰唆，说不清楚。试到长途台通话间去听听，有的出差干部往原机关打长途电话，“我说……”“我告诉你……”，力竭声嘶，嚷了半天还没把事情说明白。一看表，讲了好些分钟了，一算电话费，十好几块也许好几十块了。

口授笔录是口头语言和书面语言的联合应用，一人说，一人记，很方便；嫌用笔来记麻烦，用录音机，更方便。可是照口授的原话或通过录音留下来的原话，笔录下来就可以了的，就管用了的，实在不多。

开会，有意见要发言，人家把话筒移到你面前，你想到要录音，就不免有些紧张。紧张，也许有别的原因，过去怕黑笔落在白纸上，运动来了当“材料”，现在“心有余悸”，怕语音留在录音带上，多此一“悸”。可是紧张的主要原因还是说话说不好，怕录下来自己听了也会脸红。

打字机算不得什么“现代化”工具，至多是“近代”，可是我们还不能充分应用。在“洋文”机关里，告诉秘书写个信函、通知一类文件，一边说，秘书一边就打，一打两份，一份留底，一份签字发出，文书工作的效率很高。我们的一些机关，同样的文件，拟稿，核稿，修改，画行，然后抄发，折腾了许多时间。当然，“洋文”，拼音文字容易，打字机又灵巧，方块汉字难，华文打字机又笨，半天才咔嚓一个字，也是原因。可是，交代文件内容，交代得一清二楚、记下来就行的，也不多见。

什么都要现代化，语言的运用也要现代化。随着科学技术的发达，有关语言的工具日新月异，更加讲求效率，对语言提出了更高的要求。过去只重视书面语言，要求“下笔成文”；现在还要重视口头语言，要求“出口成章”。

应用文写作*

一

应用文这个词，这个概念，不好给它下定义，不好加以界说。如果说应用文是应用的文章，那么什么文章不是应用的呢？文章总是为一定的目的写给人看的。即使是“日记”一类的文章，不给他人看，只给自己看，也是今日之我写下来，给他日之我看。无所应用的文章大概是没有的。

我们说的应用文，含义并不这么广泛。我们不说文学作品是应用文，如小说、诗歌、剧本、散文，我们不说科学论文是应用文，如哲学的、社会科学的、自然科学的文章；我们只说一般人常常要写的日常应用的文章才叫应用文，如日记、书信、总结、调查报告、各种公文之类。

应用文和非应用文这个界限不容易划清。就说书信这种应用文，司

---

* 选自北京市工农教育研究室编：《认真学点语文——专家教授谈语文》（中编），北京出版社1983年版。

马迁《报任少卿书》，蔡元培《答林琴南书》，我们并不把这些当应用文来读，讲应用文程式的书里也不把这些引作书信的例子。魏征《谏太宗十思疏》，李密《陈情表》，康有为的“公车上书”，古人的文章分类，把这些归入“奏议”类，今人的通俗说法叫给上级打报告，都该是应用文，但是我们也不把这些归入应用文。毛泽东同志《湖南农民运动考察报告》，岂能说只是一篇应用文？应该说是马列主义经典著作。至于鲁迅《狂人日记》，茅盾《腐蚀》，郁达夫《日记九种》，不过是借日记来作一种文学形式罢了。

应用文不好下定义，不好界说，可是也得定个大概的范围，因为事实上有这么一种文体存在。大致说来，只能大致说来，应用文是指日常应用的普通文章，用来适应工作上、生活上的某种需要，说它“普通”，是指有别于文学作品和科学论文。应用文的内容大都带有具体的业务、事务的性质，否则一般不称作应用文。例如外出旅游，写封信给人，拜托他帮助安排食宿交通，这是应用文；写封信给人，描述旅游中所见山川风物，像写游记那样，那就属于文学作品了。应用文的形式大都具有一定的习见的格式，格式不是徒具形式，而且出于事实的需要，如书信这种应用文，要求开头有称呼，有问候的话，末了有致敬或祝愿的话，有署名，有年月日，都是事实的需要，从需要产生格式，应用文要求合于习见的格式。应用文的语言要求“得体”，要求选用适宜某种应用文的词语，有些还是惯用的词语，写出来适合那种应用文使用的场合。

我们说的应用文，大致就是这样。

二

应用文也是“文”，也是文章的一种，对文章的一些原则的要求，也应当要求于应用文。

文章是客观事物的反映，要求反映得真实，反映得正确。真实就是讲真话，不讲假话，讲实话，不讲空话。正确就是对客观事物，用正确的观点去认识它，从它本来的性状引出正确的判断。可以说，真实的反映是“实事”，正确地反映是“求是”。文章要“实事求是”。

应用文写作，实事求是太重要了。如果说，仅仅是如果说，一般文章，有的只是发表点儿议论，提点儿意见，爱看不看，读者自便；那么，应用文就不同，要具体得多，是为了某个具体的目的而写的，要求对方看，看了作出反应，要求“解决问题”。不真实，不正确，就达不到目的，也许还要误事。

写封信向对方提出某个请求，请求的是什么，希望对方做的是什么，根据什么样的需要提出这个请求，从什么样的条件估计这个请求的可能，都要实事求是地写清楚。对方接信之后，才好认真考虑，作出负责的回答。如果需要并不那么迫切，夸大了，要求不该那么高，过分了，对方轻信所说的来作反应，岂不成了欺骗？即使是一封问候的信，也应该写真诚的话，不应该写敷衍的话。

调查报告一类的应用文，真实和正确更是第一位的要求。一篇调查报告写得好不好，评判的标准首先是所得材料是否真实，所下判断和所提处理意见是否正确，来不得主观主义。有的调查报告，从主观的“假设”出发，先订下框框，然后下去调查，找材料来“做证”。选调查点，选那些同“假设”近似的地方；开调查会，对与会者的发言，朝着合乎“假设”的方向引；用材料，用数字，对照着“假设”，合则留，不合则去。据此写成报告，送上去，也许得到赞许：“写得不错嘛！这个问题，早就说过，凭这些材料不是证实了吗?”调查，本来为避免主观主义；这样的调查，反而助长了主观主义。我们的工作吃这类调查报告的亏可不少！

总结一类应用文也是这样。某项工作已经结束，或者某一阶段已经结束，应该加以总结，吸取经验教训，改进此后工作。这样的总结要求：摆出来的事实有根有据；是成绩就是成绩，是缺点、错误就是缺点、错误；成绩、缺点、错误是三分就是三分，是七分就是七分；导致这些的因素，属于客观条件的，属于主观努力的，是什么就是什么；然后归纳成几条主要的经验教训，由此提出今后的改进意见。这样的总结是“做”得好，不光是“写”得好。而要总结做得好，根本还在思想水平、工作态度和方法，在逻辑的头脑和对某项工作的全面、透彻的了解。

三

上面说的这个普通的道理，有的人，有时候会产生一种错觉，认为应用文是个“写”的问题，会写不会写，写得好写不好的问题。就如上面说到的总结，仿佛只要会写，就能把总结做好似的，仿佛总结是光靠一支笔写出来似的。如果带着这个错觉来写应用文，那就未免舍本逐末了，难于写好是可以肯定的。

文章总有两个方面，一个是内容，一个是表达这个内容的形式。内容先于形式，内容决定形式。而这两者有时又是交错在一起的。

就说总结吧，如果对某一工作作了全面的回顾，指出成绩、缺点、错误，得出经验、教训，提出今后改进的意见，这些事情都做好了，这就为“写”总结准备好材料，搭好了架子，已经胸有成竹，也就是腹有成稿了，只等拿起笔来。

拿起笔来了，又会发现腹里的那个成稿，有的事实、根据还不足，还要补充；有的判断失之笼统，还缺少深入分析，或者大致如此，分寸还不尽适当；有的想法，原来以为想清楚了的，一提笔就觉得还没有想清楚，写不清楚的地方往往就是没有想清楚的地方。于是，再调查，再分析，再研究。重要的总结常常要反复好几次，才能做到更正确、恰当。写的过程，就是对总结的再酝酿的过程，就是提高的过程。可见，即使动笔写了，也还有个内容的问题。

这是就内容和形式这两方面比较而言。内容毕竟是第一位的；可是并不是说对形式的一面——“写”的一面不应该注重。有了内容，怎么才能够表达得恰当、精练、鲜明、生动，让人愿意读下去，对人有说服力，这些还是值得研究的。

这儿要研究的，一个是写作的一般的技巧问题，一个是应用文特有的格式、语言等问题。

四

应用文写作，同一般文章的写作一样，有两个基本的技巧，一个是记叙的技巧，一个是论说的技巧。前者是由外而内的摄取，能把所见所闻用语言记下来；后者是由内而外的抒发，能把所思所感用语言写出来。记叙和论说是写作的两个基本功。

应用文写作离不开这两个基本功。应用文总是有什么事实、情况、经过，需要加以陈述，让对方了解，这就离不开记叙这个基本功；应用文总要提出什么意见、建议、要求，需要加以申说，得到对方反应，这就离不开论说这个基本功。

记叙，要求把记叙的对象，或事，或物，或人如实记下来。记下来不是摄影，景框之内，巨细不遗，全入镜头；对记叙的对象要有选择，要能辨析主要与次要、主流与支流、本质与现象、典型与一般、主题与背景。记叙的对象如果复杂，还要厘清脉络，掌握其发展变化。既要敏于观察，工于描摹，又要巧于剪裁，善于捕捉关键。要求写出之后，让人得其全貌而又重点突出。这些技巧练之有素，记叙什么，拿起笔来很顺手，应用文写作这就得了一半功夫。

论说，要求持之有故，言之成理。持之有故就是要有事实根据，上文已经讲过。言之成理，理的根据，一是理论，有关的哲学、社会科学、自然科学的那些定论；一是道德准则，法令规定；一是人之常情，社会习惯。这些根据常常是立论、下判断的“大前提”。这就要求有学问，有经验，有见识。

从“故”到“理”，从反映事实到提出意见，中间有个制作过程。在这个过程中，要求用辩证法，懂得去粗取精，去伪存真，由表及里，由此及彼；不会用辩证法，用得不好，就会成为现象的罗列，材料的堆积，写了一大篇，可是拿不出个看法来。在这个过程中还要求合乎逻辑，概念明确，命题真切，推理正确，文章的发展有清晰的思路。不合逻辑，就会使文章结构紊乱，甚至自相矛盾。写了一大篇，可是站不住脚，说不服人。这些方面的技巧都练之有素，发表什么意见，头头是道，能自圆其说。应用文写作，这就又得了一半功夫。

当然还有更基础的东西，那就是遣词造句的技巧，用词的确切，掌握词义的大小、正反、褒贬，词的搭配、次序、音调，掌握句子的结构，特别是复杂句子的结构，还有，修辞的技巧、修辞格的运用、文章的风格、全篇文章的风格的统一。再有，标点符号、誊写的行款格式等。这些技巧都要求练之有素，写应用文的时候能够不假思索地拿来用。

五

应用文写作有个格式的问题。

各体应用文的格式要求合乎习惯，格式就是某种习惯的写法。格式来源于事实的需要。某种需要用什么样的表示方法，用久了就成为格式。某种需要不再存在了，某种格式就会消失；有了新的需要就会产生新的格式。格式不是一成不变的。

不能把格式的作用夸大，仿佛一懂格式就会写应用文。旧社会出版过“应用文大全”“公文程式”“尺牍指南”一类的书；有的还很周全，如讲写信的书，把问候、祝贺、吊唁、请托、借贷……都分类举例，好像各种型号的“样板”，一要写信就可以找出个适合的型号来照着仿制，书名还叫“写信不求人”。学写应用文的人买来这些书，觉得用处不大，或者没有用处。一来应用文的主体，应用文的内容，千差万别，绝非一模一样；二来应用文的格式，也要随需要而定，不是那么死。

随需要而产生的格式，大致有这些：

无论哪一体应用文总有个接受者，写给谁。这就成了格式之一。例如书信、通知一类应用文，一定要写接受的单位和个人，这就是一种格式。要写明接受者的名称，如“某某单位”，或者接受者的姓名和称呼，如“某某同志”；有的有称呼无姓名，如“爸爸”“姥姥”；公函称姓又称名，私信只称名不称姓（单名不只称名，还要称姓，如“刘钢同志”，不能只称“钢同志”）；姓名称呼之前有的还有形容词语，如“尊敬的某某同志”“亲爱的妈妈”。有的，接受者不止一个，如“某某同志并转某某同志”“某老师和班上的同学们”；公文的接受者有的很多，多也要列全，不可遗漏。有的文件，“主送”单位之外，还有“抄送”单位，同那个文件有关的单位。

无论哪一种应用文总有一个发出者，谁写的。这也成为格式之一。发出者要署名。署名署单位名称，署姓和名，关系亲近的只署“名”。署名之下，公文书还要加盖印章。署名之上有的加称谓，如“学生”“女儿”；有的还要加形容词语，如“您的忠实的朋友”——那就带有“洋味”，一般少用。

应用文要写明发出日期，最好年、月、日都写全，紧急电报还要注明发出时间。有人有时疏忽，写信给人，约定明日上午相见，可是没写发信日期，不知“明日”是哪一天的明日。有的重要的应用文，没有写“年”，不得不让后人为此作许多考证。

书信的末尾，在署名之前，大都有致敬的话，如“此致敬礼”，或者祝愿的话，如“敬祝健康”“此请暑安”。敬礼才用“致”，“致”是给予的意思，不能说“此致健康”“此致暑安”，有的人常常这样错用。“此致布礼”，是指致以布尔什维克的敬礼，用在共产党员之间。这一类致敬、祝愿的话，有的书信都不写，就像平时晤面谈话那样，谈完了，“再见”，或者“握手”“紧紧握手”，信上也这样写。

书信的开头，在称呼之后，有的有问候的话，如，“好久不见了，常常惦着你，身体可好?”或者文一点儿，“一别数年，未通音问，近况何似，时在念中。”这样问候的话，公函里没有，私信里有，也不一定有。

有的公函，如通知一类，有时把接受者写在后边。通知的主体写完了，写上“此致某某单位”“此致某某同志”。

致敬和祝愿的话，习惯把“敬礼”“布礼”“健康”“暑安”，还有“此致某某单位”的“某某单位”等，另起一行顶格写。

有的应用文，不是接受和发出的关系，如合同、协议书等，是订定各方共同商定，以资信守，那就有另一种格式。先列合同、协议书名称，再列订立者的全名，并注“以下称甲方、乙方”，再列协议事项，各方权利义务，违约的罚则，合同、协议书生效和有效时间，共缮几份，各方各执一份，有的还有副本送有关单位。末尾是署名盖章，签订的年月日和地点。

外交文书，有“照会”“备忘录”“通谍”“白皮书”等，各有规定格式，称呼视接受者而定，有的要称“阁下”，是皇帝还要称“陛下”，亲王称“殿下”。外交文书这类应用文，一般人不写。

有的书信，用亲昵的称呼，如“老张”“小顺子”，有的还用特殊的称呼，如“日夜思念的小鸽子”，那就不计入格式之内了。

总之，应用文的格式，不是徒具形式，而是出于事实的需要，既要合乎习惯，更要适应那一种应用文写作的目的，只要适应了，格式不格式也可以不管。比方，总结、调查报告一类应用文就没有什么一定的格式。

应用文的格式不是一成不变的。书信，在称呼之后，有“尊鉴”“惠览”“知悉”，还有“左右”“足下”“讲席”一类的词语，还有许多讲究，上下、尊卑、亲疏、男女，各有不同，对女性，还有“妆次”这类词语。信末署名之后，有“谨上”“敬启”“顿首”“鞠躬”一类词语。现在很少有了，有的不用了。特别是公文，旧社会的机关，上行文要“等因奉此”“实沾德便”，平行文要“等由准此”“至纫高谊”，下行文要“等情据此”“是为至要”等程式，严格得很；现在的公文，已经摒弃了这些陈旧落后的繁文缛节了。

应用文越来越简易，接受者称呼之后，统统用一个冒号“:”代替那些“尊鉴”“左右”一类词语，末了只有署名就行，不必再“鞠躬”“谨上”。

表格化是某些应用文简化的好办法，不用“写”，只用“填”。例如有的“申请书”，接受申请的单位把提出某种申请必须具备的条件列为表格，申请者只须逐项填明就得了。有些“通知”，附上复文，把要求回答的问题列上，被通知的人填好投邮，有的连邮资也不付。几乎所有单位都把“介绍信”“证明信”印好，留下空白，以备填上所介绍的人和任务，填上所证明的事项。

不要把格式只看作形式，要了解格式出于什么需要。例如书信里的称呼是一种格式，可是在信封上这个称呼就有不同。信封上写的是给投递者看的。有人写信封写“某某伯父大人”“某某表兄”，这就错了。邮递员怎么把收信人称为“伯父大人”，称为“表兄”呢？应该写成“某某同志”。又如信尾致敬或祝愿的话，有人看见前人写信用草书，也不问情由，通篇楷书之后，独把“此致”或连上“敬礼”写成草书，而且写得太大，让人觉得不伦不类。有的人看见过去公文“画行”，署名是草书，自己写信署名也来个草书，让人看了，龙飞凤舞，认不出来。这些都是对格式的误解。信封上写“某某启”“某某缄”。“启”是拆开，“缄”是封口，明信片不能这样写，只写“收”和“寄”，因为明信片不用拆开和封口。信封现在也简化、表格化了，“收信人地址”“收信人姓名”“寄信人地址和姓名”都印好了的，填上就是，还印上“贴邮票处”。

六

应用文的语言，一些原则的要求同一般文章相同，还要特别注重：简明和得体。

简明是言简而意明。

言简指语言简练。“辞，达而已矣”，只要能表达意思就行，要把那些可有可无的词句删去。上文说过应用文的内容大都带有事务、业务的性质，尤其是公文，必须简练才能够节约处理时间，提高工作效率。我们反对文牍主义，固然是因为文牍主义纸上谈兵，徒托空言，不解决问题，同时，公文的语言上的冗繁芜杂，长篇大论，不得要领，也该算是文牍主义的病症之一。

应用文的语言，要求开门见山，一目了然，“现在有几件事通知你们：一、二、三……”“关于某项工作，由于某种情况，有几点需要改进：一、二、三……”。要求纲举目张，条理清楚，先列纲目，让人一读就知道“是什么”；再加申说，让人知道“怎么样”和“为什么”；有的需要详细申说，可以搞成“附件”。要求一文一事，不宜一文数事，以便主管单位径直处理，而不必送各有关单位“会阅”“会签”，复文还要“会稿”，往返周折，旷时废事。

简练不是一味求简，不是越简越好，而是言简之外还要意明。该说的还是要说，而且说明白。为了“简”，要求应无者无，为了“明”，还要要求应有者有。情况要讲清楚，道理要说透彻，意见和要求要提明确，这才有利于受文者据以作出反应。

简练并不是平板、干瘪，也要求生动。简练和生动并不矛盾。某些应用文要反映某种情况，虽然不宜描绘铺叙，也要做到着墨不多，使读者如目睹亲临。某些应用文要表达某种感情，如悼函唁电，一般都不是长篇大论，可是寥寥数语，情真意切，让人潸然泪下。这些都在平素勤于练习，练出了运用语言的功夫，用之于应用文写作。

应用文写作还有一个要求：得体。

得体要注意两个方面，一是看对象，要“量体裁衣”，一是看场合，要“什么山上唱什么歌”，行文措辞都要合于同受文者的关系，合于那种应用文使用的场合。

请示报告应该显出对上级的尊重。“诚惶诚恐，死罪死罪”，固然不应该这样卑屈；可是，“是否有当，敬请指示”，这样写还是应该的；总不能说成“你有什么意见，赶快给我答复”。这个例子也许夸张了点儿，可是，这样不得体的应用文也不是没有。有个刊物的编者曾经接到这样的信，“送上近作一篇，务望于最近一期登出，如有不当的地方，你们给修改修改，我工作忙，无暇推敲了。”儿子向父亲要钱，打了个电报，“速汇三百元，勿误”。这是在下命令了，不能说“得体”。

在某个外交集会的祝酒词里说，当此什么什么之际，代表谁或以谁的名义，敬祝什么什么。这样说没有什么不可以。可是，有个同志调动工作了，几个老同事聚一聚，碰一碰杯，决不能也不会来“当此什么什么之际……”那一套，除非是开玩笑，故意诙谐地说。

写篇访问记，用报告文学的写法，“夜幕降临了，一轮新月从村边疏林里冉冉上升，我们调查组几个同志来到了东山公社。”这样写没有什么不可以，可是，写个调查报告，也仿这样开头来一段写景，那就不合适了。

应用文语言的得体还要同讲礼貌、讲文明、注重语言美联系起来。尊重人，平等对人，有事取商量态度，用委婉口气，征求对方意见。下级对上级，上级对下级都应这样。老师教学生说话用“请”这个词，老师让学生做什么，老师就先用“请”这个词。旧社会的衙门，批示下级的请求，“呈悉。所请着毋庸议。此令。”一副官老爷的架子！这种官僚习气现在革除了。可是有的单位，如公园之于游人，剧院之于观众，商店之于顾客，车船之于乘客，由于“官商”作风，有的错把这种关系看作“官之于民”，不免打官腔，教训人，“不准”这样，“禁止”那样，“如有违反，严惩不贷”。如果改得委婉一些，说成“请勿”这样，“请勿”那样，是不是也可以呢？有的公园公布“游览规则”，几条几款，改一下，撮举几项重要的，写成“敬告游人”，是不是也可以呢？

说了一大篇，归结起来，讲了几点意见。

一、应用文是指一般工作上、生活上日常应用的普通文章，“普通”是说有别于文学作品和科学论文。

二、应用文也是“文”，是文章的一种，对文章的一些原则要求也应当要求于应用文。文章是客观事物的反映，要求真实和正确。真实的反映是“实事”，正确地反映是“求是”。应用文要实事求是。

三、文章有两个方面，内容和形式，内容先于形式，内容决定形式。不可误认应用文写作只是个“形式”的问题，“写”的问题，仿佛光凭一支笔就能够把应用文写好。

四、应用文要讲究写作的技巧，一是记叙的技巧，一是论说的技巧。有什么事实、情况、经过，需要加以陈述，这就用得着记叙的技巧，有什么意见、建议、要求，需要加以申说，就运用得着论说的技巧。两种技巧熟练了，写什么应用文都能得心应手。

五、应用文有习用的格式。格式出于事实的需要，要求写得合乎格式。不要夸大格式的作用，以为一懂格式就会写应用文。事实的需要是有差异的，是有变化的，可以不拘泥于旧的格式，也可以有创新的格式。

六、应用文的语言，除了一般文章对语言的要求以外，还要要求简明和得体。简明是言简而意明，情况要写清楚，道理要讲透彻，意见要提明确。得体，一要看对象，一要看场合，写得恰如其分。还要同讲礼貌、讲文明、注重语言美联系起来。

第四编

小学语文教学前进的道路*

一

提高小学语文教学质量，许多年来一直是人们重视的问题。这是因为语文是小学的主要学科，发展儿童语言，培养儿童听、说、读、写的能力，是各科教学的基础。语文教学的质量给小学教学乃至整个义务教育以决定性的影响。

发展儿童语言在小学教育中具有重要的意义。小学教育要循序渐进地教儿童认识自然、认识社会、认识生活。这些认识都凭借语言这个工具来进行。不凭借“根、茎、叶、花、果”这些词语，不凭借萌发、成长、繁殖这些过程的叙述，怎么认识一种植物呢？认识是一种思维活动。语言是思维的工具。思维和语言是紧密地联系在一起的。语言发展的程度标志着思维发展的程度。

为什么提高语文教学质量这么受到人们的重视，为的主要是这一

---

* 此文发表于《语文研究与教学》1993年第4期。

点。提高语文教学质量的种种探索、改革、设想、实验也都要从这一点出发。对发展儿童语言的这样的工作、那样的工作，必须要问：儿童应用语言的能力提高了没有？提高的质量和速度怎么样？由此而测知儿童思维的能力提高了没有，思维成果的积累和应用怎么样。对这些提问作出的答案是衡量种种探索、改革、设想、实验的重要标尺。

二

语言有口头语言和书面语言。在小学语文教学中，两者都重要，听说和读写，两者都重要，都不可偏废，不仅不可偏废，两者还相互促进。例如出口成章有助于下笔成文，书面语言的精密洗练促使口头语言的干净爽利。社会不断发展，文化不断发展，掌握书面语文，提高读写能力，这个要求越来越迫切。教育工作中，课内的各科教科书，课外的图书报刊，哪一样能离开书面语言？教儿童掌握书面语言是小学语文科必须担当的责任。

口头语言和书面语言都重要，可是就教和学来说，对书面语言要下更大的功夫。

书面语言教学的第一关是认识汉字。字都不识，怎么读，怎么写呢？恰恰这第一关是一道难关。说难，是因为——

汉字字数多，常用的 3 500，通用的 7 000（既然通用，就会遇到，也需要认识）。字数多，不得不“千字千面”，各具特征以相区别，有些区别又极细微，稍一疏忽就成错字。

汉字同一音节要用不同的字来书写。一个 yi，要用“衣、医、移、益、椅、以、意、义……”来书写，稍一疏忽就成别字。

汉字造字之初那些象形、指事、会意、形声的表意、表音的功能，经过千百年的变化，已经大大减弱，很多已经消失。见了汉字，读什么音，表什么意，需要一个一个地识，一个一个地记。

这些困难，不得不花许多时间、费许多力气去克服，不得不使汉字教学蹒跚前进，造成了少、慢、差、费。

儿童学习口头语言，婴儿时期就开始，入学之前已经学了不少，常用的词，常用的句式，常用的表达方式学会了不少。入学之后开始学习书面语言，开始学习汉字，由于汉字难学，学得慢，不够用，所学的书面语言，其程度远远落后于早先学会的口头语言。那些个《狼来了》《小猫钓鱼》《狐狸和乌鸦》；那些个《孔融让梨》《曹冲称象》《司马光砸缸》；那些个童谣、儿歌、寓言、神话、传说，入学之前学过不少。学会了听，听得津津有味；学会了说，说得明白，有的说得娓娓动听。入学之后应该在这个基础上提高发展，可是受阻于汉字这个难关，学的还是这些，只能重复，只能停顿在原有的水平。从停顿到再起步，一般需要两年。

别以为汉字教学是语文教学的一个局部，语文教学又只是整个教学的、小学教育的一个局部，局部之局部仿佛问题不大。其实这是个影响全局的局部，是必须首先解决的重大问题。

三

为了解决这个问题，为了改变这种少、慢、差、费的状况，许多年来，许多有志之士，做过许多改革的研究和实验，取得了成绩，积累了经验，成功的和不成功的经验。

改革从两个方面进行。一个是从汉字本身找办法；一个是从汉字之外找办法。

汉字本身的改革给汉字教学很大帮助。

——汉字简化。公布《简化字总表》。共简化 2 236 字，比繁体字平均每字减少 5.3 画。识和写都减少了困难。

——异体字整理。公布《第一批异体字整理表》。淘汰了异体字 1 055 字，这就少教少学许多不必要认识的字。

——字形整理。公布《印刷通用汉字字形表》。对 6 196 字的字形结构、笔画数、书写笔顺都作了规定。这就使汉字的教和学，使汉字的字形检索，都有了依据。

——汉字查频。公布《现代汉语通用字表》。列 7 000 字；《现代汉语常用字表》，列常用字 2 500 字，次常用字 1 000 字。汉字教学中学多少字，学哪些字，哪些先学，得以较为科学的安排。

这些工作对汉字规范化起了重要的作用，使汉字的教和学都减少了困难。以简化汉字而论，儿童一入学就要用到的“读书、学习、图画、体育、音乐”这些词，用简化字来写，用繁体字来写，难易的差别有多大！虽然简化字近来受到极少数人的非难，就绝大多数用汉字的人，教汉字的人，学汉字的人，三十几年用汉字的实践都否定了这种非难。

从汉字本身着眼还在教学方法上采取一些措施。

——作字形分析。这是个行之已久的老办法。以姓氏用字为例，“弓长张、立早章、耳东陈、人未余”。只分析组成字的部件，不再分析繁多的笔画，教学上减少识记的单位。但是一个字是由哪些部件合成的，仍然要一个一个地识，一个一个地记。

——利用象形字讲字义。如“日月水火”还原为隶变前的篆书甚至金文甲骨文去认出所象之形。能这样进行教学的字太少，翻看这种主张的人所编教材，也不过开头几课，一二十个字，有的以形表意还很牵强。

——利用形声字的声符来读字音。如“胡糊蝴葫”都读“胡”，可是能这样读的字太少。如“由、袖、笛、轴”就不能都读“由”了。主张这样“见字读音”的人不得不改口为“见字猜音”，“猜”也不容易，又不得不改口为“基本字带字”了。

——利用会意字，利用形声字的意符来“望文生义”。如“松柏杨柳”可以望“木”生义，可是“笃、笑、等”就不能望“竹”生义了。遇见“信”字，可以会出人说话要诚实，言而有信这个意思，可是望见“伪”字，可不可以会出人的行为是虚伪的这个意思呢？

——利用形声字的声符也表义来帮助识字。这也是个老办法了。《说文解字》就有“从某，从某，某亦声”，后来又有“右文说”。可是只有一小部分的字能这样，多数的不能这样。如“坡”字是“从土，皮声”。王安石说，坡是土之皮；苏东坡反问他，滑是水之骨吗？形声字声符都表义，事实不是这样。

采取这些措施，对某些汉字，教和学得到了一些便利，减少了一些困难。这些措施是对造字之初汉字的表音表意功能，加以利用，可是千百年来变化太大，已经不能当作规律来普遍利用，不能触类旁通，收效不大。

四

汉字教学改革的另一条路子是在汉字之外找办法。

首先是找帮助学汉字读音的办法，汉字是书写汉语的符号，读出字音最为重要。见了“人”字，首先要读出这是 rén 字，声入心通，“一个人”的“人”，“工人”的“人”，“人民”的“人”。可是“人”字本身并没有显示出读什么音来。过去的办法是用“直音”“反切”来注出字音。用来直音的字，反切用的上下字仍然是汉字，怎么知道读什么呢？反切用字，上字含有声，下字含有韵，未必切得准确。不得不在汉字之外找办法。远的不说，只说注音符号、国语罗马字。注音符号采用汉字的形体，不是汉字；国语罗马字，用的是拉丁字母，现在的《汉语拼音方案》，也用拉丁字母。

用汉语拼音来为汉字注音，声、韵、调都注得正确，注得清晰，普遍应用于汉字教学已经三十多年，成效卓著。尽管有极少数人不赞成，有的另拟方案，有的主张改用国际音标。这样的评价和研究，当然可以，可是法定的行之有效的仍然是《汉语拼音方案》。

这是不在汉字之内，不用“帮滂并明”，不用“一东二冬”，而用 bpmf，aoiu，在汉字之外找到的办法，要舍弃不用，要另立方案，要回到直音反切去，怕都不可能了。

《汉语拼音方案》用于为汉字注音，还用于帮助学普通话。普通话是国家通用语言。从这一点出发，《汉语拼音方案》用于语文教学，除了为汉字注音之外，还可以发挥更大的作用。这个作用就是用汉语拼音来拼写汉语。本来嘛，这个方案是汉“语”“拼”音方案，不仅仅是汉“字”“注”音方案。

用汉字教学生学习语言之外，加上一条，用《汉语拼音方案》书写的普通话教学生学习语言。用拼音书写汉语，在一定阶段，在一定场合，作为汉字之外的读和写的辅助工具。

教学上的做法是：

——入学之初用一段时间，大约是一个多月，学好汉语拼音；逐渐做到读什么能够直呼音节，顺利读出；写什么能够写出音节，写得正确。

学习汉字之前，就用拼音来读写，该读什么就读什么，该写什么就写什么，不受阻于汉字而趑趄不前。

——学会的汉字不多，就用拼音夹汉字来读写，学会的汉字较多，就用汉字夹拼音来读写。

——学会的汉字还不够用，课文和课外读物就汉字和拼音并用。即使专用汉字的读物，也采取“难字注音”的方法。

——最后达到能用汉字读写，也能用拼音读写。

——在学习、应用、熟练汉语拼音的进程中安排汉字的教学。吸取汉字教学的各种有效经验，组成由易到难的专门教材，学会的汉字就用来读写。同时，从课内和课外的注音读物中，既靠拼音增加了阅读量，又在阅读中多识一些专门识字教材未列的汉字，增加了识字量。有的教师说这种方法“越读越识、越识越读”，达到“提前读写”的目的。此外，还要用专门的写字教材，教学生把汉字写好。

这样一来，不管汉字学会了多少，只要应该让学生学习的都可以写成课内课外的教材，都能够读下去，只要学生想到的能说的，“我手写我口”，都能够写出来，读和写都不在汉字这个“拦路虎”的面前停步。

汉字又多又难，习得的过程又长，要在较短时间学到足够适应读写需要的程度，从汉字之内找办法，不大可能了。从汉字之外找办法，找到了汉语拼音，才找到这种可能，找到一条可行的道路。

“注音识字，提前读写”小学语文教学改革的实验，就是这样做的。从黑龙江发轫，推广到全国三十个省市，已经十一年了。十一年来不断研究改进，取得了很大的成绩。这些成绩，有实验地区和学校的实验报告为证，有相关领导部门的考察结果为证，有研究人员论证、评估的科研成果为证，有实验学校万千学生的学习成绩为证。

实践证明，“注音识字，提前读写”是小学语文教学前进的道路。

五

汉字和拼音都是书写汉语的符号。书写汉语用汉字，过去是这样，现在是这样，未来许多年也将这样。小学语文科教学生正确地、熟练地识汉字，用汉字，是应该担当的责任。

汉字难教难学，这是个事实。承认这个事实，找出难点之所在，设计克服或者减少困难的办法。各科教学活动都是这样，每个教师总是把找出难点，如同找出要点、重点一样，作为备课工作之一。谁也不会认为汉字难教难学就不教不学。

克服困难要进行教学改革。改革有两条路子，一是从汉字本身找办法，已经做过许多工作，取得一些成绩；一是从汉字之外找办法，就是充分利用《汉语拼音方案》，既用来注音，又用来读写。

拼音易，汉字难。两者“各行其道”，易的先行，行得快一些；难的后行，行得慢一些。两者“殊途同归”，既能用拼音读写，又能用汉字读写，同归于发展儿童语言，提高儿童读写能力。

不用拼音也能进行语文教学，若干年的历史不是这样过来了吗？问题在于速度。这样办，速度慢；加上拼音，速度快，快得多。根据“注音识字，提前读写”的实验结果，小学语文教学，五年的任务三年就能完成，快了两年。

儿童时期，两年，多宝贵的黄金年华。早期教育的最佳时期，两年当中，多读多少书，多获得多少知识，多受到多少教育。两年当中，多练笔，多写多少东西，单说通常一周一次作文，就多写七八十篇。何止读写，两年时间，多做多少实验，多参与多少活动，多学唱多少歌，多学画多少画。

“注音识字，提前读写”的实验，“提前”是关键，“提前”是最大的成果。

正是因此，才说，这个实验的意义，不仅仅在于识字教学的改革，这个实验影响整个小学教学，影响整个义务教育。

实验正在推广，各地区的实验学校、班级正在增加，实验的研究正在深入，使之更趋完善。已经见到，小学语文教学在这条新的道路上正在更快、更好地前进。

识字·拼音·语文教学*

汉字教学首先要解决的问题是看见字怎么读的问题。

问题提得这样简单，表述得这样浅显，是因为事实正是这样。

看见“人”这个字，怎么知道它读什么呢？已经识了这个字的也许说，谁不知道是“rén”字。可是开头学的时候怎么知道它读 rén 呢？回答只能是：老师教了，或者别的人教了，才知道的。

看见一个字，读出来，“人”读 rén，这才算识了这个字；看见一个字，读都读不出来，无论怎么说也不能算识了这个字。所以说，看见字怎么读是汉字教学首先要解决的问题。

是说首先，不是说唯一。知道了一个字读什么音，还得认清表示这个音的这个字是什么形状，还得了解这个字所表示的音在语言里是什么意思。“人”一撇一捺，读 rén，“一个人”的“人”，“人民”的“人”。

这一撇一捺，只是零件，零件还要组装，撇捺分开是“八”，撇捺交叉是“乂”，撇在捺上是“人”，撇在捺下是“入”。这“八乂人入”

* 此文发表于《教育研究》1983 年第 11 期。

各有各的读音，怎么读，不知道，为什么那么读，也不知道。

字形与字音之间没有必然的联系，一个字读什么，教了才知道，不教不知道，这是汉字是表意文字这个文字体制的性质所决定的。汉字不像拼音文字那样，凭借为数不多的表示音素的字母来显示读音；汉字，为数很多，字本身不能显示读音，只得一个一个地教，一个一个地学。

识字教学，都说要按照汉字的特点来进行，这就是汉字的特点。

有人说，文字所写的语言是视觉语言，只要求看，不要求读。阅读的时候，大量用的是默读，是扫读，都不要求读出音来。这个话不错，可是不完全。默读，扫读，不读出音来，是识字熟练之后，由凭借字形到读出字音到了解意思这个阅读过程的简化，由此而加快了阅读的速度；是“不读出来”，不是“读不出来”，不是打根子上识字无须读出字音。

有人说，汉字是表意文字，望文即可生义，无须读出来，这是汉字的特点，表意文字的特点。其实，非表意文字的拼音文字也是这样，各种语种的默读、扫读都是这样。

说汉语的人看见“社会主义”，能望文生义，说英语的人看见socialism，也能望文生义。默读、扫读的时候都只把它看作一个表意思的单位，用眼睛接受这个信息，不读出来，也不注意它是“社”“会”“主”“义”四个字组成的，是socialism九个字母组成的。

视觉语言云云，并不是汉字独具的特点。

文字是书写语言的符号。没有没有声音的语言，也没有没有声音的文字。

我国方言很多，书写语言的汉字，各种方言，读音不一样。“人”，北京读 rén，上海读 nín，东北读 yín，西南读不卷舌的 rén（这个 r 相当于国际音标 z)。汉字教学要教的读音，不是这样相互歧异的方言的读音，而是合乎普通话语音规范的全国统一的读音，这个规范是拿北京语音作标准的。“人”应该读 rén。

有人说，汉字“书同文”，字形相同，全国通行。尽管各地字音不同，靠统一的字形可以打破方言的隔阂。“人”，说 rén，说 nín，说 yín，说不卷舌的 rén，彼此听不懂，写成“人”，大家看了都懂。这是汉字的优点。

在推广普通话的今天，这个优点恰恰带来了缺点。如果汉字拼音化了，写成 rén，看见这个字，只能读 rén；现在呢，表意的汉字，“人”，看见这个字，可能各照各的方言读，读成各种各样的音。这对普通话的推广是一个障碍，所以说是缺点。要推广普通话，在汉字教学上就不得不打破这个障碍。

汉字教学首先要解决的问题是看见字怎么读；还要补充一层意思，怎么读才读得正确，合乎普通话的语音规范。

为了解决这个问题，多少年来，多少有志之士，作过多少探索，设计过多少方案，进行过多少推行的尝试。早先是直音法，“读曰”“读若”，用同音或音近的字来注出字音。后来有反切法，用两个字，上字取其声，下字取其韵，来切出字音。这种以字注字的方法，要拿读得出用来直音和切音的那些字作前提。那些字本身，又怎么知道都读什么呢？前提不具备，问题没有解决。

后来又有了切音运动，国语运动，国语罗马字运动，拉丁化新文字运动，都不再以字注字，而是制定了一套注音的符号，符号为数不多，可是能注出所有的字的读音。（国语罗马字和拉丁化，目的还在于拼写汉语，可是也起汉字注音的作用。）从直音到反切到拼音，问题才逐渐得到解决。

新中国成立以后，党和政府制定了正确的关于语言文字的政策；总结了千百年来前人的经验，集中了最广泛的群众的意见，制定了《汉语拼音方案》，这个问题才圆满地得到解决。

《汉语拼音方案》是迄今为止的最完善的方案。《汉语拼音方案》用来为汉字注音，能注得正确，声、韵、调都合乎规范，能注得清晰，不同的音位都能明显地加以区别。

有了《汉语拼音方案》，汉字教学就得到一个锐利的工具，用这个工具，看见字，就能读出来，读得正确。

教师用这个工具来教学生。教师也有不认识的字，用这个工具来自己学。学生不是时时都有教师在身边可以请教的，用这个工具来自己学。要识的字不是课堂、课本全都教得到的，用这个工具从字典里学。总之，掌握了这个工具就能解决汉字读音的问题。

有人不这样看，认为教汉语拼音是加重了学生的负担，是在语文课内加了一门外文课；主张解决汉字读音问题要回到直音法去，汉字总归只有四百多个音，先学四百多个汉字，就可以给其他的字注音。而且，学会四百多个汉字比学会二十六个拼音字母不知道要容易多少倍。

这四百多个字又怎么知道它们读什么呢？提出这个主张的人没有

说；这四百多个字怎么才读得正确呢？提出这个主张的人也没有说。问题并没有解决。

至于说学会四百多个汉字比学会二十六个字母不知道要容易多少倍，那是一个奇谈。这些年来小学学会汉语拼音，就教学时间说，大约是四周。比这还容易多少倍，那就只需要一周，半周，甚至比半周还少。办得到吗？很难作出肯定的回答。

从教学实践看，从《汉语拼音方案》施行以来的教学经验看，这个主张不会被接受，是可以肯定的。《汉语拼音方案》应用于教学，不是可以取消、削弱，而是应该加强。

有人说，汉字百分之八十是形声字，形声字是意符加声符，看见声符就能读出字音。“芬、吩、纷、氛”，看见声符“分”，知道都读“分”，用不着再用什么拼音字母 fēn 来注了，用不着一个一个地学，都可以一串一串地学了。

可是作为声符的字的本身怎么知道它读什么呢？形声字占汉字百分之八十，其余的占百分之二十。通用汉字大约七千，百分之二十是一千四，这些非形声字又怎么知道它们读什么呢？

由于语音的变化，声符字组成的形声字有不同的读音。“贫、盆、扮、颁、盼……”就不能从“分”读 fēn 了。不能把“扮演”读成“分演”，把“盼望”读成“分望”。

形声字哪些字能全照声符读，哪些字不能全照声符读，不知道。不能全照声符读的字当中，哪些字能照声符读，哪些字不能照声符读，不知道。不能照声符读的字该读什么，不知道。

长时间的语言的发展变化，形声字的表音功能，有的减弱，有的消失了。不从这个变化出发，认为汉字百分之八十是形声字，凭形声字可以解决汉字读音的问题，是不符合汉字的实际的。

凭声符读出字音，说是汉字的优点，可这个优点恰恰带来了缺点。常常听见不少的人把“造诣”读成“造旨”，“玷污”读成“占污”，“赡养”读成“詹养”，“破绽”读成“破定”；而把“同仇敌忾”读成“同仇敌气”，把“刚愎自用”读成“刚复自用”的，还是有较高文化水平的人。

这个缺点反映在教学中，小学生学了形声字的结构，正要举一反三，触类旁通，可是碰了壁。他们觉得很奇怪，“注柱”都读 zhù，为什么“住往”不能都读 zhù，单立人就读 zhù，双立人就读 wǎng 呢？“枉”读 wǎng，“往”也读 wǎng，为什么不写成“徃”呢？老师没法回答，只能一个一个地教，让学生死死记住。

只有用汉语拼音字母给注出来，这个汉字读音的问题才能解决。说来说去，选来选去，试来试去，还是汉语拼音好。

《汉语拼音方案》1958 年全国人民代表大会通过，国务院公布，教育部通知各地学校施行，到今天二十五年了。这些年来，汉语拼音应用于教学，取得了很大的成绩。一个小学生上了一年学，就能用汉语拼音字母读出任何一个汉字，声、韵、调都读得正确，拿本字典就能自个儿解决汉字读音的问题。这个事实不容抹杀，这个成绩不容否定。虽然教学效果不平衡，有些效果差的还做不到这样。但是，这只是还没有做到，还没有完全做到，而不是做不到。

小学生入学，先学拼音字母，用来学识字。统编教材，全国通用的，是这样编的，有些地区自编的教材，有些为实验编的教材，无论随课文识字的，集中识字的，也都是这样编的。这些教材处理教学上的别的问题有许多不同，应用汉语拼音于识字教学，这一点是相同的。

为什么？长时间的实践证明，汉字教学离不开汉语拼音，应用汉语拼音才能够解决看见字怎么读这个首先要解决的问题。

尽管有的人反对，说汉语拼音字母这么不好，那么不好，可是，万千实践着的人不会同意这个反对，不会抛弃这个行之有效的识字工具。

汉语拼音应用于教学是不是已经应用得充分了呢？

这要从整个语文教学来看。汉字教学只是语文教学的一个部分。语文教学的目的在于教学生学习语言。认识文字只是认识用来书写语言的符号。学习文字不是目的，学了文字，用来学习文字书写的语言才是目的。

有没有文字的语言，可是，没有没有语言的文字。文字的教学一定要同语言的教学联系起来。

当前的识字教学，就这一点说，联系是不够的，汉语拼音应用于学习语言是不充分的。

说不充分，表现在只用来为汉字注音，没有用来拼写汉语。《汉语拼音方案》不是汉字注音方案，也不是汉语“音标”，而是为拼写汉语设计的一套“字母”。汉字是书写汉语的，汉语拼音字母既然能够拼写汉语，当然也能够为汉字注音。汉语拼音字母应用于汉字教学，是从这个意义来说的。

如果仅仅是为汉字注音，那么，为汉字注音的符号早就有了，汉字形式的有注音字母，拉丁字母的有国语罗马字，用了多年的ㄅㄆㄇㄈ一套完全能胜任。为什么要新订《汉语拼音方案》呢？

就说新订方案，按汉语音位，按音素分析，能表示声、韵、调就行，为什么还要订出有关界音、大写什么的这些规则呢？可见这套字母是用来拼写汉语的。如果这方面加以利用，不仅注字，还注词、注句、注篇，就可以在学习文字之外，用来学习语言，或者大胆一些，进一步纯用这套字母来书写汉语，用来学习语言，起的作用更大了。可惜，没有这样应用。

说应用不充分，还表现在只用来注生字，注第一次出现的字。似乎从生到熟没有个过程，生字注一次就熟了，第二次不注就能识。事实不是这样。即使照一些人说的，拼音字母是识字的拐棍，丢拐棍也丢得太早了，不到丢的时候就丢了，一瘸一跛地不能大踏步前进。用于认知，不用于巩固，只用了一半。如果充分应用，时时都得到拼音字母的帮助，就可以做到没有读不出的字，就可以读得更多更快，更有利于学习语言。可惜，没有这样应用。

说应用不充分，还表现在只用来识字没有用来直接地学习普通话。照注音读出汉字来，读用汉字写成的课文，然后绕弯儿间接地去学普通话。手边有一套语文课本，翻了第一、二册都没学“谢”字。这个最常用的礼貌语言，如果只靠汉字来学，上了一年学还没学到。如果用汉语拼音来学普通话，就学得更直接，更正确，不受汉字的限制了。可惜，没有这样应用。

说应用不充分，还表现在只用在读，不用在写。小学生能说的话，想写的话，远远超过所学的汉字所能写出的范围。想写什么，感到字不够用。作文的大门，让汉字把着，闯不进去。如果充分应用汉语拼音，想写什么，会写的汉字用汉字写，不会写的汉字，用拼音写，还没学汉字，全用拼音写，汉字够用了，全用汉字写。这就可以秉笔直书，畅所欲言，对学习写作大有好处。可惜，没有这样应用。

这些“不充分”，许多教材都有。生字注音，一面之缘，从此遂成永别。拿着好工具不使用，太可惜了。

充分应用汉语拼音，提高汉字教学的功效和速度，这是汉字教学改革研究的重要课题。这个课题的研究，黑龙江省进行的“注音识字，提前读写”的实验迈出了可贵、可喜的一步。

黑龙江的实验是在佳木斯、拜泉、讷河三地进行的，1982 年秋季开始，实验了一年，取得了很大的成绩。

实验的原则是识字教学更紧密地联系语言教学。做法是充分应用汉语拼音字母，用来识字、阅读、写作、学普通话。具体分以下几个步骤：一、学好汉语拼音字母；二、读纯拼音的课文；三、读注音汉字的课文；四、读注音汉字的课外读物；五、用纯拼音写作；六、用拼音夹汉字写作，用汉字夹拼音写作；七、照写字规律系统地专学写字。

实验班入学条件和一般学校相同，学了一年，取得的成绩，主要是：

熟练地掌握汉语拼音字母，做到直呼音节，读什么都能顺顺当当读出来；

读纯拼音的课文，平均一个学生读了 28 篇；

读注音汉字的课文，平均一个学生读了 59 篇；

读注音汉字的课外读物，平均一个学生读了 105 篇；

识汉字，平均一个学生识了 1 080 个；

作文，平均一个学生写了 39 篇。

这些数量之中都具有一定的质量，如直呼音节达到的程度，朗读、复述、理解、概括的能力，写作的内容和表达，普通话的听说等，详见实验报告。

语言的学习是同思维的发展分不开的。语言上的词、句、篇章，同思维上的概念、命题、推理相联系。充分应用汉语拼音字母，早读早写，多读多写，这些语言上的发展，必然有与之相应的思维的发展。从这一点说，这个实验的意义更重大了。

一句话，把识字、拼音、语文教学联系起来，把识字教学融合在语言教学之中，这是个可以肯定的正确的方向。

实验的成果还只是初步的，时间短，才一个学年，规模小，才一市两县的六所学校。还有不少问题需要研究，还有新的问题将被发现，都要再探索，再改进，再提高。拿这个初步的成果做基础，朝着这个正确的方向，坚持不懈，继续前进，必能取得更大的成绩。

识字教学的改革是语文教学改革的一个重要部分。这些年来，改革已经取得的成绩要肯定，可是改革还有不足，要继续。有些人说，识字教学的问题已经解决了，仿佛改革已经达到了顶峰，怕不能这样说。

改革的研究实验，不宜只着眼于汉字本身。文字是书写语言的工具，文字的教学要同语言的教学联系起来。随课文识字，注意到这个联系，行得很久，行得很广，取得了成绩。集中识字，从字出发，也要读词、读句、读课文，也要注意到这个联系，才更能取得成绩。黑龙江的实验，突出地把这个联系当作改革的原则，力求加强、加快，力求符合汉字的实际，符合儿童学习语言、发展思维的实际，这一点很值得重视。

读书必先识字，“蒙养之时，识字为先，不必遽读书。”这是识字教学的老办法，老理论。字都不识怎么读书呢？对。可在有了汉语拼音字母的今天，这个老办法、老理论，应该重新认识，反过来加以补充，在读书中也能识字。充分应用汉语拼音，不识汉字，就能读拼音的书；而且，读注音汉字的书，课内的，课外的，读得出，读得懂，读得多，同这些书里的汉字，经常见面，一回生，二回熟，老朋友了，还能不认识？黑龙江的实验，开头没有也不敢预计到这一点，一年之后，实际认识的字大大超过预期认识的字。成绩叫人难以相信。这个“难以相信”，启发人们去研究，特别要从汉语拼音这个角度去研究。

《汉语拼音方案》用于拼写汉语，语文教学教给学生的正是汉语。《汉语拼音方案》的制定是作为汉字改革的一项重要措施，识字教学教给学生的正是汉字。宪法规定要推广普通话，语文教学必须以推广普通话为任务；普通话的含义不仅是语音，而是语音、词汇、语法都规范化的现代汉语。汉字、汉语、普通话，即规范化的现代汉语，这些，语文教学该怎样对待，语文教学改革该怎样对待，这当中有许多问题太值得研究了。

小学拼音教学的目的*

拼音字母的作用

拼音字母是帮助语文教学的有力工具。小学阶段教学生学习这套字母是为了：

一、帮助识字。识字是小学语文教学的重要任务。识字之外，还有阅读和写作，可是识字是基础。识字首先要求看见一个字能够读出字音。读出字音之外，还有辨认字形和了解字义，可是读出字音最为重要。汉字不是拼音文字，字的本身不能显示出它的读音。教小学生学会了拼音字母，就能利用拼音字母来读出字音，又便利，又准确，识字问题的解决，能够得到很大的帮助。

二、帮助学普通话。学普通话也是语文科的重要任务。这个任务能否完成，关系到祖国下一代能否说普通话，关系到普通话这个交际工具能否推广。普通话教学的重点在语音。方言同普通话的差异，首先是语

* 选自蒋仲仁著：《小学拼音教学》，上海教育出版社 1963 年版。

音，其次是词汇，最后是语法。教小学生学会了拼音字母，就可以利用拼音字母来按照标准的语音规范，准确地学习普通话。

识字是阅读的基础。拼音字母既然可以用来帮助识字，也就能够起帮助阅读的作用。由于汉字很多，通用的就有五六千个，常用的也有一两千个，不能等待这许多字都认识了才开始阅读；即使常用的字认识了，随着阅读范围的逐渐扩大，难免会遇到一些非常用的字需要认识，才能够读下去；同时，学过的字总会有一些忘了，出现“回生”的现象，造成阅读的障碍。教小学生学会了拼音字母，就能利用拼音字母来解决这些字的读音问题，让阅读能够顺利进行。

小学阶段，尤其是较低年级，写作的一大难关是有些字写不出来。小学生想说的话，能说的话，远远超过他们能识的字所能写出的范围，而且能读的字还不一定都能写。因此，写作的进行不得不在这座难关面前停下来，考虑某些字怎么个写法，实在写不出来，有时竟至于割爱，索性牺牲这一层意思不写。这个障碍给培养写作能力带来很大的损害。教小学生学会了拼音字母，就能利用拼音字母来暂代写不出的字，让文章顺顺当当地写下去。因此，学会拼音字母还能起帮助写作的作用。

拼音字母的作用，帮助识字是主要的，可是识字、阅读、写作、说话，四者之间又是相互联系和相互促进的。识字借助拼音字母，就能提高效率，就能为阅读打好基础；阅读借助拼音字母，就能撤除生字的障碍，顺利进行，就能使识字趋于熟练和巩固；字识得多，书读得多，就能提高写作能力，同时，写作借助拼音字母，又能替代写不出的字，做到秉笔直书，畅所欲言；学习普通话借助拼音字母，就能有所依傍，说得准确，而拼音字母在识字和阅读中所起的正音作用，又能有助于普通话的学习。总之，学会了拼音字母，识字、阅读、写作、说话各方面的能力都将有所提高，加起来的总和就是整个语文教学效率的提高。

拼音字母是帮助语文教学的有力工具，要善于利用这个工具，要充分利用这个工具。

利用的必要

有人说，教小学生识字，不一定要借助拼音字母，利用汉字的特点来教就够了。

比方，汉字虽然很多，可是有许多是同音字，可以利用这个特点，采取“同音归类”的办法。如“冬、东、董、洞、动”归作一类，只要认识一个“冬”，其余都可以类推，也认识了。这个办法能在读音上起“举一反三”的作用。可是，所“举”的“一”——如“冬”，怎么知道它读 dōng 呢？“一”都不认识，又怎么去反“三”呢？而且，同音归类的“类”，据汉语的音节数来说，不分声调，也有四百多类，一类举一个字来作标兵，就有四百多个字需要先学，然后才能“类推”。拼音字母只用二十几个字母（就声母韵母说也只有五十几个）就能拼出所有汉字的音。比较起来，拼音字母简便得多了。

再说，在阅读的材料里，同音字是分散出现的，读的时候不可能举一反三，而且也难于在“东、董、洞、动”的旁边都给注上个“冬”字。显然，远不如运用拼音字母，或者全文注音，或者难字注音，让人一看字母，便知读音。

两相比较，还是拼音字母好。

又比方，汉字大多数是形声字，可以利用这个特点，采取“形声字识字”（又叫“基本字带字”）的办法。如“古、故、估、沽、姑、固、辜”归在一起，只要认识一个“古”，其余的都可以类推，也认识了。这个办法也能在读音上起“举一反三”的作用。可是，形声字表音的部分虽然相同而字音不一定相同，“举一”之后，其余的有的可以“反”，有的却不可以“反”。“故、估、沽、姑、固、辜”固然读“古”，“怙、祜、苦、枯”就不能读“古”了。不仅如此，哪些可以“反”，哪些不可以“反”，又没有个界限。因此，看见“油、袖、轴、邮、岫、蚰、釉、抽”这些字，既不敢说都读“由”，也不敢说哪些读“由”，哪些不读“由”而读什么，结果，还得一个一个地学。字都已经认识了才来类推于事后，而不能开始认识生字的时候就类推于事前，帮助识字的作用大大受到限制了。

用拼音字母注音来帮助识字，让人一看字母，便知读音，不用犹豫猜测，就能便捷而又准确地读出字音来。

两相比较，也还是拼音字母好。

当然，在识字教学中可以利用同音字来辨析读音相同而意义不同的字，利用形声字来分析字的结构，这些利用，能起一些帮助掌握字形和字义的作用。可是，同音字和形声字的利用并不能代替或者降低拼音字母帮助识字的作用；而且，利用同音字和形声字来帮助识字，同时也还要利用拼音字母来帮助读出字音。识字教学中要解决读音的问题，如果不是几千个字都依靠教师一个一个地教，而要采取以简驭繁的办法，那么，办法就是利用拼音字母。

读出字音最重要

有人说，教学生识字，除了读出字音之外，还要辨认字形和了解字义，三者缺一不可，为什么说读出字音最为重要呢？

文字是语言的记录，是语言的书面形式，而语音是语言的物质外壳，是构成语言的主要因素。听人说话，只听见语言的声音，而没有看见什么文字的形状，就能够了解对方的意思。文字既然是记录语言的，那么，读出字音就等于听见说话，就能了解对方的意思。（当然，了解不了解还有个内容问题，那是另一性质的问题，听人说话，也有这个问题。）这就是古人所说的“声入心通”，“读于口遂即达于心”。这样说来，借助拼音字母读出字音，识字问题的解决就能得到很大的帮助。

小学阶段，语文教学上还有个特点，那就是小学生口头语言的能力超过了他们的书面语言的能力。小学生入学以前，早就学习了口头语言，可是他们一直到入学之后才开始学习书面语言。他们懂得了许多的话，所苦的只是不认识这些话的书面形式——文字。这时候，借助拼音字母把字音读出来，就满足了这个要求。比方，看见“爸爸妈妈”几个字不认识，借助拼音字母 bāba、māma 读出来了，“哦，原来这就是‘爸爸妈妈’！”又比方看一本故事书，借助拼音字母的注音，全给读出来，就等于听人讲这个故事。这样说来，借助拼音字母读出字音，识字问题的解决也就得到很大的帮助。

当然，读出字音之外，还有字形需要辨认，要教学生辨识字的笔画和结构，如“人”是一撇一捺，“江”是三点水加一个工字；还有字义需要了解，要教学生分辨同一个字音，由于意思不同，有的要用不同的字来代表，如“敬礼”的“礼”要用“礼”，“道理”的“理”要用“理”。这都是识字教学里应该做的工作，可是，这并不降低了读出字音在识字教学里的重要性。

语文教学，识字是基础。识字教学，读出字音最重要。帮助读出字音，拼音字母是又便利又准确的有力工具。

教学的时间

有人说，拼音字母可以帮助识字，可是，教小学生学习拼音字母，需要一定的时间，一般需要四个星期，有的比四个星期还要多。如果这段时间用来教识字，可以识几十个或一百个字了。教拼音字母，为的是帮助识字，这样一来，反而耽误了识字，得失之间该怎么个衡量，还是个问题。比方，有两位教师，一位教师还在教学生读 abcd，另一位教师已经教学生认识好些字了。究竟哪一位教师做得对？

问题不能这样看。古人说过：“工欲善其事，必先利其器。”两个人同时割草，一个人操起镰刀就割，另一个人却先霍霍地磨镰刀。这段时间，一个人割了一些草了，而另一个还没有。后来呢，镰刀磨锋利了的那个人割的草又快又多，原先“耽误”的那一点儿活儿也给补上了。当然，比喻不过是比喻，割草同识字不完全一样，但是，其间并不是没有可以相通的道理。无论干什么，总需要工具——“器”，而且“器”还要“利”，而且“利其器”还要“先”，而且“先利其器”还是“必”要的。教识字要先教好帮助识字的工具——拼音字母，这个道理是相通的。

教小学生学会拼音字母，要用几个星期，如果说这几个星期“耽误”了学认几十个或一百个字，那么，学会了拼音字母所得的益处，弥补这点儿“耽误”而绰绰有余。光就识字说，小学生掌握了拼音字母这个工具，认读生字，复习熟字，读准字音，分辨读音相近的字，分辨一字数读的字……这些方面都得到帮助，从而在数量上、质量上、速度上提高了识字的效率。这就远比仅仅在开头几个星期多识几十个或一百个字，收获多得多了。何况识字之外，拼音字母在阅读、写作、学习普通话这些方面还能起帮助的作用。

从整个语文教学着眼，从拼音字母在识字、阅读、写作、说话各个方面的作用着眼，小学生入学之初，用一定时间学习拼音字母，是必要的，是值得的。

帮助阅读

有人说，拼音字母用来帮助识字，这样提就够了，不必再提帮助阅读；而且所谓帮助阅读，无非在阅读中遇见不认识的字借助拼音字母把它读出来，作用仍然是帮助识字。

这个话不错，可是不完全。拼音字母在阅读中所起的作用虽然也可以说是帮助识字，可是毕竟有不同的地方。如果只提帮助识字而不再提帮助阅读；那么，在教学活动中，在教材编辑的工作中，拼音字母的运用就会局限在识字这个范围之内，而不能充分发挥其作用。比方，课本里就仅仅在生字表上用拼音字母注音，而不必采取课文注音或难字注音的办法；教学的时候也就仅仅用拼音字母帮助认识生字，而不必用来帮助阅读课文和阅读课外读物。这样做的结果，拼音字母的作用缩小了，可起作用的地方不让起作用，对语文教学是不利的。

识字为的是阅读，反过来，阅读又能巩固识字。识字的巩固，不能一蹴而就，要依靠阅读中反复接触才能达到。在阅读进行中常常会碰到字的障碍。一种障碍是有些生字还没学过，因为除了语文课本之外，其他读物不可能按已经学过的汉字范围来编写；还有一种障碍是有些字虽然学过，可是给忘了，“回生”了，熟字变成了生字。这两种障碍是经常碰到的，是不可避免的。这时候，利用拼音字母发挥其帮助阅读的作用，采用全文注音或者难字注音的办法来编课本，编课外读物，障碍就可以撤除了。

这样办，既扩大了小学生阅读的范围，从而对提高阅读能力有帮助；同时从比较广泛的阅读中增加了接触字的机会，从而对巩固识字有帮助。结果，识字和阅读可以做到双丰收。

不这样办，只在识字教学中教生字的时候利用一下拼音字母，而不用来帮助阅读；那么，阅读进行中的字的障碍无从撤除，必然限制了阅读范围的扩大，从而接触字的机会也相应地减少。结果，帮助阅读既不能起作用，连帮助识字（从认识到巩固）也不能很好地起作用了。

小学拼音字母教学，既能帮助识字，又能帮助阅读，这样提，是有利的，是必要的。

帮助写作

有人说，学会拼音字母以帮助写作，这个作用不显著。至多，写不出的字用字母暂代一下而已，不值得提出来。

当然，写作能力的培养，着力之处很多，选取材料，确定中心，谋篇布局，用词造句等，缺一不可；可是，小学阶段，尤其较低年级，除了上述各项之外，不可否认的，帮助学生用文字把想说的话写出来，也是一项重要的工作。前面说过，小学生的口头语言的能力超过他们书面语言的能力，他们能说的话远远超过他们能识的字所能写出的范围。有好些话会说不会写，这个问题怎么解决呢？

解决的办法只有两个：一个是问老师，请老师给写出来；一个是学生自己用拼音字母暂代。还是后一个办法好。因为，写作不一定在课堂上，老师不会时时都在面前；而且问老师，求助于人，当然不如写出字母，出在自己手上这样方便。实践证明了这一点：写作上的其他工作都做了，一个学生没有掌握拼音字母用来暂代写不出的字，写作的进行不得不在这个障碍前面，趑趄不前；另一个学生掌握了拼音字母，写不出的字就用拼音字母暂代，就能顺流而下地一直写下去。一次如此，许多次都如此，一个学生常常是疙疙瘩瘩，一个学生常常能畅所欲言，写作能力的培养和提高不能不受到影响。

利用拼音字母帮助写作，这个办法是小学生自己提出来的。试一翻阅小学生的作文本或其他作业，就可以看见不少的学生用拼音字母来代写不出的字。不仅这样，小学生写信，写字条，有的夹用拼音字母，有的全用拼音字母。他们既然掌握了一种工具，就会自然而然运用这个工具来为交流思想服务。

根据这个事实，承认小学生在实践中提出的办法，对拼音字母帮助写作的作用给予足够的估计，因势利导，充分发挥拼音字母可能发挥的作用。说拼音字母能帮助写作，这样提，也是有利的，有必要的。

小学拼音字母教学的目的是帮助识字，帮助学普通话，又能起帮助阅读和帮助写作的作用，可以这样提，应该这样提。帮助学普通话一点，没有什么异议，如果说有，那是对普通话教学的重要性认识不足，认为小学教普通话不那么重要，因而帮助教学的工具更不重要，这是另一种性质的问题了。

小学拼音教学的要求*

掌握音节

小学拼音教学的要求，应该根据小学拼音教学的目的来确定。

小学拼音教学的目的是帮助识字，帮助学普通话，还要发挥帮助阅读和帮助写作的作用。为了达到这个目的，必须在教学上提出一个总的要求：熟练地掌握音节。

音节是语言里能够明确响亮地听出来的语言单位。比方“我来了”这句话，虽然“我”包含 w 和 o，“来”包含 l、ɑ 和 i，“了”包含 l 和 e 这些个音素，可是能够明确响亮地听出来的是“我”“来”“了”三个单位，就是三个音节。可以说，语言，就语言说，就是由音节组成的。

汉字就是代表汉语音节的。一个字代表一个音节（儿化韵的音节往往用两个汉字来代表，如“花儿”两个字代表 huɑr 一个音节，那是例外，而且为数很少）。音节是由一个音素或者几个音素组成的。比方

* 选自蒋仲仁著：《小学拼音教学》，上海教育出版社 1963 年版。

“啊”“额”就是一个音素一个音节，“爱”“巴”“班”“专”就是几个音素组成一个音节。音素用字母来表示，“啊”的音素用 a 这个字母来表示，组成“爱”的音素用 a 和 i 两个字母来表示。

拼音教学就是教学生认识字母，知道哪个字母表示哪个音素，哪些音素组成哪些音节。

必须掌握音节，才能帮助识字，帮助学普通话，才能发挥帮助阅读和帮助写作的作用。以帮助识字为例，比方，看见“郑”这个字不认识，利用拼音 zhèng 来帮助。帮助什么？帮助读出“正”这个音节来。如果还没有掌握音节，那么，虽然掌握了 z、h、e、n、g 五个字母，甚至于掌握了 zh 这个声母和 eng 这个韵母，而没有掌握“正”这个音节，就不能起帮助识字的作用。其余帮助阅读等的作用也是如此。

不仅必须掌握音节，还必须熟练地掌握音节。仍以帮助识字为例，如果没有熟练地掌握音节，那么，虽然也能够读出“正”这个音节，可是要绕一些弯子，z 和 h 表示声母“ㄓ”，e 和 ng 表示韵母“ㄥ”，“ˋ”表示第四声，zh 和 èng 相拼，zh-èng，最后才读出“正”这个音节。这样迟滞迂缓，必然大大降低了帮助识字的作用。其余帮助阅读等的作用也是如此。

因此，拼音教学必须要求学生掌握音节，而且做到熟练的地步，才能够圆满地达到拼音教学的目的。

完整的一套

拼音字母表示汉语音节，要依照《汉语拼音方案》的规定。依照这个规定，拼音字母就能够充分地、准确地、完备地、经济地表示汉语的音节。说它“充分”，是指汉语所有的音节，这一套字母都能毫无遗漏地一一表示，无论拼写汉语或者给汉字注音，都能完全胜任。说它“准确”，是指汉语音节的声、韵、调都能准确地表示，不同的音节都能清楚地加以区分。（当然，字母不是音标，所谓准确，不能要求像音标那样的精密。）说它“完备”，是指音节界限分明，多音词的音节与音节之间没有任何混淆，能够适应正字法的需要。说它“经济”，是指这些规定，必有者有而可无者无，只要能省减的都省减了，如 ü 上两点的省略，i 之兼表 ï 等，运用便利，学习也便利。

汉语拼音字母是一套完整的拼写汉语的字母。既然是一套，又具有完整性，所以不能割裂，不能再省减。要用这一套完整的字母才能够正确地表示汉语的所有音节。

小学拼音教学的要求是掌握音节，必须把这完整的一套教给学生，才能够达到掌握音节的要求。

几种设想

小学拼音字母教学的要求怎样达到，是一次达到，还是分步达到，如果分步，怎么分法，这都牵扯到拼音教学的内容安排。这是一个有争论的值得研究的问题。

可以设想这样的安排：一年级教拼音字母的时候，音节分界的处理，即头母 y、w 的使用，先不教，留到以后，二年级或三年级才教。这样安排的理由是减少教学的困难，不让初入学的儿童学习比较复杂的教学内容；不用头母 y、w 也能够表示有关的音节，一样地起为汉字注音的作用。比方，“衣”注 i 而不注 yi，“屋”注 u 而不注 wu，“鱼”注 ü 而不注 yu，注音的作用一样。

可以设想这样的安排：一年级教拼音字母的时候，韵母“ㄧㄡ、ㄨㄟ、ㄨㄣ”只教它的基本式 iou、uei、uen，不教它的省略式 iu、ui、un。省略式留到以后，二年级或三年级才教。这样安排的理由是减少教学内容，减轻教学负担；用基本式不用省略式一样地起给汉字注音的作用。比方，“球”注 qiou 而不注 qiu，“岁”注 suei 而不注 sui，“轮”注 luen 而不注 lun，注音的作用一样。

可以设想这样的安排：一年级教拼音字母的时候，ü 上两点一律不省略。ü 上两点的省略留到以后，二年级或三年级才教。这样安排的理由是哪些音节省略哪些音节不省略，怕学生搞不清楚；不省略对注音没有妨害。比方，lü、nü、jü、qü、xü 里一律用 ü，而不是 ju、qu、xu 里用 u 不用 ü。小学生学习起来方便一些。

可以设想这样的安排：一年级教拼音字母的时候，只教小写字母，不教大写字母，大写字母留到以后才教，或者直接不教。字母名称，字母表也不先教，留待以后才教，或者直接不教。理由是减少教学内容，减轻教学负担，而且认为这些教学内容对小学生说不必要或者不十分必要。

以上的这些设想，总的说来，为的是初学阶段便利教学，采取的办法是减少教学内容；之所以采取这个办法，是出自这样的认识——教这些内容就够了，就能让拼音字母起帮助教学的作用了。

究竟初学阶段只教这些内容是不是够了？这样安排是否真正地便利

教学？要便利教学，除了减少教学内容还有没有其他途径？这是值得研究的问题。

一套和两套

教学内容能否减少，要看教学要求能否达到。教学要求是根据教学目的来确定的，因而还要看教学目的能否完成。

“衣、屋、鱼、球、岁、轮”这些音节，为了减少教学内容，不用头母 y、w；不用省略式 iu、ui、un；注成了 i、u、ü、qiou、suei、luen。这样办，初看似乎可行，可是仔细一想，就会发现有问题。

就拼写音节说，字的读音固然能够借助这样的字母读出来；可是按照《汉语拼音方案》的规定，i、u、ü 只能看作韵母而不能看作音节，要 yi、wu、yu 才能看作音节。如果只教 i、u、ü，还不能说是达到了正确地掌握音节的要求。

就教学目的说，用 i、u……给“衣、屋……”注音固然也能达到帮助识字，帮助读出字音的目的，可是帮助阅读的作用就不能发挥。注音读物总是依照《汉语拼音方案》的规定来注音的，规定的是 yi、wu……而不是 i、u……，只学 i、u……就不能起帮助阅读的作用。而阅读又是巩固识字所必需，因而 i、u……帮助识字的作用也要降低了。

为了便利教学，如果孤立地看，当然教学内容少比教学内容多好。可是这要跟教学的目的和要求联系起来考虑。“少”到不能适应教学要求，不能达到教学目的，那么，“少”就要成问题，“少”就不见得比“多”好。

减少教学内容之后，是不是真正便利教学呢？这也不能孤立地看。少教点什么总比多教点什么便利，这是就一定的教学阶段说的，从整个教学过程看，如果某个教学阶段内的便利反而给整个教学过程带来不便利，那就要慎重考虑。

初学阶段学的是 i、u、ü、qiou、suei、luen，可是，以后，二年级或三年级，还要另学一套 yi、wu、yu、qiu、sui、lun。所谓另学一套，并不是光指新增的教学内容（逐渐增加新的教学内容是一切教学所必需的），而是新教的一套是用来改变原来的一套的。原来的一套，学的时候，唯恐其不熟练，不牢固；可是熟练了，牢固了之后，反而又来努力改变它，忘记它。这样看来，教学上很难说有什么便利了。

这还只是就教学过程“纵”的方面说，再就“横”的方面说，课内教的是 i、u……一套，而课外读的是 yi、wu……一套，不读课外读物则已，要读，就得在 i、u……之外再教一套 yi、wu……。这样看，教学上就也难说有什么便利了。

不仅这样。i、u……一套是不合《汉语拼音方案》的规定的，要 yi、wu……一套才合乎规定。先教一套不合规定的，而后又教一套合乎规定的去改正它。这等于说，不是一开头就教学生学习对的，而是先教给错的，然后又教给对的去改正。这样看来，教学上更难说有什么便利了。

为了教学的便利

要求便利教学，这是必要的。采取以上的办法既然有问题，既然影响了教学要求，那么，就应该考虑其他办法来达到便利教学的目的。

办法是有的，那就是改进教学方法。几年来的教学实践提供了这方面的一些经验。

用头母 y、w 来分清音节的界限，这个教学内容，初看，似乎很复杂，既要分清独立音节和非独立音节，又要分清哪些音节是加上 y、w 和哪些音节是改成 y、w。可是，教学实践提供了一条经验：把头母 y、w 当作声母那样来处理，在学习音节的时候一块儿学习。学 bi、di、mi……的时候，一块儿学 yi，学 bu、du、mu……的时候，一块儿学 wu，学 ba、da、ma……的时候，一块儿学 ya、wa。在学习过程中，学生容易理解，认为 y、w 就跟 b、p、m 一样，处在相同的位置。没有特地学习音节分界法而实际上学会了音节分界法，而且达到了掌握 yi、wu、ya、wa……这些音节的目的。这样办，教学上是能够取得便利的。

“ㄧㄡ、ㄨㄟ、ㄨㄣ”作独立音节的时候用基本式 iou、uei、uen，跟声母拼成音节的时候用省略式 iu、ui、un，这个教学内容，初看，似乎很复杂，一会儿这个式，一会儿那个式。可是，教学实践提供了一条经验，主要只教省略式。这三个韵母跟声母拼成的音节有七八十个之多，教省略式用处最大。这三个韵母作独立音节不过只有三个，而且还应该写成 you、wei、wen，在教音节的时候提出来教给学生，让学生特别注意。没有必要为了这三个音节（事实上 iou、uei、uen 这个形式不算是音节）而使七八十个音节都带上不必要的累赘。这样办，教学上是能够取得便利的。

韵母 ü 跟 j、q、x、y 组成音节的时候，上面两点可以省略，跟 l、

n 组成音节的时候不能省略。这个教学内容，初看，似乎很麻烦，这儿省略，那儿不省略。可是，教学实践提供了一条经验，学习 ju、qu、xu、yu 这四个音节的时候，根本就不写两点，不用先教 ü 再省略为 u。熟记这四个音节之后，遇见后面还有韵腹韵尾的音节，就不再发生省略不省略的问题了。这样办，教学上是能够取得便利的。

其他一些用减少教学内容来便利教学的办法，都可以而且能够用改进教学方法来替代。小学拼音教学还是个新的课题，不少关心的人，尤其是教师，从理论上、实践上提出过不少的教学方法的建议和经验。小学拼音教学法，既要适应教学的要求，又要取得教学的便利，虽然还有些问题尚待研究，可是总能够探索出两全的办法来。

为了便利教学，简化某些教学内容，如某些复韵母鼻韵母不作音素的分析，如手写体字母暂时不教，如采取声介合母的办法来简化韵母的教学等，对教学要求不发生影响，也没有什么不同的意见，而且在以后讲韵母和音节——拼音的教学的时候还要谈到，所以在这儿就不加论列了。

《汉语拼音方案》在教学上的应用*

《汉语拼音方案》公布之后，应用于教学，取得了很大的成绩。特别是在小学，儿童入学，先学拼音，后学汉字。全国通用的课本，一些地区自编的课本，一些实验用的课本，没有不编入汉语拼音的。

《汉语拼音方案》在教学上的应用，首先是帮助认识汉字。

看见一个汉字，不知道读什么，不知道怎么读才读得对，在语文教学上几乎成了一个“永恒”的难题。古人有“直音”，用同音字来注音；有“读若”，用同音字或音近字来注音；后来又有“反切”，用两个字，上字取其声，下字取其韵，用来切出那个音来。这些以字注字的方法，别的缺点且不说，根本的一点，如果连“直音”和“读若”用的那个字，“反切”用的那两个字都不认识，又怎么办呢？为了解决这个难题，若干年来，作过若干研究，设计过若干方案。在切音字运动中，有过各种形式的“新字”；在国语运动中，有过新、老国音，注音字母，还有国语罗马字；在新文字运动中，有过拉丁字母，“北拉”“上拉”“广

---

* 此文发表于《文字改革》1983年第6期。

拉”。[1] 直到中华人民共和国建立，制定了《汉语拼音方案》，这个问题才得到完善的解决。

《汉语拼音方案》总结了若干年来的经验，吸取了近代语音学音素分析的方法，能够准确地拼写现代汉语，也就能拼注用来书写汉语的汉字的读音。这个方案既符合汉语的特点，又符合国际化的原则，迄今为止，是一个最完善的方案。从前的读书人遇见不认识的汉字，能从《广韵》《集韵》的反切上正确地、清晰地读出字音来的人是不多的。不仅一般读书人，即使是“通儒”，如果仅通义理，或只擅辞章，而不专攻音韵之学的，怕也办不到。

现在，一个小学生，上了一年学，就能应用拼音字母读出汉语的每一个音节，声、韵、调都读得正确；上了两年学，就能更趋熟练，拿本字典就能自个儿解决汉字读音的问题。这个成绩应该充分予以肯定。

也有人不这么看，说汉字已经够好认的了，大量的“形声字”，从“声符”就知道读音，用不着什么字母的帮助；甚至于说，学习汉语拼音字母是语文教学的一种负担，是多学一种“外文”；而且拿自己作例证，“我就没有学过拼音字母，不也识字读书了吗?”这样的人是少数，可是这样的看法有害于拼音方案的推行。现在还无法设想，看见不认识的汉字要读出来，正确地读出来，还有什么别的更好的、更能普遍推行的方法。问老师，老师哪能时时都在身边？如果连老师也不认识呢？翻字典，字典上是不是要还原为《广韵》《集韵》等的反切呢？从教学说，这种意见是不会被接受的。

---

① 北方话拉丁化新文字，上海话拉丁化新文字，广州话拉丁化新文字。

《汉语拼音方案》应用于教学，取得了很大的成绩。但是，这个成绩还远远不够。

一是不普遍。不是所有学校都能认真地教，都能取得应得的效果。有的学校，只是因为课本里编进了汉语拼音的内容，不得不走走过场。

一是不平衡。有的教得好，学生能熟练地掌握应用；有的教得差，什么是声母、韵母、声调，教师自己都不清楚，学生更是糊涂。

一是不坚持。低年级熟练，中年级“回生”，高年级全忘。这种现象并非个别。

此外，教师的培训，教材教法的改进，汉语拼音读物的编辑出版，现代化教学手段的采用等问题，也需要解决。

再有，词儿连写、同音词、正词法，也还有许多问题。这些问题都和教学上的应用有关系，有待于进一步研究。

除了不普遍、不平衡、不坚持之外，还有一个不充分的问题。

有人认为《汉语拼音方案》用来帮助识字，当识字的拐棍就可以了，不必应用于别的方面。我认为这种看法太片面。

如果《汉语拼音方案》仅仅用来为汉字注音，为什么不命名为“汉字注音方案”而要命名为“汉语拼音方案”呢？

如果仅仅用来为汉字注音，那么，尽可以沿用过去的注音字母，为什么还要另订新的方案呢？单为汉字注音，注音字母同样能正确地注出汉字的声、韵、调来。

如果仅仅用来为汉字注音，即使不沿用注音字母，照新的方案，那么，“语文”尽可以用 üuen 来注，为什么要写成 yuwen 呢？这个 y 和

w 是干什么的呢？“北”注 bei，为什么“北京”却要作 Beijing 呢？这个 b 和 B 的区别又是为什么呢？

这些问题不能不使人想到，《汉语拼音方案》不仅仅是用来为汉字注音的，正如它的名称所标明的，是用来拼写汉语的。

《汉语拼音方案》在教学上的应用应该以此为根据。单以语文科的教学而论，识字教学之外，整个儿的语言教学包括普通话的教学，《汉语拼音方案》都可以充分发挥作用。

《汉语拼音方案》应该用来学习普通话。

推广普通话，这是上了宪法的。推广普通话，学校是重要的基地，教育工作者负有不容推卸的责任。

《汉语拼音方案》是为普通话设计的，不是为古汉语和方言设计的；如果说普通话的词汇和语法规范还可以借助于汉字，那么，语音的规范就非依靠《汉语拼音方案》不可。

《汉语拼音方案》为推广普通话提供了有力的工具，要充分发挥这个工具的作用。

有人说，用拼音字母帮助识字也就是帮助学习普通话了。一个字一个字都照普通话的语音规范读准了，字组成词，词组成句，都读准了，这不就是学了普通话吗？这个话很对。可是，光凭这点还不够。儿童入学，不能等到学会了足够写出要说的话的汉字之后才学普通话；要学的普通话不能限于用学过的汉字所能写出的范围。

有人说，普通话教学要依靠口耳。教师说普通话，学生听了，跟着说，这就是了。这个话也对。可是这样学普通话要拿教师全都会说普通话而且说得正确来作前提。这个前提现在还不具备。不会说普通话，普通话说不准，这样的教师为数太多了。出于教师之口的不是普通话，入于学生之耳的不是普通话，这就难于仅仅依靠口耳来学了。

有人说，广播、电视、电影、报告、演讲以及社会上种种使用语言的场合，都可以从中学习普通话，而且学得很直接，不用什么拼音字母，不用什么汉字，文盲都可以学。这个话也对。可是，从学校教育说，总不能把教学普通话的任务全都推给社会，听任学生随便去学；相反，倒是要有计划、有步骤地进行教学，把这个任务担起来，千方百计地去完成。

可以这样设想：语文课本之外，利用汉语拼音字母，编写学习普通话的课本，先编四册，供小学一、二年级用，和语文课本相辅而行。在课本中编入课堂和学校用语、家庭用语、社会生活用语，编入故事、儿歌、小剧本等。教材的语言要求合乎普通话的规范，合乎礼貌语言的要求，还要配以适当的精美的插图。有了这些教材，学生学普通话，教师教普通话，都有了凭借。教材是用拼音字母写的，照着读就是。如果看见汉字“谢谢你”有可能读成 xiàxià nóng，那么看见 xièxie nǐ，只可能有一种读法，合乎普通话语音规范的读法。

教师不会说普通话或者说不准的，这一来可得到很大的帮助，可以“照本宣科”。学生更不用说，他们正处在学习语音的最佳时期，有了拼音字母的帮助，普通话必定能学会，也许比教师学得快，学得好，青出于蓝而胜于蓝。

经过这样的学习，两年工夫，常用的语言都会说了，打好了学习普通话的基础。每年有千万小学生都这样学习，“六五”期间，八十年代末，或者更远一点儿，全国推广普通话的工作该取得多大的成绩！

用汉语拼音字母编成学习普通话的课本，作为语文教学的一个组成部分，它的意义不只在于学习普通话，还在于改进语文教学，提高语文教学的质量。

语文教学是教学生学习语言，语言包括口头语言和书面语言。儿童学习口头语言比学习书面语言早得多，从婴儿时期就开始了，学听，学说；听懂了许多话，会说了许多话，一直到六岁才开始学读，后来才学写。儿童学习口头语言又比学习书面语言机会多得多，不仅从那本薄薄的语文课本学，还从广播、电视、电影和一切应用口头语言的机会学。这个“早得多”和“多得多”使儿童口头语言的发展远远超过书面语言的发展。这是语文教学的一个矛盾。在小学，特别是低年级，这个矛盾尤其突出。

学习书面语言，学读学写，都要从文字学起。

就读说，《小猫钓鱼》《曹冲称象》，这样的故事，不少儿童在入学之前早就听过了，早就会讲了，语言和内容都能理解，都能掌握。上了小学，应该拿这个做起点，继续前进；可是受到所识的字的影响，不能继续前进，只能停滞在这个水平上。试看小学低年级课本，那么单薄，一学期就读那么几篇文章。课外读物也是看“画书”多，看“字书”少。原因不是别的，是学的字不够用。

就写说，儿童能说的话远远超过拿学过的字写下来的范围。许多话都会说，还说得很好。一提笔写就感到字不够用。不仅低年级，就是中高年级，每上作文课，多少学生要问：老师，某某字怎么写？老师，某某字怎么写？教师如果不是教学生利用音序排列的字典，而是都给写出来，常常是写满一黑板。

口头语言和书面语言的差距的矛盾，不得不使语文教学的进行，使学生语言的发展，受到莫大的阻碍。

解决这个矛盾，最好的办法是教学生迅速掌握足够的字来读来写。但是，由于汉字字数多，形体繁，难以迅速掌握，据一般统计，常用字共约二千五百个。学完这些字，进度快的也要到小学二年级期末。照这种进度来发展儿童语言，是很困难的。

可以这样设想：让口头语言的发展和书面语言的发展分成两条道来进行。一条道照原来的办法，识一些字，读一些课文，另一条道是用拼音字母编写学习普通话的教材，这些教材不受汉字不够用的限制，该怎么说就怎么写，教材的语言和内容，该怎么提高就怎么提高。学生要写什么，也不受汉字不够用的限制，怎么说就怎么写，畅所欲言；或者来个“雨夹雪”，学过的汉字就写汉字，没学过，写不出，就写拼音字母。

这两条道，各从各的起点，各按各的可能的进度，都在前进。前进到一定的时候，掌握的汉字够用了就用汉字来读来写，汇合到用汉字这条道上来。

这两条道的办法，可以用个比喻的说法。汉字对拼音字母说：“请便，你先走吧！不用等我啦，我这儿有点儿耽搁。我会赶上来的。到了下一站，咱们又走在一块儿了。”

两条道相互有联系。用拼音字母学普通话，学得多，学得熟，丰富了词汇，丰富了句式，丰富了表达方法，对于学汉字的那一条道决不会没有益处的。口头语言的能力提高了，有利于掌握更多的汉字。

《汉语拼音方案》在教学上的应用，还可以有这些：

中小学各科课本出现本学科的术语，都附上汉语拼音，作为这些术语拼音的定型，便于准确地称说，也便于各种有关的检索。

地理课本上出现重要地名，照《中华人民共和国分省地图集》汉语拼音版，附上汉语拼音。历史课本上出现读音特殊的字，如龟兹、郦食其，附上汉语拼音。

各科课本都应该为难字注音。

语文教学上正音的教学，方言语音和普通话语音对应的教学，古今音异同的教学，韵文的韵律、平仄、押韵的教学，等等，都应该充分应用汉语拼音。

小学低年级算术课本的文字题，学过的汉字不够用的就用汉语拼音来写。

诸如此类，只要拼音字母有利于教学的，能补汉字之不足的，都应该充分应用。

为了学普通话，用汉语拼音字母编成课本，和学汉字的课本相辅而行，会不会加重教学的负担呢？光用一个汉字课本，有的学校，有的教师，觉得已经够重的了，还要再加一个拼音课本，明摆着要增加教学负担了。

加点儿什么总比不加点儿什么，分量要多一些。可是所加的拼音字母是本来就学了的，就在现行的汉字课本里一开头就学了的；声母、韵母、声调、拼音，一个也不落，一项也不少，都是学了的；而且要求学会，学得熟练，学到能直呼音节。拼音课本正是用这些学过了的东西来学普通话，正是这些学过了的东西的应用、复习和更趋熟练。

说是这么说，究竟行得通行不通呢？口说无凭，要实验，要拿出实验的结果来检验。实验要编教材，要实验的园地，要做许多工作。这儿不过作点儿“无凭”的“口说”，提个建议罢了。

这样办，是不是在搞拼音文字呢？拼音文字现在是不能搞的，有人说，将来也不能搞。搞了是不合法的。这个指责不能令人接受。全国人民代表大会通过的《关于汉语拼音方案的决议》规定：汉语拼音方案是帮助学习汉字和推广普通话的工具。教育部先后发布的《关于在中小学和各级师范学校教学拼音字母的通知》《关于加强学校普通话和汉语拼音教学的通知》也都有相关的规定。怕受到搞拼音文字的指责，不过是一种“杞忧”罢了。

汉字教学改革的回顾*

汉字教学是语文教学基础的、先行的工作。为了提高汉字教学的质量，这些年来，对汉字教学的改革，许多人进行过探索，设计过方案，做过实验。

这个改革是怎么走过来的？我想就我参与过的和知道的作一些回顾。这也许能供进一步研究这个问题作点儿参考。说的只是我的粗浅的认识，只是有关的几个问题，远远不是对汉字教学改革历史的全面的考察。

汉字教学要改革，是因为原来的教学有缺陷，效率不高。原来的教学，简单说，是这样的：读一课书，识几个字，又读一课书，又识几个字。汉字难学，一课书识的字不能多，三五个，至多十几个，有人称之为“三五观点”。识的字少，课文用字受到限制，不可能写入丰富的内容。于是，识字识得少，课文也读得少；倒过来，课文读得少，字也识得少。识和读，相互牵制，就这样你拉我扯地蹒跚着前进。结果呢，

* 此文发表于《黑龙江教育学院学报》1986年第2期。

少、慢、差、费，汉字教学效率不高，影响整个的语文教学，而且影响到整个的教育工作。

这个方法有人称之为“分散识字”。这是后来有了集中识字才相对应地称为分散识字，原先并没有有意识地把“分散”作为一种方法来应用。比较恰当的名称是“随课文识字”。

有的人针对这种情况，尝试走别的路子来加以改革。改革从两方面进行。

一方面，挣脱课文的羁绊，为什么非读一课书识几个字不可呢？识它一批字再读课文有什么不可以呢？于是有了集中识字，大集中和小集中。一口气识一大批字再读课文，叫大集中；识一批字读几课课文，又识一批字又读几课课文，叫小集中。其实，随课文识字，从教学顺序说，每一课书，大抵也是先教生字后教课文，也是集中识字，不过是“小小”集中罢了。实质上都有相同的地方，那就是先识汉字，后读课文，不识汉字，不读课文。

另一方面，集中怎么个集中法。比方，一册课本几百个字，挑哪几百个？哪些先学，哪些后学？不能随便拉来，随便排上，总得有个归类，有个纲把这些字统率起来。这当中，有同音归类，如东冬董动；有以义归类，如日月水火；有偏旁归类，如江河湖海；有基本字归类，如分芬纷粉。此外还有反义词归类，如大小上下；有形近字归类，如土王干于……这些用得很少。各种归类用得最多的作为集中识字特征的是基本字归类。总之，都是从汉字分析入手，从分析中找出共同点，把具有共同点的字归成一类，集中起来学。经过实验，集中识字，汉字教学的质量有了提高，从而语文教学的质量也有了提高。

有人认为有了集中识字，汉字教学的问题解决了，汉字教学改革的工作已经到了顶峰，无须乎对这个问题再作什么探索了。

有人不这样看，觉得识字和读写的关系还应该再研究。识字不是目的，识了字能读能写才是目的。汉字难学，进度比较慢，这是事实。用学过的字所能表达的内容，其程度同学生思维发展、语言发展所能读、所能写的程度，有很大差距。但是，汉字确实难学，很难一下子或者短时间多学一些，学到够用来缩短这个差距。汉字是书写汉语的符号，能不能在难学的汉字之外找出什么易学的符号来缩短这个差距呢？不用另外找，汉语拼音字母就是。用汉字读写之外，加一条，用拼音读写。汉字难，学得慢一点儿，拼音容易，学得快一点儿，这就能够提前缩短这个差距。于是有了“注音识字，提前读写”的改革的实验。

这个实验的结果，证明缩短这个差距是可能的。用拼音来读写是可行的。而且提前读写之中又加速了汉字的学习，巩固了汉字的学习。从“读得少，识得少，识得少，也读得少”改变为“越读越识，越识越读”。量的积累产生质的飞跃，提前读写推动了学生的能力的培养和智力的开发。这个实验成为小学语文教学的一个重大的突破。其影响不限于语文教学，还影响整个的教育改革。这些都有实验报告为证，还有调查报告为证。

汉字教学的改革，遇到的问题不少，我认为重要的有两个。一个是从汉字本身着眼，怎样把要学的汉字按教学的要求组织起来，使它更容易学，学得更好。一个是从学文字和学语言的关系来着眼，不局限于汉字本身，从较高的角度，把两者联系起来，达到提高语言能力的目的。

先说第一个问题。

先得承认汉字难学。一、汉字字数多，通用的六七千，常用的两三千；二、字数多，就要各具特征才能相互区别，“千字千面”，形状复杂；三、字本身不能显示读音，见一个字不知道怎么读；四、语言里一个音，写成字要看它是什么意义分别用不同形的字，不能混。有这些困难，不得不一个一个地学。“人”，一撇一捺，读 rén，“一个人”的“人”。不这样学，又怎么学呢？

汉字最多的是形声字，占汉字总数约百分之八九十。形声字是合体字，是意符和声符合成的。意符表义，声符表声。学了用作意符和声符的一部分字，遇见同一意符、同一声符的字，就知道是什么意思读什么音了。其中读音又最重要，一个字知道读什么音，联系起语言来，“声入心通”，就可以知道是什么意思。把声符相同的字放在一起，就可以把一个一个地学改成一串一串地学了。这是个化难为易的方法。

学了“胡”，读 hú，看见“湖葫猢瑚糊鬍醐鹕”，知道都读 hú，不是一个一个地学，而是一串一串地学，学一个，会一串，该多好啊！

集中识字就是这么来的。集中识字这种方法大概可以概括为：一串一串地学，学一个，会一串。

但是，这只是一种笼统的说法。具体情况要复杂得多；这又只是一种良好的愿望，实行起来不能都打如意算盘。

学了“分”，读 fēn，看见“芬吩扮纷盼粉颁汾氛岔贫盆”这一串，怎么知道哪些读“分”，哪些不读“分”呢？不知道。不读“分”的该读什么呢？不知道。还得还原为老办法，一个一个地学，不能一串一串地学了。

不仅这样，（一）“辨辩瓣辫”的“辡”，“哉栽载戴”的“𢦏”，现代汉字没有这个字。（二）“豪毫”的声符是“高”，现代汉字看不出来。（三）“槐愧”和“魂魄”结构完全相同，可是“鬼”一会儿是声符，一会儿不是，不好分辨。“沐”是形声字，“木”是声符；“休”是会意字，“木”不是声符，是意符，人靠着树休息。可是结构完全相同，不好分辨。

不仅这样，形声字之外，许多非形声字靠什么“声符”作依傍来读出字音呢？就说形声字，用来当声符的那些字，又怎么知道读什么呢？

有了这些限制，很难把形声字表声当成教学的规律。规律是相同特征的概括，没有相同的特征可以概括，不能举一反三，不能触类旁通，就不好说成是规律。

不是规律，勉强说成是规律，就要出错。以为声符是“分”的字都读“分”，“扮演”读成“分演”，“颁发”读成“分发”，“盼望”读成“分望”，“打岔”读成“打分”，这样读就错了。何况还有许多字貌似形声字，压根儿不是形声字，“休、伏、伐、位”，如果当形声字类推，读成“木、犬、戈、立”，那就读错了。

不仅学生，成人和文化水平比较高的人，由此而出错的也不少。“奸宄”读“奸九”，“屹立”读“乞立”，“沁园春”读“心园春”，“抨击”读“平击”，“玷污”读“占污”，“赡养”读“詹养”，这些错读并不个别。

举一不能反三，触类不能旁通。勉强“反”了“通”了就要出错。这哪儿还能说是规律呢？

后来，这种方法不再说声符什么的了，说成是“基本字带字”。基本字是什么？是组成汉字的一种部件（组成汉字的另一种部件是偏旁）。把这个部件相同的字连成一串来学，叫基本字带字。

这个方法对汉字教学有好处，具体地说，对字形分析有好处。好处是把繁复的笔画分析简化为部件分析。“粉”，如果作笔画分析，要说，左边，点、撇、横、竖、撇、点；右边，撇、捺、横折钩、撇。多麻烦！这些笔画怎么组装也不清楚。简化为部件分析，只说，米字旁一个“分”字，简单多了，也易学易记了。这就是好处。

这是个老办法了，“弓长张”“立早章”“人儿倪”“人未余”……老办法还有用，用在基本字带字。那一长串有“分”的字，都可以说基本字相同，汉字字形结构的一个部件相同。至于这些字哪些能读“分”，哪些不能读“分”，不能读“分”的读什么，这儿不管。这儿只管字形。

经历了这些探索，经历了这些试行，可以知道，从汉字本身着眼来解决学汉字化难为易的问题，只能做到这一点了。加上汉字改革的工作，如形体简化，精简字数，整理异体字异形字等都有利于汉字教学，可也就是这些了。要从汉字本身着眼再找出什么来更有利于化难为易。我看，怕难有可能了。要从另一个角度着眼，寻找另一条道路才行。

汉字教学改革还有另一个问题，学文字与学语言的问题。

前面说过。学文字不是目的，学了文字，会读会写用来学语言才是目的。学文字与学语言是分不开的。

即使是集中识字，也和语言相联系。人，“一个人”的“人”，大，“大小”的“大”，总不能把这个字进入语言是什么意思置之不顾。谁也不会同意教汉字要回到老路上去，“天地玄黄，宇宙洪荒”，“玄黄”是什么，“洪荒”是什么，学生不懂，先生有的也不懂。集中识字的时候，不过是不同成句的语言和成篇的语言联系罢了，还得同语言的词联系。老早就有老师把这种联系总结为“字不离词”。

这就发生矛盾了，学字的难易和学词的难易不是一致的，只有少数的字一致，如一二三四五……就说基本字带字吧，就学文字说，应该先学基本字，再学带出来的字。就学语言说，有些基本字是非常用字，或者是生僻字，应该后学或不学；带出来的字是常用字，应该先学。例如“艮——根跟”“爰——援暖”“卬——仰迎”“敖——熬傲”“咅——倍培”“贲——喷愤”“冘——枕沈”，为了基本字带字不得不学一些语言里少用、不用的字。同时，语言里需要常用的字又由于找不到适当的基本字来带，就参与不到一串一串的串里去。例如“谢”这个礼貌语言最常用的字，要用基本字来带，必得先学“射”，“射”也是合体字，必得先学“身”或“寸”。这样为难，所以有一种实验课本第一、二册，学了一年，还没学到这个“谢”字。

有过这样一个笑话。要写“鬍子”的“鬍”字，没学过，写不出来（那时候“鬍”还没简化为“胡”），只好写成“嘴上的毛”；要写“舅父”的“舅”字，没学过，写不出来，只好写成“妈妈的兄弟”。这不过是个编出来的笑话，可是可以引起我们思索，汉字与语言的关系有多尴尬！

学语言不光是学词，还要学句，学篇。语言在实际应用中，都是若干句组成的连贯的语言。就教学说，就是一篇一篇的课文。学课文总是学语文的主体。这当中，学汉字和学语言的矛盾更为突出。学语言需要的汉字，学汉字总是跟不上。

我编过语文课本，这方面我有过经验，吃过苦头，真是切身体会。

找到一个材料，很有意义，很有兴趣，很适合小学生读。用来写成课文，字斟句酌，努力把它写好。写成之后，觉得还写得不错。可是一统计生字，太多了，不行，赶快减。或者删去一些内容，连带着减去一些生字；或者拿熟字来换下生字，“攀登”换成“爬上”，“渗出”换成“流出”。删来删去，改来改去，许多好的语言都“割爱”了，只剩下几条“筋”。学汉字拉了学语言的后腿。

事物总是在发展的、前进的，不会在这个矛盾面前束手无策，停滞不前。总得有什么办法来摆脱学汉字对学语言的牵制。办法不是别的，就是充分利用汉语拼音字母。

“充分”的含义是什么？可以这样回答：不仅用来为汉字注音，还要用来拼写汉语。靠这个“充分”，解决了矛盾，用汉字学语言，又用拼音学语言；汉字难，学得慢，拼音容易，学得快；汉字还没有学到足够用来读写，就用拼音来读写。这就是“提前读写”。

我打过一个比方。拼音对汉字说：“对不起，老大哥，我得先走一步，不等您了，您慢慢赶上来吧。”汉字说：“老弟，你请吧，年轻腿有劲，快走吧。我这儿还有些事要耽搁。我会赶上来的。咱们下一站见面。”

三年前，“注音识字，提前读写”的实验在北京开汇报会。我在会上发言，说过这个意见。我说，我上街，看见宣传交通规则的大标语，有一条“各种车辆各行其道”。联想我们的语文教学也该各行其道。拼音容易学，行快车道，汉字难学，行慢车道，各行其道。不宜乱掺和，该行慢车道的，掺和到快车道上来，摇摇摆摆，是要违反交通规则的。还有一条标语“非机动车辆，禁止通行”。牛车、马车什么的就别到现代公路上来了。不是不让这些车辆走，让走，还要充分发挥这些车辆的作用，只不过各行其道罢了。我觉得我们语文教学可以从这个“各行其道”得到启示。

“注音识字，提前读写”这个实验，它的设想、方案、实践、成果产生的影响，已经有不少的论文、总结、调查报告从各方面加以论述，这儿就不再说了。

实验达到了“提前读写”的目的。读写的提前产生了完成小学语文教学任务的提前，小学阶段语文教学五年的任务，三年完成，提前了两年。两年，正当儿童智力发展的黄金年华，多珍贵的两年！两年时间，用来加强各方面的学习，该接受多大教益！有了这个基础，向上延伸到初中阶段，对完成九年制义务教育该有多大的影响！因此说，这个实验是一个面向未来的实验，这个实验是小学语文教学的重大的突破。

这些年来，汉字教学改革的一些经历，改革中遇到的重要的问题，就我回想到的，认识到的，大致是这样。这个回顾，开头就说过，远远不是汉字教学改革的历史的全面考察。

这个实验还要进一步深化、改进、完善，以求发展。理论上、实践上都还有一些问题需要研究。有些地区进行这个实验，结合本地区情况，提出了补充：“拼音学话”，这就是发展。从教育学、教学论、心理学、语言学各门科学来论证这个实验，正是促进这个发展。

不限于这个实验本身，远一点儿还想到，这个实验应该纳入当前教育改革、教学改革之中。比方，九年制义务教育，这个实验为这个重大的教育决策应该做些什么，能够提供什么，带动什么，都要想到。

再远一点儿还要想到这个实验的更进一层的意义。

随着社会的发展，汉语必将发展，书写汉语的文字也必将发展。现代化建设的加速前进，发展的需要更为迫切。现在通用的汉字都能适应这个发展的需要吗？为了适应发展的需要，汉字本身，汉字以外，会有什么变化呢？

我们的小学生接受这个实验的教育，能够熟练地用拼音来读，用拼音来写，对于书写汉语的文字的发展变化，有关系没有呢？是不是用拼音读写仅仅为的是过渡到用汉字读写，此外就没有别的意义呢？比方，坐在电子计算机前面，用几十个字母的小键盘，把汉语信息用拼音击键输入。这个事有哪些意义呢？拼音输入，转换为汉字输出，会不会也用拼音输出呢？拼音输入，拼音输出，同我们小学生用拼音写和用拼音读有什么关系呢？这些我知道的太少，不过仿佛看见地平线上露出的航船的桅顶。

捎带着说说这个意见，不知道对不对。

汉字简化与汉字教学*

一

汉字简化是国家语言文字工作中汉字工作的一部分。汉字工作还有异体字的整理，字形的整理，字音的审定，通用汉字和常用汉字的调查统计，汉字检索法的研制，计算机汉字编码字符集的编订等，这一系列的工作让沿用了几千年的汉字为适应时代的需要得到比较全面的整理。我们统一的国家做到了“书同文”，改变了多年来用字混乱的现象，确定了全国通用的汉字的规范。

汉字简化工作从新中国成立之初就开始研究、准备。国家专设机构，考察汉字简化的历史和趋势，调查社会使用简化字的实际，收集历代和当代简化字的各种形体，加以比较选择，草拟初稿，广泛地、反复地征求群众的意见和建议，试行过程中又作了修订和说明。经过长时间

---

* 此文发表于《课程·教材·教法》1991年第1期。

慎重、大量的工作，拟订《汉字简化方案》于1956年由国务院公布实行。

1956年公布简化字之后，全国一切使用汉字的场合都按照实行（印刷古籍和其他特殊需要仍可用繁体字除外）。三十五年来，简化字得到群众的普遍承认和接受。这是因为：（一）简化汉字是顺应汉字发展的趋势，而不是逆反这个趋势；（二）简化字绝大部分作为原字的另一形体沿用很久，约定俗成，群众不陌生；（三）简化字减省笔画，精简字数，学和用都便利；（四）简化之后无损于书写记录汉语的功能。由于这些原因，简化字用起来顺当、方便、省时、省力。三十五年来推行于一切使用汉字的场合，畅通无阻——如果说有阻，那是来自当简不简，随意乱简，或者当简而繁，并且乱繁，破坏规范，造成混乱。

简化字在应用中还会遇到什么问题，怎样解决，需要继续研究，提出建议。至于汉字，包括简化字，这种文字体制从宏观上怎样看待，适应社会的发展有什么应兴应革，这些大问题还要作专门的学术研究，展开讨论。

可以断言，简化汉字必将通用下去。尽管有极少数人习惯用繁体字，不习惯用简化字，不喜欢简化字，反对简化字，可是从三十五年的实践看，从汉字发展的趋势看，汉字只会由繁趋简，不会由简返繁，这是肯定的。

二

使用汉字，包括简化字，先要学习，学会了才能用。简化字的推行是通过汉字教学来实现的。简化字 1956 年公布之后，全国各级学校一律采用。小学阶段把简化字作为汉字教学的一项内容，中学、大学读写都用简化字，所有新印教材都用简化字。初上学的学生，教给简化字，在此之前入学的学生，也教他们逐渐由繁改简。小学毕业生一部分逐年升入中学，中学毕业生一部分逐年升入大学，几年之后，简化字的使用在全国各级学校已经普及。加上成人教育，扫盲工作，无不使用简化字。原来使用繁体字的人，经过三十五年阅读和书写的应用，大都完成了由繁到简的过渡。全国人民，尚未扫除的文盲除外，已经普遍使用简化字。

这当中，汉字教学发挥了作用，尽到了责任，取得了成果。

汉字简化给汉字教学带来很大益处。许多字从原来的繁难一变而为简易。小学生一上学就要用到的字，如“學習、讀書、體育、圖畫”，简化为“学习、读书、体育、图画”。学生如释重负，教师也如释重负，由繁改简，教学上减少了辨识、记忆、书写的功夫。简化字中有些是同音替代，如“發”简为“发”，又替代“髮”，加上异体字的废除，如“歡”简为“欢”，又废除“懽、讙、驩”，这就不仅减少了笔画而且减少了需要学习的字数。三十五年的教学实践中，这些措施受到学生、教师拍手赞成。

有人不这样看，认为简化只是写字的方便，至于识字，识繁识简都一样。这种看法不符合教学的实际，识字教学要作字形的分析，必须分辨笔画、部件、位置、笔顺。教“鬱”字，没有哪位教师这样囫囵地教：这是 yù 字，忧 yù 的 yù。必定要分析：上面是双木林夹个“缶”字；中间是秃宝盖；下面分左右两部分，左上是“凶”字加四点，左下是“匕”，右边是三撇。简化为“郁”，只要教“有”字加右耳就行了。这难道仅仅是写起来简易，识起来不简易吗？主张识繁写简的人大概不清楚教师怎么教的，也忘记自己早先是怎么学的。

汉字简化为汉字教学减少了困难，从而提高了效率，让学生比较容易地、快速地掌握汉字这个读写的工具。

汉字教学并不一味求简求易，有些没有简化的比较繁难的字仍然要学。如“一”与“壹”，不因“一”简就学，“壹”繁就不学，“囊、罐、髓、攀”这些笔画繁多的字还要学习。汉字是书写汉语的符号，只要书写汉语需要，繁也要学。

简化汉字在教学上使许多字由繁变简，减少了困难。可是这只是“减少”。还有许多困难需要承担，需要千方百计去克服，有些竟不能克服，远远不是有的人说的，“汉字字数非常有限，又见字能读，望文生义。汉字学习，有何难哉？”这些困难是汉字这种体制的性质所决定的。这是个复杂的问题，这里不说；只提一提，不是说只要一简化，汉字教学的问题就都解决了。

三

汉字简化给汉字教学减少了读写的困难，提高了教学的效率，已如上述。有人不这样看，认为汉字有字理，字理保存于繁体字之中，简化就失去了字理。“例如认识‘登’就很容易猜出‘鄧’字的读音，认识了正楷的‘産’，‘産’下的‘生’就给了学习者联想。”于是“得出结论：繁体正楷，字有字理，易于识别”。

从这个例子看，所说字理是指汉字中形声字的构成，意符表义，声符表音。早就有人对此作过简单的推论，“望文生义，见字猜音”，足见“汉字好学好用”。

汉字教学怎样对待这个推论，在教学实践中行得通行不通，前几年曾经讨论过，已经有了比较一致的看法，那就是行不通。现在又有人提出来，登在重要的报纸上，不能不引起教育工作者的注意。

就从所举例子说起。繁体字“鄧”，很容易猜出读音，这是字理。照这个字理，简化字“郑”不能猜音，恢复繁体“鄭”能像照“登”读“鄧”那样，照“奠”读“鄭”吗?“赵、孙、区、厉”这些简化字都恢复繁体“趙、孫、區、厲”，谁也不会照这个字理读成“肖、系、品、萬”。本来没有简化的“郭、蔡、柴、褚”，既为繁体，应有字理，可是读成“享、祭、此、者”，那就错了，“劉、樊、梁、秦”这些字，使劲照字理读，也读不出来。

再说形声字的表义。“认识了正楷的‘産’，‘産’下的‘生’就给了学习者联想。”另一个以“生”为意符的字“甥”，并未简化，这个“生”又以什么样的字理给学习者以联想呢? 至于以“生”为声符的字“笙、牲、星、旌”，虽然有人主张声符也表义，可是很难都从这些“生”会得到意的联想。即使表意最明白的意符如“单人旁”，从“人”的字“化、仍、仅、件、仿、似、但、例、侈、便、借、倘”，就现代通用汉字看，也很难从“人”联想出意来。

恰好就是所举的两个例，“鄧”的“阝”是“邑”的简化，“産”的“产”是“彦”的简化（《说文解字》：産，从生，彦省声），应该都是简化字。举来作为字理保存在繁体字中的例字，而这两个例字是简化字。

形声字几千年来随着社会的发展变化，汉语的发展变化，造字之初的表意、表音的功能只有少数还保留。多数已经衰减，有的已经消失，只能认为是组成合体字的两个形体的构件。最常用的在按降频排列的汉字频度表上高居“榜首”的“的”字，“白”与“勺”怎么显示出表意表音的功能呢？在汉字教学上不能把这样的表意表音的字理当作普遍的规律，不能拿来教导学生普遍应用，这才是形声字的字理。

这个字理，这个汉字发展的实际，这个汉字教学实际，早就存在，简化之前早已这样，不是简化之后才这样。

四

简化汉字是 1956 年公布的，公布之前的出版物用繁体字。有些人，有些时候还要阅读这些出版物，还要接触繁体字，这就有个怎样对待繁体字的问题。

第一，汉字简化并不废除繁体字。有人说，汉字简化“把繁体字废除，贬入错别字行列”，又有人说，“汉字简化把图书馆繁体字藏书变成废纸”。事实是怎样呢？全国大小图书馆、档案馆，万千人的藏书，浩如烟海，都好好地保存着，珍藏着，供需要的人阅读、研究。不仅没有废除，简化字公布之初就说明翻印古籍和其他必要场合仍可用繁体。三十五年来，各地专业的和综合的出版社出版的古籍和研究古籍的图书比过去任何一个三十五年出版的都多得多。

在汉字教学中对繁简字和错别字是分别看待的。简体字和繁体字都可能有错别字，这是两回事。谁说繁体字的图书是满篇错别字呢？不能把两回事混同起来。倒是有些用繁体字的人，随意乱繁，如电视屏幕上竟把“西太后”繁成“西太後”。要说贬，这才是贬其所当贬。

第二，对待繁体字的问题，汉字教学并不忽视，根据各级学校不同要求采取适当措施。

小学阶段从一年级起就教查字典，从音节索引查，从部首索引查，有的还教给从四角号码查。专用的如《新编小学生字典》，通用的如《新华字典》。小学生万一接触到繁体字，如“漢”，不认识，一查字典就知道是“汉”的繁体。

初中阶段在语文课本里编入有关汉字的教材，讲述汉字的起源和演变，还把甲骨文、金文、篆书、隶书，楷书（包括繁与简）、行书、草书的形体举例制版印出，并讲述繁简的变化。

高中阶段较初中提高一步，讲述异体字、通假字、古今字，还专题讲述工具书的应用，学会查《现代汉语词典》《古汉语常用字字典》《辞海》《辞源》等，除《辞源》用繁体字排印，其余全用简化字排印，都附有繁简的对照。

大学阶段，有“现代汉语”课，好些大学作为各系共修的课程，教材如北京大学中文系的《现代汉语》，有“古代汉语”课，作为文、史、哲诸系的必修课程，教材如王力主编的《古代汉语》，都有专门章节从语言科学比较全面地讲述汉字，包括繁体字和简化字。

教学上采取这些措施，不同程度地讲述汉字，适应不同层次的需要，对付繁体字的问题是能解决的。

据说有个大学生上图书馆找不到《後漢書》，有人拿这个作例，说明不识繁体字的危害。照一般情况说，对不识的字，一查字典就能解决，不识“後、漢、書”三个字，一查字典就知道是“后、汉、书”三个字的繁体。查的是小学生用的字典，且不说中型大型的字典词典，《辞海》还把《后汉书》列为词条，加以注解，何况高中语文课本还选读《后汉书·张衡传》，对《后汉书》和作者范晔还有介绍。这个大学生好像没有上过高中、初中、小学似的，竟对几个不认识的字束手无策。这怕是个特殊的、个别的例外。

上图书馆的人都会从藏书目录的卡片找到需要的书。卡片有书名卡、作者卡、分类卡，基本上都是用汉语拼音字母的顺序排列，有的还兼用笔画数的顺序排列。这个大学生不会查卡片，也不会向图书馆管借阅的同志问一问有 Hòuhànshū 没有。这怕是个例外。

汉字教学对待繁体字，各级学校采取上述措施是不是还需要改进，可以再研究。可是，不能因个别的事例就归咎于汉字的简化，置汉字发展的趋势于不顾，让各级学校的学生都回头去“识繁”。

五

汉字教学对待汉字的繁简，由此而采取的措施，是出于这样的认识：

第一，简化汉字是国家法定、群众通行的，当代汉字的规范，三十五年的历程证明简化汉字是一部分汉字由繁改简，由难趋易的变化，并未改变汉字这个文字的体制，并未减损汉字书写汉语的功能，迄今还未发现用来书写汉语有什么不适应，需要恢复繁体。汉字教学教给学生的理所当然地是简化汉字，实行结果是教学效率提高而不是降低。

第二，汉字简化并未废除繁体字，为了让学生接触繁体字的时候知道怎么对付，在教学中采取上面说过的那些措施。那些措施按不同程度、不同需要安排在大、中、小各级学校，大学还要按不同科系作不同安排。程度越高，需要越多，同时，这一程度这一需要的人数就反比例地越少。不搞一刀切，不为少数的人、少量的需要而让多数人同一负担，徒增不必要的负担。

从《后汉书》学东汉的历史，从《二十四史》学中国历史，只是专攻历史的少数人。绝大多数人只需阅读根据这些史籍编写出来的，适应各种程度、各种需要的历史读物。这些读物，供应量最大的是用简化字排印的。至于少数专门家仅仅“识繁”又不够了，有些还要识隶、篆、金文、甲骨文，甚至于还要从出土的器物辨识远古的文字初形。这些不同的需要，在教育工作中应该、也只能分别对待，不能笼统地一说识繁就不分青红皂白地让大多数人都来识繁。

提出“识繁”写简，如果说的是对少数有这个需要的人让他们识繁，这是对的，前面所说各级学校采取的措施为的正是这个；如果说所有学生都要识繁，简化字只作书写之用，那就不敢苟同。识繁，加上写简必先识简，那就等于既要识简，又要识繁，一副担子改为两副担子。试向亿万学生、万千教师征求意见，试向国务院建议，收回成命，宣布《汉字简化方案》仅作书写之用，这样识繁写简行不？

至于写字，也要说一说教学的情况。根据汉字的特点和汉字教学的传统，教学上是这样处理的：（一）低年级教材用“楷体”排印，识写一致，便于学习；高年级用“宋体”排印，便于认识一般印刷物用字。（二）编辑写字教材，从描红、影写到临写，从楷书到行书，循序渐进。

教行书，为了便利书写，如楷书“氵”，行书“”，楷书“可”，行书“”，“河”写成“”，写起来便利，加快了书写的速度。学生早就这么写了，叫“连笔字”，因势利导，教给行书的规范。不写行书也可以，要写就照规范写。

提出“识繁写简”的人不恰当地拿英文来比拟，“英文也有大写小写，大写为印刷体，小写为手写体”。照通常的理解，英文的大写小写是指 AaBbDdHh 等，一般都用小写，大写用于句首，专有名词的开头，标题或其他的需要，如 I（汉语“我”）。印刷体手写体都各有大写小写，并不是所说的“大写为印刷体，小写为手写体”。就汉字说，印刷体是“宋”，手写体是“楷”和“行”，都包括“繁”和“简”；并不是“繁”为印刷体，“简”为手写体。大写，小写，繁体，简体，印刷体，手写体，把这些概念搅和起来，不加分别，用来作论证的根据，这是不能成立的。

“识繁写简”是一个含混的说法。“识繁”要不要“识简”呢？既要“写简”，不识又怎么写呢？“写简”要不要“写繁”呢？那些笔画繁多没有简化的常用字要不要写呢？对繁体字只识不写，“识”的时候要不要也像“写”那样作笔画、部件、位置、笔顺的分析呢？这样一来“识繁写简”成了“识繁识简，写简写繁”。这样办行不行，还应该从汉字使用和汉字教学的实际，进行认真、全面的研究。

“开学了”

——关于汉字教学的几点思考*

“开学了”是新中国成立初期小学语文课本第一册第一课的课文。课本出版后在应用中有过一些议论。“开学了”，三个字，一课课文，只是一个例子，议论的是由此引出的关于汉字教学的一些问题。时至今日，已经过去好些年头了，汉字教学有了许多改进和发展。可是这些问题都圆满解决了吗？不见得。回溯过去，鉴往知来，也许有助于现在对这些问题的思考。

“开学了”，才三个字。一年级小学生，六七岁了，上了学，才学这么三个字？万事起头难，刚学认字嘛，先得少一点儿。可是，不止第一课，也不止第一册。六个年级，突出的是一、二年级，都是这样：学一课课文，只学几个字，三个五个，多的不过十个八个。那时候有人管这样教汉字叫“三五观点”。这样称说有贬义。语文课一个学期两百多课时才学两百来字，三五个字竟要学三五个课时，投入的时间和产生的效

---

* 此文发表于《语文建设》1991年第11期。

果简直不成比例。

这样教汉字是个老办法了。在“开学了”之前，有“大狗小狗”，再之前有“人手足刀尺”，再之前有“我是大清人”，且不说再再之前的“人之初”“天地玄黄”“赵钱孙李”了。在“开学了”之后，有“一二三四五”，有“人口手足”，有“日月水火，山石田土”。各种课本，就学的字数说，小异而大同。源远流长，持久不衰，形成了几十年一贯制。

凭这么少量的汉字所能写出的课文，供小学生读，能符合他们思维和语言的发展吗？狼外婆，小猫钓鱼，龟兔竞走，司马光破缸救人……这些故事早就听熟了，自己也能讲了。上了学，不是在这个基础上让新学的课文提高一些，广阔一些，给他们以新的东西，而是回到幼儿园甚至幼儿园以前去，不是前进而是后退了。办小学该不该这样办，难道不值得教育工作者思考吗？

记得新中国成立之初编这部“开学了”的课本时，正是全面学习苏联的时候。为了借鉴和比较，苏联小学的教学大纲、教科书和有关资料翻译过来了。苏联小学是四年制，我国小学是六年制。苏联小学用两套课本，一是阅读课本，一是俄语课本，入学之初还有识字课本。俄语课本是学词法句法一类知识的，且不说它。（汉语不是无“法”，不过“法”不同，教法不同，不便于比较。）单说阅读课本，据 1954 年第十版，全套译成汉字约八十万字。而我国 1954 年的语文课本，全套约三十万字。四年读八十万字，六年读三十万字。差距有多大！

有人说汉语文是世界上最简短的，同一内容，各种语种的文本，汉语文的最薄。不该光看分量多少。这里说的不是这个，这里说的是同样内容译成汉语写成汉字的字数。

这八十万字包括很多作品，从普希金、托尔斯泰、屠格涅夫、契诃夫、克雷诺夫……到高尔基、马雅科夫斯基、盖达尔、伊林……还有俄译外国作品。这些作品引导学生认识自然，认识社会，认识人生，给他们以丰富的营养，同时又给他们学习语言很大的帮助。

我国有许多伟大的作家和伟大的作品，选入课本供小学生学习的有多少！选入了叶圣陶、谢冰心、管桦这些作家专为儿童写的作品，如鲁迅，连《一件小事》都被初中拿去了，千方百计才从《故乡》中节选出一部分，给加上《少年闰土》的题目选入小学课本。

怎么在语文课本中改变单薄、贫乏、吃不饱的现象，给学生以丰富的营养，这难道不值得教育工作者思考吗？

小学生入学之前早就学会了口头语言，会说许多话了。入了学才开始学书面语言，学书写语言的符号——文字。口头语言和书面语言的发展进度有差距，需要一个缩短差距的过渡阶段。这是各种语种的学习所共有的，不足为怪。可是，这个过渡阶段用的时间，学生下的功夫，却大大不同。

上述苏联课本，入学之初，用识字课本来学书写俄语的符号，才两个月，接着就用阅读课本来读书了。我国的语文课本，如果截取前两个月来算，认识的汉字不过百十个（全学期才两百多字），很难阅读内容比较丰富、同时也是语言比较丰富的课文。这个比较，当时曾经引起重视，还可以说是震惊：不比不知道，一比吓一跳。

中国是中国，外国是外国，哪能随便拉来比较？国情不同，语言不同，书写语言的文字不同；不能亦步亦趋，读那么多文学作品，开头卡住两个月，后来凑足八十万。再说，这个比较是早些年的事了，苏联和我国教育上都有许多变化，苏联小学四年改三年，我国小学六年或五年还在徘徊。今昔虽有不同，可是，早一些让学生掌握文字这个工具，早一些用来阅读，促进认识和思维的尽快发展，就这一点说，即使在今天，难道不值得教育工作者思考吗？

既然这样，好办，课本多选入文章好了。好是好，可是说起来容易做起来难。人们常常把阅读中遇到的生字比作“拦路虎”。老虎拦着路怎么过得去？武松能打虎，可他遇到的虎只有一只；如果是三只五只，甚至于满景阳冈处处都有虎，武松也奈何不得。

教学要用课本。课本的编者为这个吃苦头了。谁不想给学生以丰富的营养？提起笔来，手边只有这些个字，这点儿本钱，左支右绌，难办得很。好比七巧板，虽然巧，才七块；极尽巧的能事，拼出来也不过依稀仿佛的轮廓。往往写好一篇课文，觉得挺不错，适合学生读；等到一算生字，多了，不行。赶快删去一些内容，连带着减少一些生字，没法删的也变着法儿用熟字换生字，比方把“优秀”换成“好”，把“攀登”换成“爬山”，不少内容，不少语言只得“割爱”，有时光剩下几条“筋”。

“开学了”三个字不是没来由的。六年三十万字不是没来由的。

幸而小学生吸取知识，学习语言，不仅仅靠这几本课本。家庭生活，学校生活，社会生活，一切应用语言的场合都给他们以学习的机会，这才不致阻拦他们的认识和语言的发展。

识字不是教学的目的，识了字用来阅读，通过阅读吸取新知、发展思维才是教学的目的。应该培养和提高他们的阅读能力。

不要轻视早一些进入阅读的重要意义。如果用五年或四年完成小学阶段培养阅读能力的任务，就能省出一年或两年的时间。小学生正处在一个怀着“十万个为什么”的黄金时代。一年两年，用来学科学，学艺术，学历史，能读多少书，增加多少知识，唱多少歌，画多少画，做多少手工劳动！这个设想，在一些教改实验中已经初步实现。

以上只就“读”说，还有“写”。读难，写更难。“开学了”三个字，那时候“开”“学”还没简化，要把它同“了”一样，写在同样的小方格里，该有多难。

识字和写字是两个不同的习得过程，看不见这个不同，勉强一刀切齐，统一步伐，要求同时会识会写（还有会讲会用，当时叫“四会”），这就增加了汉字教学的难度。这个困难比较容易克服。过去是识写分开，识的是“赵钱孙李”“天地玄黄”，写的是“上大人，孔乙己，化三千，七十士”。各行其道，困难就能克服。

难于克服的是另一意义的“写”。小学生会说许多话了，会讲故事，会报告他们的见闻，会表示他们的喜怒哀乐，会发表是非善恶的意见。但要把这些写下来，就感到动手难于动口了。学生能说的远远超过他们已识的字所能写出的范围。写字是已识的字在笔底的再现。这个难，属于识字难的话题，不再多说。

教学上从来不讳言难。各科教学都这样。教师备课，工作之一就是找出难点。语文教学，难点不止一个，其中之一是汉字。

有人认为说汉字难就是说汉字的坏话，就是非难这个文化传统，是民族虚无主义，要说汉字易，才是民族自豪感。哪能这样认识？扯不到这上面去。难和易不是“说”的，是事实。

找出困难，承认困难，千方百计减少困难，进而化难为易。正应该这样。减少汉字教学的困难，大体说来有两条路子，一条是在汉字之内找办法，一条是在汉字之外找办法。

在汉字之内找办法，这方面大家做过许多工作。

——汉字查频工作。从 20 年代就已开始，最近得出科学成果，公布了《现代汉语通用字表》，列 7 000 字；《现代汉语常用字表》，列 3 500 字，其中常用字 2 500 个，次常用字 1 000 个；还有个《三千高频度汉字字表》。这些成果使汉字教学对学多少字，学哪些字，哪些先学，哪些后学，做到了心中有数。

——汉字简化工作。总结历史经验，调查社会简化情况，公布了《简化字总表》，共简化了 2 236 字，比繁体字平均每字减少 5.3 画。这就给教和学带来便利，大大减少了尚未简化时学“开学了”所遇到的困难。

——异体字整理工作。公布《第一批异体字整理表》，淘汰了异体字 1 055 个。这就少教少学许多不必认识的字。

——字形整理工作。公布《印刷通用汉字字形表》，列 6 196 字，对字形结构、笔画数、书写笔顺定了规范。这就使教学有了依据。

在教学方法上：

——作字形分析，独体字分析笔画，合体字分析组成部件。这是个行之已久的老办法，单以姓氏用字为例，“弓长张”“立早章”“耳东陈”“人未余”，还有“干钩于”“撇未朱”。合体字分析部件，不再分析繁多的笔画，教学上减少了识记的单位。

——利用象形字讲字义。如“日月水火”，还原为隶变前的篆书甚至甲骨文来讲。能这么学的字太少，翻看这样主张的人所编课本，也不过开头几课，十几个字，有的字以形表义还很勉强。

——利用形声字读字音。如“胡糊蝴葫”，可惜能这样读的很少，“由袖轴笛”就不能照读了。主张这样“见字读音”的人，不能不改口为“见字猜音”，“猜”也难，又不能不改口为“基本字带字”了。

——利用会意字和形声字的偏旁来“望文生义”。如“木松柏柳”可以望“木”生义，可是“竹笃笑笨”就不可以望“竹”生义了。望见“休”可以会出人在树旁休息；望见“沐”，可不可以会出水边的树或者水上的木筏呢?

——利用形声字的声符也表义来帮助识字。这也是个老办法，《说文解字》就有“从某，从某，某亦声”，后来还有“右文说”。可是只有部分的字能这样，不能当作规律来普遍应用。“坡”原来是“从土，皮声”。王安石说，坡是土之皮；苏东坡反问他，滑是水之骨吗？形声字声符都表义，事实不是这样。

汉字从隶变以后算起，用了两千年。随着汉语的发展变化，汉字也发展变化。汉字创制之初的表意表音的功能，有的衰减，有的消失。现在还抱住这些方法，今已非古，必然受到许多限制。在汉字之内找办法，或者重走《文字蒙求》的路，（注：《文字蒙求》，清王筠著，按象形、指事、会意、形声编的识字课本。）或者新编“三、百、千”（《三字经》《百家姓》《千字文》），或者夸大“右文说”，怕都不大可能了。

另一条路子是在汉字之外找办法。

——看见汉字，不知道该读什么，过去是用直音和反切来注音。用来直音的字，用来反切的上下字，仍然是汉字。这些汉字又怎么知道读什么呢，得在汉字之外找办法了。远的不说，从注音符号，国语罗马字，到《汉字拼音方案》，这个问题才得到解决。教学上大约用一个月学会拼音字母，用来为汉字注音，声、韵、调都注得清晰、正确。普遍应用于教学已经三十多年。

这是不在汉字之内，不用“帮滂并明”“一东二冬”而用 bpmf、aoiu，在汉字之外找出的解决汉字读音的办法。

——拼音字母为汉字注音之外，还充分发挥其作用，用来书写汉语，在一定阶段一定场合作为汉字之外的一种读写的辅助工具。办法是：1. 还没有认识汉字就用拼音来读写。2. 认识的汉字不多，就用拼音夹汉字来读写。3. 认识的汉字较多，就用汉字夹拼音来读写。4. 认识的汉字还不够用，课本和课外读物就并用拼音和汉字。5. 即使专用汉字，也采取难字注音的方法。总之，不受已识汉字的限制，不识的汉字，一用拼音，声入心通，就能顺当地读下去，写下去。没有“拦路虎”，就可以通行无阻了。

这样一来，不管汉字已学了多少，只要应该让学生学习的都可以写成阅读的教材；只要学生能说的，“我手写我口”，都可以写下来。

汉字又多又难，习得的过程又长，要在较短时间学到足够适应读写的需要的程度，从汉字之内找办法，不大可能了，从汉字之外找办法，找到了拼音，这个困难才得到克服。

我曾经打过一个比方。拼音对汉字说：“老大哥，我先走了，您慢慢跟上来吧。”汉字说：“老弟，你年轻，腿有劲，先走吧。我这里还有些耽搁，会赶上来的。咱们下一站见。”这下一站是哪儿？是既能用拼音读写，又能用汉字读写。这一站站名叫“双文”。

“双文”？汉字一文已经够费功夫啦，再加拼音一文，功夫岂不加倍？不。拼音一文，在学习汉字一文之前就学会了。不是吗？请看当前多种语文课本，通用的，各种各样实验用的，全是用拼音来开头的。

“双文”可以进行早期教育，可以提前读写，可以尽早地吸取新知，增广见识，促进学生认识和语言的发展，加速学生的成长。1+1 并不都等于 2。不该简单地把 1+1 看成“识字+拐棍”。要从“双文”的实质看，看到“双文”对完成义务教育，对提高人民素质这一方面的影响。

应该重新启用“开学了”。把“开学了”请回来，仍然作为小学语文课本第一册第一课。不过不是作为“课文”，而是作为课文的“题目”。

拿“开学了”做题目，该向新入学的学生说些什么，就编入什么。这就不仅仅是“3”个字了，而是“3”的若干倍。这个差距有多大！

不仅这样，学生也拿“开学了”做题目，开始写日记，写下开学那一天，上了学，校园，老师，同学……想写什么就写什么。这就不是同“3”比，而是同“0”比。这个差距又有多大！

两个“开学了”，由前一个“开学了”到后一个“开学了”，这就是小学语文教学前进的道路。

试论汉字的“望文生义”

——以书写称谓词的汉字为例*

“王子”，看见这个词，只要认识“王”和“子”两个字，就知道是王之子，国王的儿子。有人管这叫“望文生义”，说这是汉字神奇之所在，是汉字的特点，举世无双。由此推断，只要认识一定数量的汉字，就能理解这些字组成的词的含义。学别的文字，如拼音文字，要学数以万计的词，学汉字不用这样，认识几千个字就行了。有人甚至说，认识三千五百个汉字就可以当大学教授。

真是这样吗？全是这样吗？

从王子想到“公主”。公主是国王的女儿，文成公主、铁扇公主、白雪公主。如法炮制，也来个望文生义，行不通了。望“公”和“主”之“文”，使劲地望，也生不出国王的女儿这个“义”。

从王子又想到“太子”，帝王继位的儿子，燕国的太子丹、梁武帝的昭明太子、托塔李天王的哪吒三太子。望“太”和“子”能生出这个

* 此文发表于《语文建设》1994年第9期。

“义”吗？

“君臣”的“君”也是国王，“君子”可不能拿“王子”来类推，认为是君王的儿子。“君子”是地位高的人，高尚的人，是和“小人”相对的，小人是地位低的人，卑微的人。（这个“小人”不是个子小的人，如童话“小人国”，也不是年纪小的人，如上海话管儿童叫“小人”，这样的“小人”还有义可生。）《论语》有“君子喻于义，小人喻于利”，《诗经》有“窈窕淑女，君子好逑”，有“彼君子兮，不素餐兮”，都不是说的君王的儿子。现在说“正人君子”，带有“假道学”的讽刺意味，还说“观棋不语真君子”，很离奇的还有个“梁上君子”，管小偷也叫君子？

“帝子”该同王子一样是帝王的儿子吧？不是。“帝子乘风下翠微”，这句诗里的“帝子”，不是“子”是“女”，是帝尧的女儿娥皇和女英。

这些称谓词不是都能从书写它们的汉字望文生义的。由此想到亲属的称谓父、母、子、女、兄、弟、姐、妹、夫、妻……组成的词，也不是都能望文生义的，都能生出准确的义的。

父，父亲；可是神话里的“夸父追日”，屈原的《渔父》，诸葛亮的《梁父吟》，现在还说“父老乡亲”，都是泛称男子或老年男子。父，又称“爷”。《木兰词》“阿爷无大儿，木兰无长兄”，杜甫《兵车行》“爷娘妻子走相送，尘埃不见咸阳桥”，这儿的“爷”都是父。可是用重叠的构词法组成“爷爷”，那就成了祖父了。“爷”又用来称年老或有地位的男性，如《茶馆》里的松二爷、常四爷，《日出》里的金八爷、潘四爷，还有个《狗儿爷涅槃》里的狗儿爷。近来新兴的俚语有倒爷、侃爷、款爷、板爷。

同爷爷相对的“奶奶”，是祖母，可没有像爷爷那样有单音词的“奶”。奶奶又另有含义，奶奶和“太太”成为家属中的两个辈分。《红楼梦》里，王夫人称太太，王熙凤称二奶奶、琏二奶奶。太太加“老”，老太太，是贾母，“老祖宗”，那又高一辈了。

母又称“妈”，用重叠的构词法组成“妈妈”，仍是母的意思。母又称“娘”，可是重叠为“娘娘”，那不是母了，是皇后，皇帝的妻子，皇帝娘娘、正宫娘娘、王母娘娘、送子娘娘、娘娘庙。

妈是母亲，又用来称呼已婚的女性。《阿Q正传》里有吴妈，《雷雨》里有鲁妈。北方话管做家务的女工叫“老妈子”（可是小保姆不叫“小妈子”）。“老妈子”南方话叫“娘姨”。这些词里的“妈”“娘”“姨”都不是原来的意思。

娘是妈的另一个称谓，可是两个称谓并不全等，娘有时不是指母亲，是泛指一般妇女，如《水浒传》的一丈青扈三娘，《红楼梦》的姽婳将军林四娘，还有用来作名字的，如《西厢记》的红娘，《红梅阁》的李慧娘。

娘加个“子”成“娘子”，那就没有母亲之义，是指妻子。《白蛇传》的白娘子白素贞是许仙的妻子。娘子又泛称一般女性，《聊斋》有荷花娘子，电影有《红色娘子军》。

“妻子”不是妻之子。它有两个含义。一个含义是妻和子，杜甫《闻官军收河南河北》中“却看妻子愁何在，漫卷诗书喜欲狂”，“妻”和“子”与“诗”和“书”对仗。另一个含义专指妻，杜甫《新婚别》：“结发为妻子，席不暖君床。”同是杜诗，“妻子”就有两个不同的含义。

妻子就是妻，可是“夫子”不是夫。孔夫子、朱夫子、老夫子、迂夫子，同“夫妻”之“夫”没有关系。还有车夫、船夫、脚夫、轿夫，有的也称“夫子”。为了脑体有别，把这些干体力活儿的写成“伕子”。

“夫人”不能理解为丈夫的人。夫人是对已婚女性的尊称，如孙夫人、居里夫人、老夫人、嫂夫人（旧社会还管人家的小老婆叫“如夫人”）。还有一品夫人、诰命夫人、《红楼梦》里的邢夫人、王夫人，是一种身份和“级别”。

夫是丈夫，用“夫”组成“夫人”与丈夫无关；用“丈”组成“丈人”也与丈夫无关。丈人是妻子的父亲。丈人又称“岳父”。妻子的母亲称“岳母”，又称“丈母娘”，又“母”又“娘”。岳母又称“丈母”，可是岳父不称“丈父”；岳父又称“丈人”，可是不称“岳人”。很难说，为什么这样，为什么不这样。

丈夫又称“郎”，好多剧种都有一出《拉郎配》。李白诗“郎骑竹马来，绕床弄青梅”，抗日歌曲“妻子送郎上战场”。“郎”同时用来泛称年轻的男性。苏东坡《赤壁怀古》：“人道是周郎赤壁”，周郎指周瑜，东吴的都督，才二十几岁，很年轻。《杨家将》里有四郎探母，《水浒》里有三寸钉武大郎、拼命三郎石秀；还有“郎才女貌”“牛郎织女”“前度刘郎今又来”“卖油郎独占花魁”，这些“郎”都各有各的含义。

“女郎”不能理解为女儿的丈夫，是泛指年轻的女性。古的如《木兰辞》“同行十二载，不知木兰是女郎”，今的如妙龄女郎、伴舞女郎、陪酒女郎。

父亲的兄和弟称“伯”和“叔”，如大伯、二叔。母亲的兄和弟称“舅”，如大舅、二舅。父亲的姐和妹称“姑”，如大姑、二姑。母亲的姐和妹称“姨”，如大姨、二姨。可是用这些称谓组成的词，有时另有含义。大伯子、小叔子、大舅子、小舅子、大姑子、小姑子、大姨子、小姨子是分别指称丈夫和妻子的兄弟姐妹。丈夫妻子的是平辈，父亲母亲的是长辈，差着一辈人了。

丈夫的父母，公公婆婆，又称为“舅”“姑”，和上述的“舅”“姑”不同。唐人有首绝句《新妇词》：“三日入厨下，洗手作羹汤。未谙姑食性，先遣小姑尝。”两个不同的“姑”在一块儿说，差着一辈人，不能作同样的理解。

伯，伯父，伯母，伯妈；叔，叔父，叔母，可不称“叔妈”。叔母又称“婶”，称“婶娘”，可不称“婶妈”。伯父伯母，北方话又称“大爷”“大妈”，加上排行，二大爷、二大妈；大妈又称“大娘”。引为对长辈的尊称，张大爷、刘大妈、王大娘。

丈夫的姐妹称为“姑子”。姑子又另有含义，指女性的宗教信徒。佛教的如《红楼梦》里馒头庵的姑子静虚，道教的如川剧《秋江》里的姑子陈妙常。《秋江》又名《陈姑赶潘》，连“子”都不加了。不加“子”的“姑”，如麻姑、何仙姑、三姑六婆。

“姑娘”不是姑和娘，不是姑之娘，不是姑妈，是泛称未婚的女性。《红楼梦》的女主人公林黛玉称林姑娘，薛宝钗称宝姑娘；还有大姑娘与小姑娘，大姑娘与二姑娘；还有“老姑娘”，未必老，未婚无子女，同“娘”不搭界。

母亲的姐妹称“姨”，结婚后称“姨妈”。《红楼梦》里薛宝钗的母亲是贾宝玉的姨妈。一般称呼，不因为“娘”也是“妈”就把“姨妈”叫成“姨娘”。姨娘是“妾”，是小老婆。赵姨娘是贾政的小老婆，周姨娘是贾赦的小老婆。

“兄弟”是兄和弟，如“兄弟阋于墙，外御其侮”，“四海之内，皆兄弟也”。可是把“弟”读成轻声，那就专指“弟”，没有“兄”了，如“他是我兄弟”，“我比我兄弟大三岁”。为了区别这两个“兄弟”，把兼指兄弟的一个颠倒过来，叫“弟兄”，如“他们弟兄三个”，“弟兄们，加油干吧”。

“妹子”就是妹，可是“弟子”不是弟。弟子是学生，孔夫子有三千弟子，“有事弟子服其劳”。又指宗教信徒，如佛门弟子。把“弟子”颠倒过来成为“子弟”，那就另有含义，如纨绔子弟、高干子弟、人民子弟兵、职工子弟学校。

儿子的妻子叫“媳妇”，如“大媳妇、二媳妇对公婆都很孝顺”。可是说老大的媳妇，老二的媳妇，不是指老大老二他们的儿子的妻子，而是指老大老二的妻子。《红楼梦》里贾母向林黛玉介绍李纨，说“这是你珠大哥的媳妇”。说的是贾珠的妻子，不是贾珠的儿子贾兰的妻子。为了区别，把儿子的媳妇称为“儿媳妇”。

女儿的丈夫叫“女婿”。女婿又叫“姑爷”。“姑爷”不能像“舅爷”就是“舅父”那样是“姑父”。文一点儿称“女婿”，白一点儿称“姑爷”，大姑爷、二姑爷、姑老爷，新姑爷——和新姑爷相对的是“新娘子”。

“弟妹”指弟和妹，如“他们的父母死得早，他是大哥，几个弟妹由他照顾”。同时“弟妹”又用来称弟弟的妻子，或称“弟媳妇”“兄弟媳妇”。哥哥的妻子，不能比照“弟妹”那样也来一个“兄姐”，没这么叫的，要称“嫂”，称“嫂子”。

以上这些是就有关亲属的称谓说的，远远没有说全。社会上种种称谓很多，很复杂；写出来的那些个“文”，如何望而生“义”，更多，更复杂。光一个“老板”，如何望文生义就够令人瞠目结舌的。

啰里啰唆说了一大篇，为的是本文开头所说的“望文生义”。拿称谓用词这个局部作例子，看看汉语的词同书写这些词的汉字，其间有什么样的关系。

上面说的种种称谓用词纷繁复杂，但归纳起来有如下几层意思：

一、书写词的字，在实际的教和学中，不能笼统地说望文生义，有的能生，有的不能，勉强生了就要出错。分析起来——

（一）“王子”之类能望文生义。

（二）“公主”之类不能望文生义。

（三）“君子”之类似乎能望文生义，实际不能，貌似“王子”之类，实属“公主”之类。

（四）“妈妈”和“娘娘”，“嫂子”和“娘子”，从字面看，属相同的构词法，而其含义，有的保留原意，有的远离原意，仍照原意理解就要出错。

二、有些词，字面相同而含义不同，在语言中用轻声、儿化、异音、异调、破读这些手段加以区别。可是写出来了，在字形上没有什么记号显示，就容易相混出错。面对这样的词，不是根据字表读出词的音，理解词的义；而是根据字来读出词的音，理解词的义；而是根据字在什么词里该读出什么样的音，该理解成什么样的义。如“差”这个字要在“差别、差遣、参差”这些词中，“参”这个字要在“参加、人参、参差”这些词中，才能确定该字的音和义。学语言要强调学“词”，然后是书写词的“字”。

三、上面说的是复音词。复音词是由单音词组成的（不全是，有的不是单音词，是语素，是书写音缀的符号）。如“王子”是“王”和“子”组成的。要拿已经理解的“王”是“国王”，“子”是“儿子”作前提，才能望文生义。进一步考察，望这个三横一竖的“王”怎么生出“国王”之义？望这个横撇、弯钩、横的“子”怎么生出“儿子”之义？追究起来，上面说的“王子”之类能望文生义的判断要动摇了，打根子上不能了。

四、书写单音词的汉字，造字之初有些是有表意作用的。“王”，原来是“天下所归往也。董仲舒曰：古之造文者，三画而连其中，谓之王。孔子曰：一贯三为王”。“子”原来是象形。“李阳冰曰：子在襁褓中，足并也。”（引文均见《说文解字》）孔夫子、董仲舒这些圣贤，许慎、李阳冰这些小学家，能这样望文生出义来；一般人，亿万学汉字用汉字的人，实际上能这样望文生义吗？不信，再就“父母兄弟”这些现代汉字，说说怎么望文生义的，试试看！

五、进一步考察，常常被人称道为汉字优点的“形声字”，“形”是表义的符号，就可以望而生义。实际上并不尽然。“娘”，从意符“女”可以知其为女性；可是“郎”，从意符“阝”，原来是“邑”，可以知其为什么呢？死了丈夫的女人称“孀”，意符是“女”，死了妻子的男人称“鳏”，意符干吗是“鱼”呢？和鱼有什么关系呢？“姐妹”是形声字可以望“女”生义，“兄弟”非形声字又望什么生义呢？

六、复音词里的合成词，由几个有意义的单音词合成，是有义可寻的。实际上也不尽然。例如“丈人”是妻子的父亲，其义怎么寻呢？据《辞源》“岳父”条说：“岳丈，妻父。旧说有二。晋乐广为卫玠妻父。

‘岳’丈为‘乐’丈之讹。又说，泰山有丈人峰，妻父称丈人，又称泰山，再转为岳父。”原来有如此深奥、迂曲、复杂而且尚未定论的来历！亿万个称呼丈人、岳父的人，有几个寻找过这个来历才理解和应用这个词的？

总的说来，汉语是优秀的语言，能够准确、鲜明、生动地表达思想感情。汉语拥有极其丰富的词汇，还在不断滋生更丰富的新词。这些词要笔之于书，得从为数众多的形状各异的汉字中选出来。一经选定，不管它能不能望文生义，就得视为规范，不可移易。“公主”只能写成“公主”，不问为什么。

什么词用什么字写，大多数需要一个一个地教，一个一个地学，需要反复接触，牢牢记住。兄弟的“弟”，次第的“第”，地球的“地”，传递的“递”，皇帝的“帝”，取缔的“缔”，都得一个一个地牢牢记住。

认为认识了三千五百个字就可以当大学教授，怕不容易，连当小学教员也不容易。试试看，教文成公主的故事，“公主”这个词怎么教儿童望文生义？

最后想附带说一说。“望文生义”这个成语，据《现代汉语词典》，是指“不懂某一词语的正确意义，从字面上去附会，做出错误的解释。”（《辞源》《汉语成语大辞典》都这样诠注。）有人把“望文主义”说成汉字的优点，是反其义而用之，把负面的意义用成正面的意义。可是在语言的应用中，却又反而再反，仍然回到原来的意义了。真巧，就是“望”“文”“生”“义”这四个字，不能从字面上附会，做出错误的解释，正是很好的证明。